Schulte-Markwort • Resch (Hrsg.)

Methoden der Kinder- und Jugendlichenpsychotherapie

Michael Schulte-Markwort · Franz Resch (Hrsg.)

Methoden der Kinder- und Jugendlichenpsychotherapie

Einführung

Anschriften der Herausgeber:
Prof. Dr. Michael Schulte-Markwort
Universitätsklinikum Hamburg-Eppendorf
Zentrum Frauen-, Kinder- und Jugendmedizin
Klinik und Poliklinik für Kinder- und Jugendpsychosomatik
Martinistr. 52
D-20246 Hamburg
E-Mail: schulte.markwort@uke.uni-hamburg.de

Prof. Dr. Franz Resch
Klinikum der Universität Heidelberg
Zentrum für psychosoziale Medizin
Klinik für Kinder- und Jugendpsychiatrie
Blumenstr. 8
D-69115 Heidelberg
E-Mail: franz_resch@med.uni-heidelberg.de

Das Werk und seine Teile sind urheberrechtlich geschützt. Jede Nutzung in anderen als den gesetzlich zugelassenen Fällen bedarf der vorherigen schriftlichen Einwilligung des Verlages. Hinweis zu § 52 a UrhG: Weder das Werk noch seine Teile dürfen ohne eine solche Einwilligung eingescannt und in ein Netzwerk eingestellt werden. Dies gilt auch für Intranets von Schulen und sonstigen Bildungseinrichtungen.

Haftungshinweis: Trotz sorgfältiger inhaltlicher Kontrolle übernehmen wir keine Haftung für die Inhalte externer Links. Für den Inhalt der verlinkten Seiten sind ausschließlich deren Betreiber verantwortlich.

1. Auflage 2008

© Beltz Verlag, Weinheim, Basel 2008
Programm PVU, Psychologie Verlags Union
http://www.beltz.de

Lektorat: Karin Ohms
Herstellung: Anja Renz
Umschlaggestaltung: Federico Luci, Odenthal
Umschlagbild: Mauritius Images, Mittenwald
Satz: WMTP, Birkenau; Druckhaus „Thomas Müntzer", Bad Langensalza
Druck: Druck Partner Rübelmann, Hemsbach
Bindung: Druckhaus „Thomas Müntzer", Bad Langensalza

Printed in Germany

ISBN 978-3-621-27654-2

Inhalt

1 Einleitung — 1
Franz Resch · Michael Schulte-Markwort

2 Leitlinie für die Grundlagen der Psychotherapie im Fachgebiet der Kinder- und Jugendpsychiatrie, Psychosomatik und Psychotherapie — 3
Franz Resch · Michael Schulte-Markwort · Gerd Lehmkuhl

Präambel — 3
1 Grundlagen — 3
   1.1 Evidenzbasierung — 3
   1.2 Theoriebasierung — 3
2 Therapeutenvariablen — 4
   2.1 Aus- und Weiterbildung — 4
   2.2 Integrität — 4
   2.3 Therapeutische Haltung — 5
3 Ethische Grundlagen — 6
4 Prinzipien für die Diagnostik — 7
   4.1 Multiaxiale Klassifikationsdiagnostik (MAS nach IDC-10) — 7
   4.2 Operationale psychodynamisch orientierte Diagnostik (OPD-KJ) — 8
   4.3 Differenzialdiagnostik — 9
   4.4 Spezifische diagnostische Aspekte — 9
5 Störungsspezifische differenzielle Psychotherapieindikation — 11
6 Verlaufsbeurteilung — 11
7 Informed consent — 11
8 Prinzipien für die Therapieindikation, -planung und -durchführung — 13
   8.1 Einbeziehung der Eltern und des Umfeldes — 15
   8.2 Therapieziele und -planung — 16
   8.3 Dokumentation — 17
   8.4 Umgang mit spezifischen Problemen — 17
   8.5 Supervision — 19

		8.6 Interaktionsbezogene Fallarbeit (IFA/Balint-Gruppen)	19
		8.7 Beendigung der Behandlung	19
	Literatur		21

3 Kinderverhaltenstherapie 22
Manfred Döpfner

1	Evidenzbasierte Intervention	22
2	Therapieprozessforschung	29
	2.1 Wirkkomponenten in der Traumatherapie	29
	2.2 Wirkkomponenten bei Elterntrainings	31
3	Schlussbemerkung	32
	Literatur	33

4 Kinder- und Jugendlichen-Psychoanalyse 37
Hans Hopf

1	Einleitung	37
2	Theoretischer Hintergrund	39
3	Der Einfluss aus anderen Wissenschaftsbereichen	41
	3.1 Säuglingsbeobachtung und Säuglingstherapie	41
	3.2 Bindungsforschung	42
	3.3 Psychobiologie und Traumaforschung	42
4	Die Auswirkungen des Psychotherapeutengesetzes	43
5	Ausblick	46
	Literatur	47

5 Systemische Therapie 49
Wilhelm Rotthaus

1	Systemische Psychotherapie und Familientherapie	49
2	Besonderheiten der Systemischen Therapie mit Kindern und Jugendlichen	50
3	Die Bedeutung der Störung	53
4	Öffnung für Interventionen aus anderen Therapieschulen	55
5	Systemisches Denken und „Biologismus"	58
6	Systemisches Denken in anderen Kontexten	59
	Literatur	60

6 Familientherapie 63
Fritz Mattejat

1	Einführung	63
2	Professionalisierung	64
3	Dialog zwischen den Therapieansätzen	65
4	Konsolidierung, Spezifizierung und Differenzierung	66
5	Empirische Orientierung	67
6	Familientherapie als Komponente eines Behandlungsprogramms	69
7	Kognitiv-behaviorale Familientherapie	70
	Literatur	72

7 Spieltherapie 75
Stefan Schmidtchen

1	Einleitung	75
2	Zielkonzept	76
3	Interventionskonzept	79
	Literatur	83

8 Musiktherapie 85
Hans Volker Bolay • Thomas K. Hillecke • Anne Kathrin Leins •
Alexander F. Wormit

1	Einführung	85
2	Schulen und Anwendungen der Musiktherapie	86
	2.1 Musiktherapieschulen: Übersicht und Perspektive	86
3	Musiktherapie bei Kindern und Jugendlichen	90
4	Musiktherapie in der Schmerztherapie	91
5	Forschungsansätze in der Musiktherapie	92
	5.1 Methodenvielfalt in der Musiktherapieforschung	92
	5.2 Beispiele für evidenzbasierte/wissenschaftliche Musiktherapie	92
	Literatur	94

9 Individualpsychologie 98
Gerd Lehmkuhl • Ulrike Lehmkuhl

1	Historische Entwicklung	98
2	Zentrale theoretische und praxeologische Konstrukte in der Individualpsychologie	99

    3 Praxis individualpsychologisch-analytischer Kindertherapie   103
    4 Die analytische Kinder- und Jugendlichenpsychotherapie
       in der heutigen Individualpsychologie   108
   Literatur   110

10 Integrative Kinder- und Jugendlichenpsychotherapie   113
Bruno Metzmacher • Helmut Zaepfel

   1 Einführung   113
   2 Therapiegeschichtliche Bezüge   113
   3 Philosophiegeschichtliche Hinweise   114
   4 Beziehungsgestaltung   115
   5 Zielsetzungen: Selbst- und Interaktionsregulierung   116
   6 Methodik   116
      6.1 Die leiblich-sensomotorische Beziehungsgestaltung   117
      6.2 Die mentalisierende, symbolisch-repräsentative
          Beziehungsgestaltung   117
      6.3 Die sozialisierende, wertorientierende
          Beziehungsgestaltung   118
      6.4 Die entwicklungsorientierte, ressourcengerichtete
          und nachhaltige Beziehungsgestaltung   118
   7 Abschließende Bemerkungen   119
   Literatur   120

11 Kunsttherapie   122
Flora von Spreti

   1 Einführung   122
   2 Grundlagen der Kunsttherapie   123
      2.1 Kunsttherapie, Kunst und Kunstgeschichte   123
      2.2 Kunsttherapie und Psychoanalyse   124
   3 Praxis der Kunsttherapie   125
      3.1 Kunsttherapie: Material und Gestaltung   125
      3.2 Die Bildaussage   125
      3.3 Umgang mit der Bildaussage   126
      3.4 Kommunikation „jenseits der Sprache"   127
   4 Kunsttherapie bei Kindern und Jugendlichen   127
   Literatur   129

12 Entspannungsverfahren   131
Nicole Behnk-Müller

1 Einleitung   131
2 Überblick der gängigsten Techniken   133
  2.1 Was geschieht bei Entspannungsverfahren?   133
  2.2 Autogenes Training   134
  2.3 Progressive Muskelentspannung   135
  2.4 Imagination   136
  2.5 Biofeedbackverfahren   137
  2.6 Hypnose   138
  2.7 Meditation   139
Literatur   140

13 Psychodrama   141
Arndt Paasch

1 Einleitung   141
2 Kinder- versus Erwachsenenpsychodrama   141
3 Vorbereitungsphase   143
4 Kindliche Rollenwahl   147
5 Interventionsformen   149
6 Nachbereitung   151
Literatur   152

14 EMDR – Eye Movement Desensitization and Reprocessing   153
Uta-Maria I. Sechtig

1 Einführung   153
2 Grundlagen   155
3 Durchführung   158
4 Abschließende Bemerkungen   160
Literatur   161

Quellenhinweis   162

Autorenverzeichnis   163

Sachwortregister   165

1 Einleitung

Franz Resch • Michael Schulte-Markwort

Psychotherapie ist Hilfe zur Selbsthilfe für eine Rat suchende Person. Sie bringt durch gezielte intersubjektive Wechselwirkung im spezifischen Setting mit Hilfe von Sprache und nonverbaler Kommunikation, Veränderungspotentiale zur Entwicklung. Psychotherapie beruht auf einer Übereinkunft – sie hat einen Anfang und ein Ende. Psychotherapie verändert Erlebnisweisen, Grundstimmung und Handlungsrepertoire durch Veränderung von Einstellungen, Erfahrungen und Verhaltensformen. Die Beeinflussung des Klienten/Patienten erfolgt nicht primär physisch oder materiell (wie durch medizinische oder pharmakologische Maßnahmen), sondern mit psychologischen Mitteln. Psychotherapie wirkt – sie hat auch Nebenwirkungen und birgt Gefahren, die besonders zu beachten sind. Psychotherapie bei Kindern und Jugendlichen hat darüber hinaus noch besonders zu berücksichtigen, dass sie eine Behandlungsform für Schutzbefohlene darstellt, die oft die Tragweite ihrer eigenen Störung und die Notwendigkeit deren Behebung nicht in allen Dimensionen zu erkennen vermögen – und doch im Therapieprozess durch Neugier und Bindungsfaktoren sich einzulassen gewillt sind.

Daher gelten für alle Psychotherapiearten und -schulen die allgemeinen ethischen Voraussetzungen für Psychotherapie – die von uns in Leitlinien einer Psychotherapie bei Kindern und Jugendlichen zusammengefasst wurden (s. Kap. 2). Eine der Voraussetzungen für ethisches Handeln besteht in der prinzipiellen Überprüfbarkeit der therapeutischen Maßnahmen. Auch die theoretischen Grundlagen des eigenen Handelns müssen immer wieder reflektiert werden. Psychotherapie muss sich darüber hinaus einer empirischen Wirkungsüberprüfung unterziehen, wenn sie im Kanon mit anderen Therapieverfahren ihren notwendigen Platz auch unter ökonomischen Druck behaupten will. Ein empirischer Wirkungsnachweis für spezifische Interventionen konnte bis heute bei Kindern und Jugendlichen nur von wenigen Therapieverfahren erbracht werden! Die Forschungsanstrengungen dürfen nicht nachlassen. Methodische Standards für empirische Psychotherapieforschung verbessern sich laufend und bilden eine Grundforderung an verallgemeinerbare Befunde.

Psychotherapie soll auch in Zukunft einen zentralen Stellenwert in der Behandlung psychischer Störungen bei Kindern und Jugendlichen besitzen – um deren Entwicklungschancen zu optimieren und brach liegende Ressourcen zu aktivieren. Psychotherapie verkörpert nicht nur ein Bündel von wirksamen

Maßnahmen, sondern vertritt auch eine besondere Haltung gegenüber Kindern und Jugendlichen – ein Menschenbild, das durch Respekt und Dialog gekennzeichnet ist. Der Psychotherapeut ist nicht nur Helfer oder Wissenschaftler, sondern auch Bezugsperson und Vertrauensträger. Um dieses Vertrauen zu rechtfertigen, muss der Therapeut sein persönliches Handeln nicht nur permanent technisch professionalisieren, sondern auch immer wieder anhand von Gesellschaftsbeobachtung und Selbstreflexion überprüfen. Der Mensch ist ein Wesen mit Natur und Geschichte – dieser zweifachen Wurzel seines Seins muss jede Form der Psychotherapie Rechnung tragen.

Die folgende Synopsis unterschiedlicher Psychotherapieverfahren bei Kindern und Jugendlichen soll verdeutlichen, wie viel Gemeinsamkeit bei aller Differenzierung im Zugang zu Kindern und Jugendlichen erkennbar wird. Diese Grundlinie lässt sich am besten als eine Entwicklungsorientierung fassbar machen. Psychische Störungen sind Entwicklungshemmungen oder – oft lebensgeschichtlich bezogene – Fehl- und Umwege, Kompensationen oder Erschöpfungen, die das Ergebnis einer Wechselwirkung angeborener Bereitschaften mit Lebensereignissen und Entwicklungsaufgaben darstellen. Darüber hinaus sind beim Kind nicht selten Talente und Fähigkeiten unentfaltet geblieben – liegen brach und harren einer Erweckung. Wer sehr beeindruckbar ist muss sich ausdrücken lernen – in Sprache, Musik, Kunst und Bewegung. Die Fähigkeit zur Symbolisierung des eigenen Seins ist schon ein erster Schritt zu dessen Veränderung.

Eine hervorragende Zusammenarbeit mit dem Verlag Beltz PVU und die besondere Unterstützung durch Frau Dr. Heike Berger und Frau Karin Ohms haben die Herausgabe dieses Buches ermöglicht. Die Artikel stammen allesamt aus dem Kapitel „Aktuelle Entwicklungen der Therapieschulen" der bisherigen Kursbücher für integrative Kinder- und Jugendpsychotherapie. Sie wurden neu redigiert und durch die Leitlinie für die Grundlagen der Psychotherapie im Fachgebiet der Kinder- und Jugendpsychiatrie, Psychosomatik und Psychotherapie ergänzt. Eine beispielhafte Zusammenschau unterschiedlicher Psychotherapieansätze wird dem Leser dadurch unmittelbar zugänglich. Wir danken dem Team des Verlags, allen Autoren und unterstützenden Kollegen herzlich für ihr Engagement. Von den Lesern wünschen wir uns – nach eingehender und hoffentlich interessanter Lektüre – Anregungen und Kritik.

Heidelberg/Hamburg im Januar 2008

Franz Resch &
Michael Schulte-Markwort

2 Leitlinie für die Grundlagen der Psychotherapie im Fachgebiet der Kinder- und Jugendpsychiatrie, Psychosomatik und Psychotherapie

Franz Resch • Gerd Lehmkuhl • Michael Schulte-Markwort

Präambel

In dieser Leitlinie werden die Grundlagen einer allgemeinen Psychotherapie bei Kindern und Jugendlichen beschrieben. Sie ergänzen und ersetzen nicht die störungsspezifischen Leitlinien für die einzelnen kinder- und jugendpsychiatrischen und psychotherapeutischen Krankheitsbilder (http:\\www.awmf-online.de).

1 Grundlagen

1.1 Evidenzbasierung

Es gehört zu den ethischen Grundgeboten eines „nihil nocere" ärztlich- und psychologisch-psychotherapeutischer Praxis, dass keine Verfahren zur Anwendung kommen, die schaden oder nur ungenügend helfen. Jeder Therapeut *(Die männliche Form wird im gesamten Text der Einfachheit halber und mit der Absicht benutzt, dass die weibliche Form immer impliziert ist.)* ist verpflichtet, sich nach kritischer Würdigung an Ergebnissen der Psychotherapieforschung auszurichten, seine Behandlungspraxis gegebenenfalls umzustellen und vor allem jederzeit über das Rational seiner Tätigkeit Auskunft zu geben. Persönliche, subjektive Erfahrungen sollten nur dann in eine Beurteilung der psychotherapeutischen Wirksamkeit einfließen, wenn sie in einem Mindestmaß objektiviert worden sind bzw. andernorts evaluiert wurden.

1.2 Theoriebasierung

Jedes psychotherapeutische Verfahren benötigt eine theoretische Fundierung. Nur die Kombination von Theorie und empirischer Überprüfung macht eine

Anerkennung eines Verfahrens als wissenschaftlich fundiert möglich. Jeder Psychotherapeut ist in der Pflicht, sein Handeln auch hinsichtlich einer theoretischen Fundierung zu überprüfen und gegebenenfalls transparent zu machen. Dabei versteht es sich von selbst, dass die Theorie sich innerhalb des von der Scientific community anerkannten Rahmens bewegen sollte. Eine beständige Überprüfung aktueller Entwicklungen der jeweilgen Theorie gehört ebenso dazu.

2 Therapeutenvariablen

2.1 Aus- und Weiterbildung

Jede psychotherapeutische Beschäftigung mit Kindern und Jugendlichen setzt eine entsprechende fundierte Ausbildung voraus. Zur Psychotherapie von Kindern- und Jugendlichen sind bei der Bundesärztekammer/Kassenärztlichen Bundesvereinigung derzeit anerkannt:
▶ Analytische Psychotherapie
▶ Tiefenpsychologisch fundierte Therapie
▶ Verhaltenstherapie.

Die Psychotherapierichtlinien sind zum Teil durch das Psychotherapeutengesetz in ihren Formulierungen nicht mehr gültig, betreffen zudem nur die ambulanten psychotherapeutischen Leistungen.

Im Rahmen der psychosomatischen Grundversorgung sind Autogenes Training, Jacobsonsche Relaxation und Hypnose anerkannt. Jedes Verfahren hat eigene curriculare Aus- und Weiterbildungsgänge, die von unterschiedlicher Dauer und Intensität sind. Unabhängig von diesen Curricula ist eine grundsätzliche Ausbildung in der klinischen Kinder- und Jugendpsychiatrie – unabhängig von Grundberuf bzw. -ausbildung – unabdingbar. Dies ist wichtig, um beispielsweise eine fundierte Differenzialdiagnostik vornehmen zu können oder auch um eine stationäre Behandlungsbedürftigkeit einzuschätzen. Selbsterfahrungsanteile gehören zur Ausbildung. In die Weiterbildung zum Facharzt für Kinder- und Jugendpsychiatrie und -psychotherapie sind diese psychotherapeutischen Weiterbildungsinhalte integriert.

2.2 Integrität

Die intensive Arbeit mit Kindern und Jugendlichen, die sich naturgemäß immer in einem besonderen Abhängigkeitsverhältnis zu Erwachsenen, und damit auch zu ihrem Psychotherapeuten, befinden, macht einen besonders sorgfältigen Umgang mit missbräuchlichen Impulsen, Tendenzen oder auch Strukturen notwendig. Dazu gehört, dass der Psychotherapeut frei ist von innerer oder äußerer Abhängigkeit vom Patienten und seiner Familie. Er muss zu jeder Zeit von einem sachlich begründbaren unabhängigen Standpunkt aus das therapeutische Geschehen beurteilen können, in der absoluten Verpflichtung eines „nihil nocere". Dies bezieht sich auf alle Phasen der Behandlung von der Diagnostik über die Indikationsstellung bis zur Beendigung der Therapie.

Der Psychotherapeut muss sich in Kenntnis aller allgemeinen und spezifischen juristischen Bedingungen jederzeit im Rahmen der Gesetze und Verordnungen bewegen. Auch der ethische Rahmen (s.u.) ist einzuhalten, z.B. keine übermäßige Abhängigkeit erzeugen oder sich bereichern u. a. m.

Psychotherapie darf auch nicht verwechselt werden mit pädagogischen Maßnahmen, auch wenn jede Psychotherapie im Kindes- und Jugendalter entwicklungsbedingt ohne pädagogische Momente nicht auskommt. Sie gehören aber regelhaft reflektiert und begründet.

2.3 Therapeutische Haltung

Jeder Patient muss sich zu jeder Zeit darauf verlassen können, dass der Therapeut keine eigenen Wünsche und Impulse an ihm oder seiner Familie befriedigt. Die Behandlung muss unabhängig von besonderen weltanschaulichen oder religiösen Anschauungen erfolgen. Jeder Therapeut ist in diesem Zusammenhang verpflichtet, für eine angemessene eigene Psychohygiene zu sorgen, weil andernfalls die Gefahr wächst, ungestillte Bedürfnisse (z.B. nach Zuneigung, Anerkennung oder auch Sexualität) mittelbar oder unmittelbar am Patienten zu befriedigen. Die therapeutischen Räumlichkeiten müssen diesen Anforderungen genügen.

In einem impliziten oder expliziten Behandlungsvertrag werden die materiellen Regelungen zwischen Therapeut und Patienten vereinbart. Hiervon unabhängig ist der Therapeut verpflichtet, die Behandlungsbedürftigkeit des Patienten in den Vordergrund zu stellen. Dies gilt auch für bestimmte, individuelle Vorbedingungen, die ein Therapeut an eine Behandlung knüpft (nicht zu verwechseln mit spezifischen Rahmenbedingungen, die zur Durchführung psychotherapeutischer Verfahren als notwendig von der jeweiligen Fachgruppe anerkannt sind). Grundsätzlich steht jeder Psychotherapeut in dem Spannungsverhältnis von Behandlungsverpflichtung (s. auch Fürsorgepflicht) und Aufrechterhaltung eines Behandlungsrahmens, was in bestimmten Fällen im Widerspruch stehen kann. Hier muss in jedem Einzelfall abgewogen werden, wann die

Unabhängigkeit des Psychotherapeuten eingeschränkt werden muss. Zur Notwendigkeit der Supervision im Rahmen der Aus- und Weiterbildung siehe Kapitel 2.1 und 8.5.

Gegenüber jedem Patienten und seiner Familie besteht eine Fürsorgepflicht. Es muss für den Therapeuten immer darum gehen, zu überprüfen, wann er in welchem Ausmaß aktiv stützend und versorgend wird und wann welche Entscheidungen dem Kind und seiner Familie überlassen werden können oder müssen. Dies kann z.B. bedeuten, dass Eltern geraten wird, ihr Kind gegen seinen Willen zu einer stationären Behandlung einweisen zu lassen, oder es kann bedeuten, einen Jugendlichen wieder gehen zu lassen, der sich trotz beeinträchtigender Symptomatik nicht behandeln lassen möchte. Hier ist allerdings zwischen unterschiedlichen Krankheitsbildern und Schweregraden zu unterscheiden. Bei Störungen, bei denen eine fehlende Krankheitseinsicht störungsimmanent ist, darf z.B. nicht lange zugewartet werden, bis eine dringende Behandlungsempfehlung ausgesprochen oder auch der Versuch unternommen wird, das Kind/ den Jugendlichen zumindest eine gewisse Zeit auch gegen seinen Willen zu behandeln. Die Entscheidung über das Ausmaß der Fürsorgehaltung ist also auch immer abhängig von der Prognose und den potenziellen Chronifizierungs- und Gefährdungsprozessen, die durch die Erkrankung für den Patienten entstehen. Der bloße geäußerte Wille bzw. Unwille eines Patienten reicht nicht aus, um bestimmte Behandlungsmaßnahmen nicht einzuleiten. In jedem Fall gehört eine angemessene Aufklärung des Patienten und/oder seiner Eltern über das Krankheitsbild und Folgen einer unterlassenen Behandlung dazu. Juristisch kann eine ungenügend wahrgenommene Fürsorgepflicht zum Straftatbestand einer unterlassenen Hilfeleistung führen.

3 Ethische Grundlagen

Die Verbände der Kinder- und Jugendpsychiatrie, Psychosomatik und Psychotherapie der Bundesrepublik Deutschland haben 1999 folgende ethische Grundsätze verabschiedet:

„Jeder Therapeut ist verpflichtet, berufsethische Grundsätze zu respektieren. Dazu gehören, die Abhängigkeit des Patienten nicht auszunutzen, die besondere therapeutische Beziehung zu schützen sowie die eigene berufliche Kompetenz zu erhalten und zum Wohle des Patienten zu nutzen.

Ein Verstoß gegen berufsethische Grundsätze liegt insbesondere dann vor, wenn ein Therapeut

▶ den Patienten oder seine Sorgeberechtigten immateriell, finanziell oder sonst materiell ausbeutet,

- ▶ den Patienten während oder nach der Diagnostik und/oder Behandlung sexuell missbraucht oder mit einem Patienten während oder nach der Diagnostik und/oder Behandlung eine sexuelle Beziehung eingeht oder in anderer schädigender Weise einen Machtmissbrauch begeht,
- ▶ die Aufklärungspflicht verletzt,
- ▶ die Schweigepflicht verletzt,
- ▶ Daten von Patienten und/oder Dritten ohne Zustimmung des Betroffenen ('informed consent') veröffentlicht,
- ▶ eine eigene schwere psychische Störung einschließlich Suchterkrankungen nicht behandeln lässt und dadurch seine ärztlichen/psychotherapeutischen Pflichten verletzt,
- ▶ sonst gegen die Regeln guter wissenschaftlicher Praxis verstößt."

Für das therapeutische Handeln haben die allgemeinen psychiatrischen Gesellschaften mit der Resolution von Madrid (1996) ethische Leitlinien formuliert. Sind Urteils- und Einwilligungsfähigkeit des Patienten eingeschränkt, sind die darauf bezogenen rechtlichen Regelungen unter dem Gesichtspunkt des Wohles des Patienten maßgebend.

Jeder Therapeut hat die Pflicht, alle gesetzlichen und ethischen Grundlagen seines Handelns zu kennen und anzuwenden. Die Fachgesellschaften in der Kinder- und Jugendpsychiatrie, Psychosomatik und Psychotherapie haben neben ethischen Leitlinien auch Kommissionen ins Leben gerufen, die über die Einhaltung wachen und im Konfliktfall Patienten und Therapeuten zur Verfügung stehen.

4 Prinzipien für die Diagnostik

Psychotherapeutische Interventionen bedürfen einer ausführlichen und eingehenden Diagnostik, da ihre Indikation in der Regel störungsspezifisch erfolgt. Die diagnostische Zuordnung und Klassifikation sollte nach der ICD-10 bzw. dem DSM in der jeweils aktuellen Form erfolgen. Der diagnostische Prozess sollte in der Regel durch standardisierte Verfahren, z.B. Interviews oder Fragebogenverfahren, ergänzt werden.

4.1 Multiaxiale Klassifikationsdiagnostik (MAS nach ICD-10)

Die nosologische Erfassung psychischer Störungen erfolgt deskriptiv. Um den besonderen Gegebenheiten im Kindes- und Jugendalter gerecht zu werden, müssen mehrere Dimensionen erfasst werden. Deshalb besteht das Grundprinzip der Diagnostik im Kindes- und Jugendalter in einer multiaxialen Betrachtungsweise.

Hierbei wird auf der ersten Achse das klinisch-psychiatrische Syndrom abgebildet. Auf der zweiten Achse werden umschriebene Entwicklungsstörungen festgehalten, die sich beispielsweise als Entwicklungsstörungen schulischer Fertigkeiten zeigen. Auf der dritten Achse wird das Intelligenzniveau verschlüsselt, auf der vierten Achse werden körperliche Krankheitssymptome benannt, unabhängig davon, ob sie in einem vermeintlichen Zusammenhang mit der psychischen Störung stehen oder nicht. Die fünfte Achse ermöglicht eine Verschlüsselung von assoziierten aktuellen abnormen psychosozialen Umständen, während die sechste Achse einer Globalbeurteilung der psychosozialen Anpassung vorbehalten ist. Die multiaxiale Diagnostik gibt nicht nur nosologische Hinweise auf bestimmte psychische Störungsbilder, sondern macht auch körperliche und psychosoziale Risikofaktoren deutlich.

4.2 Operationale psychodynamisch orientierte Diagnostik (OPD-KJ)

Insbesondere für psychodynamisch orientierte Psychotherapien gibt es zum MAS-System ein ergänzendes operationalisiertes Befundsystem zur Erfassung psychodynamischer Aspekte. Es soll zu einer besseren Standardisierung in der psychodynamischen Diagnostik beitragen, wobei die Evaluation der verschiedenen Bereiche noch nicht abgeschlossen ist.

Auf der Achse Beziehung erfolgt die operationalisierte Einschätzung beobachtbarer Interaktionsmerkmale, basierend auf der Tatsache, dass zwischen intrapsychischen mentalen Modellen und interpersonalen Beziehungen ein bedeutsamer Zusammenhang besteht.

Auf der Konfliktachse werden überdauernde intrapsychische Konflikte Operationalisiert erfasst.

Die Achse Struktur gibt Hinweise auf die aktuelle Integration des Erlebnis- und Handlungsrepertoires eines Kindes, das über die Einschränkung im Rahmen der klinischen Symptomatik hinausgeht. Unter Zugrundelegung alterstypischer Ankerbeispiele wird das Integrationsniveau als Strukturniveau auf einer siebenstufigen Skala eingeschätzt.

Die Achse Behandlungsvoraussetzungen bezieht sich auf die subjektiven Dimensionen des Leidensdrucks und spezifischer Therapievoraussetzungen.

4.3 Differenzialdiagnostik

Neben einer ausführlichen mehrdimensionalen Erfassung der psychischen Störungssymptomatik ist es notwendig, bedeutsame Aspekte der Krankheitsentstehung differenzialdiagnostisch zu erfassen. Somatische, psychische und soziale Einflussfaktoren müssen individuell differenziert gewichtet werden. Zum Beispiel müssten folgende Fragen und ähnliche andere gestellt werden:

▶ Ist die seelische Störung in einem Zusammenhang mit seelischen Verletzungen in der Biographie zu sehen?
▶ Ist die aktuelle psychische Störung durch somatische Faktoren (mit-) bestimmt?
▶ Gibt es regelhafte soziale Mechanismen für die Aufrechterhaltung einer seelischen Störung?
▶ Gibt es Eskalationsprozesse in der Wechselwirkung mit dem sozialen Umfeld?

Erst durch diese differenzialdiagnostisch ätiopathogenetischen Überlegungen lässt sich eine Differenzialindikation erstellen.

4.4 Spezifische diagnostische Aspekte

Zur Therapieplanung ist die Erfassung weiterer wichtiger Bedingungsfaktoren notwendig und zu beachten:

Komorbidität. Im Kindes- und Jugendalter muss besonders berücksichtigt werden, dass eine Reihe von Störungsbildern eine hohe Komorbidität mit anderen zeigen (z.B. hohe Komorbidität zwischen Angst und Depression). Die psychotherapeutische Intervention sollte immer einer psychischen Leitsymptomatik zugeordnet sein. Das Hauptsyndrom bildet die Grundlage für die Therapieindikation.

Im Rahmen einer empirisch orientierten Therapieplanung zu Therapiebeginn sollte geschaut werden, ob für die Hauptsymptomatik ein empirisch validiertes störungsspezifisches Manual vorliegt. Dies sollte dann mit der Behandlungsmotivation und den Behandlungsanliegen des Patienten und seiner Bezugsperson in Einklang gebracht werden.

Entwicklungsaufgaben. Neben den diagnostischen Einschätzungen im engeren Sinne muss auf alterstypische Entwicklungsaufgaben eingegangen werden. Wenn durch die psychische Störung bestimmte Entwicklungsaufgaben, wie z.B. Identitätsentwicklung oder Autonomieentwicklung unmöglich werden, muss eine ressourcenorientierte Psychotherapie auch diesen entwicklungsförderlichen Aspekten Rechnung tragen.

Aspekte der Selbstentwicklung. Unabhängig von psychiatrischer Diagnose und Entwicklungsaufgaben sollten psychotherapeutische Interventionen eine Stärkung der Ich-Struktur zum Ziele haben. Stabilisierung des Selbstwertes, Verbesserung der Selbstakzeptanz und der Selbstverfügbarkeit sollten Teil der psychotherapeutischen Zieldefinition sein.

Bindung. Die Bindungsmuster zu wichtigen Bezugspersonen, die schließlich in mentalen Modellen als Beziehungserwartung und Beziehungsfähigkeit aktuell zum Ausdruck kommen, spielen in der Psychotherapie eine große Rolle.

Da die Grundlage jeder Psychotherapie eine basale Vertrauensbeziehung ist, müssen mögliche Bindungsstörungen als potenzielle Störfaktoren der psychotherapeutischen Beziehung Berücksichtigung finden. Unsicher vermeidende, ambivalent unsichere und desorganisierte Bindungsmuster können bei Jugendlichen als entsprechende mentale Modelle verankert sein.

Spiel. Spielsituationen stellen einen wichtigen diagnostischen Bestandteil dar. Das Kind zeigt sich in seiner freien Phantasie, in seiner Fähigkeit, Aspekte des persönlichen Alltags in die Spielsituation zu übertragen und auf diese Weise Aspekte der emotionalen Differenzierung der Selbstkontrolle unter Phantasietätigkeit erkennbar werden zu lassen.

Körperliche Untersuchung (s. auch Anleitung „Körperliche Untersuchung"). Die Erhebung eines körperlichen und neurologischen Befundes ist als integraler Bestandteil der psychiatrischen Diagnostik bei Kindern und Jugendlichen aufzufassen. Sie erfolgt mit der Zielsetzung, seelisches und körperliches Leiden zu erkennen, indem sie Befunde erhebt, die zur Erklärung krankhafter Störungen dienen. Sie beinhaltet grundsätzlich die Untersuchung aller Körperteile sowie die neurologische Untersuchung. Voraussetzung für ihre Durchführung ist das Vertrauen der Untersuchten und ihrer Sorgeberechtigten in das ärztlich-ethische Handeln untersuchender Ärztinnen und Ärzte sowie der achtungsvolle Umgang der Untersucher mit dem Untersuchten. Hierbei ist es notwendig, Schamgrenzen und Körpergrenzen bei Kindern zu respektieren und eine behutsame Vorgehensweise zu wählen, die die Möglichkeit des Beiseins von Bezugspersonen oder die Durchführung der körperlichen Untersuchung durch gleichgeschlechtliche Therapeuten einschließt. Auf diese Weise soll den Bedürfnissen nach Einhaltung der Intimitätsgrenzen Rechnung getragen werden. Die körperliche Untersuchung erfolgt in der Regel durch einen ärztlichen Kollegen vor Aufnahme einer kinder- und jugendpsychiatrischen oder psychotherapeutischen Behandlungsmaßnahme. Im Einzelfall ist zu prüfen, ob die körperliche Untersuchung und notwendige weitere Folgeuntersuchungen von einem anderen Arzt als dem behandelnden vorgenommen werden sollten, um den psychotherapeutischen Prozess nicht zu stören. Bei gegengeschlechtlichen Untersuchern sollte insbesondere im Jugendalter auf die Anwesenheit einer gleichgeschlechtlichen Bezugsperson geachtet werden.

5 Störungsspezifische differenzielle Psychotherapieindikation

Nicht jedes psychotherapeutische Verfahren eignet sich für alle psychischen Störungen gleichermaßen gut. Je nach Art und Schwere der Störung sowie den Begleitumständen ist nach der Diagnostik eine Differenzialindikation zu stellen, die neben der Diagnose, dem Schweregrad und den Begleitumständen auch soziale Faktoren und z.B. die Infrastruktur des Patientenumfeldes berücksichtigt. So kann es beispielsweise kontraindiziert sein, ein Kind hochfrequent zu behandeln, wenn der Fahrtaufwand erheblich wäre oder dadurch altersgemäße Kontakte zu Gleichaltrigen behindert werden.

Grundsätzlich muss vor Beginn einer Psychotherapie entschieden werden, ob ein aufdeckendes oder eher ein symptomorientiertes Vorgehen sinnvoll ist. Dies muss unter Beachtung der vorliegenden empirischen Evidenz im Rahmen der o.g. Therapieplanung (störungsspezifisches Vorgehen, Behandlungsanliegen des Patienten, Ressourcenanalyse, Motivationssteigerung sowie komplementäre Beziehungsgestaltung) geschehen.

6 Verlaufsbeurteilung

Um die Effektivität der begonnenen psychotherapeutischen Maßnahmen zu überprüfen, ist eine regelmäßige Verlaufsbeurteilung notwendig. Diese sollte neben einer Einschätzung durch den Therapeuten auch Informationen von den Eltern sowie dem sozialen Umfeld, z.B. Kindergarten oder Schule, beinhalten. Sollten sich die begonnenen Maßnahmen als wenig effektiv erweisen, ist zu überprüfen, ob und in welchem Umfang ergänzende oder andere Interventionen notwendig sind.

7 Informed consent

Wie jede medikamentöse Behandlung kann auch jede psychotherapeutische unerwünschte Wirkungen haben. Der oft umfangreiche Eingriff in das Leben eines Kindes und seiner Familie macht es notwendig, mögliche unerwünschte oder auch unausweichliche und für den Patienten negative Effekte vor dem Beginn der Behandlung zu reflektieren und zu kommunizieren; diese betreffen sowohl psychotherapeutische als auch psychopharmakologische Maßnahmen.

Kind/Jugendlicher

Das Kind/der Jugendliche als Indexpatient muss von Beginn an alters- und entwicklungsgemäß in die Diagnostik und Behandlung einbezogen werden. Auch wenn eine Indikation zur Behandlung eines Kindes gegen seinen Willen – zum eigenen Wohl – besteht, muss sich jeder Therapeut um die weitestmögliche Freiwilligkeit und das Einverständnis des Kindes/des Jugendlichen bemühen. Im Rahmen eines informed consent muss über alle Grundlagen und Bedingungen der psychotherapeutischen Behandlung aufgeklärt werden. Dasselbe gilt für die Teilnahme an wissenschaftlichen Studien und deren Publikation.

Eltern/Erziehungsberechtigter

Eine Behandlung eines Kindes/Jugendlichen ohne Einverständnis der sorgeberechtigten Eltern ist nur nach entsprechender Rechtsgüterabwägung zur Abwehr einer akuten Gefahr für den Patienten möglich. Es sollte immer im Sinne einer konstruktiven Behandlung sein, die Eltern soweit wie möglich in die Behandlung einzubeziehen. In jedem Fall ist es erstrebenswert, mit den Eltern einen umfangreichen informed consent herzustellen.

Schweigepflicht/Rechtsgüterabwägung

Grundsätzlich steht jeder Psychotherapeut ohne Ausnahme unter Schweigepflicht. Während im Kindesalter die sorgeberechtigten Eltern ein Anrecht auf Information über Inhalte der Psychotherapie haben, ändert sich dies – ohne eindeutige juristische Regelung – im Jugendalter. Hier kann es besonders wichtig sein, einem Jugendlichen eine umfangreiche Schweigepflicht zuzusichern. Allerdings kann dies in einem Rechtsgüterwiderspruch zu den elterlichen Rechten und Pflichten stehen. Verhindert ein Therapeut z.B. durch Nichtweitergabe der Information über den Drogenkonsum des Jugendlichen ein Eingreifen der Eltern, so kann ein Gericht zu dem Schluss kommen, dass in diesem Fall das Rechtsgut der elterlichen Sorge höher einzustufen ist als das der Schweigepflicht gegenüber dem Patienten. In jedem Einzelfall sollte auf der Grundlage einer vertrauensvollen Zusammenarbeit vor Beginn der Behandlung angesprochen werden, was unter die Schweigepflicht fällt bzw. inwieweit sich die Eltern darauf verlassen können, in ihren Erziehungsrechten und -pflichten nicht eingeschränkt zu werden. Im Therapieprozess bzw. bei neuen Gegebenheiten ist dies immer wieder neu zu hinterfragen und gemeinsam mit Patient und Patientin sowie Bezugsperson abzustimmen. Ist Gefahr im Verzuge, muss die Schweigepflicht in jedem Fall hinterfragt werden, z.B. bei akuter Suizidalität oder Fremdgefährdung.

8 Prinzipien für die Therapieindikation, -planung und -durchführung

Psychotherapeutische Behandlungen müssen in einem angemessenen Setting erfolgen und sich den jeweiligen Rahmenbedingungen der Therapie anpassen. Hierbei sind folgende generelle Aspekte zu beachten: einerseits die Komplexität des therapeutischen Prozesses und andererseits auch die Einbeziehung der Familie bzw. des Umfeldes sowie der Entwicklungsstand der betroffenen Kinder und Jugendlichen.

Multimodalität

Im Rahmen kinder- und jugendpsychiatrischer Behandlungen kann die Psychotherapie oft nur einen wichtigen Baustein des Gesamtbehandlungsplanes bilden. Wenn noch andere Therapieformen zur Anwendung kommen, ist es notwendig, dafür zu sorgen, dass die Richtlinien und Leitlinien der psychotherapeutischen Behandlung auch im Gesamtbehandlungsplan anwendbar bleiben. Begleitende medikamentöse Therapien, soziotherapeutische Ansätze oder Beratung der Eltern können in synergistischer Kombination mit der psychotherapeutischen Behandlung eingesetzt werden. Es bleibt zu prüfen, ob multimodale Behandlungen in der Hand eines Therapeuten verbleiben oder ob beispielsweise die medikamentöse Therapie und die Psychotherapie von unterschiedlichen Therapeuten wahrgenommen werden, die sich dann in spezifischen Fallkonferenzen über den Gesamtbehandlungsplan austauschen.

Begleitende medikamentöse Behandlung

Das Zusammenwirken einer medikamentösen Behandlung und einer Psychotherapie wurde wiederholt aus ideologischen Gründen in Frage gestellt. Die therapeutische Realität hat gezeigt, dass Psychotherapie und Medikation nicht in einem grundsätzlichen Widerspruch zu sehen sind und dass beide Therapieansätze in synergistischer Kombination Erfolg versprechende Ergebnisse zeigen.

Begleitende Co- und Zusatztherapien

Oft wird es der Fall sein, dass neben den psychotherapeutischen Behandlungen auch spezifische Fachbehandlungen wie Musiktherapie, Kunsttherapie, Tanztherapie oder Ergotherapie zur Anwendung kommen. In diesen Fällen ist es wichtig, dass durch interdisziplinäre Abstimmung eine Gleichrichtung des therapeutischen Feldes erfolgt und alle Co- und Zusatztherapien in Bezug auf ihre Therapieziele sowie die pathogenetischen Vorstellungen mit den psychotherapeutischen Vorgehensweisen kompatibel sind.

Differenzierung des Settings

Für ambulante, teilstationäre und stationäre Psychotherapie gelten unterschiedliche Festlegungen. Vollstationäre Therapiesettings lassen die Milieubedingungen besser kontrollieren, wobei entsprechende Beziehungsmuster zwischen dem Patienten und dem therapeutischen Team ausreichend zu reflektieren sind. Unter ambulanten und teilstationären Bedingungen bleiben die Patienten in ihren Ursprungsmilieus integriert. Auf die erhöhte Regressionstendenz unter vollstationären Bedingungen ist unbedingt zu achten. Patienten mit strukturellen Schwächen (z.B. Borderline-Patienten) sollten in nicht zu stark regressionsfördernden Milieubedingungen behandelt werden. Für psychiatrische Patienten unter geschlossenen Bedingungen und für forensisch geschlossene Settings gelten spezifische Behandlungsregeln, die Selbstgefährdungstendenzen des Patienten und Fremdgefährlichkeit in Rechnung stellen.

Freiwilligkeit

Psychotherapeutische Prozesse sind in der Regel unter Bedingungen der Freiwilligkeit in Gang zu setzen. Es kann aber erforderlich sein, sie auch unter beschützenden oder freiheitsentziehenden Rahmenbedingungen durchzuführen. Auch dann ist Psychotherapie nur unter aktiver Einwilligung des Patienten möglich und Erfolg versprechend.

Beachtung von Alter und Entwicklungsstand

Psychotherapeutische Maßnahmen haben auf altersgerechte Weise zu erfolgen. Die Wahl von Spielsituationen, Trainingsmodulen oder Gesprächskontexten hat den entsprechenden Entwicklungsstand des Patienten, seine Reflexions- und Verbalisierungsfähigkeit zu berücksichtigen.

Indikationsbezogenes Setting (Einzel-, Gruppen- oder Familientherapie)

Je nach spezifischer Indikation der Psychotherapie als Einzeltherapie, Gruppentherapie oder Familientherapie müssen unterschiedliche Settings gewählt werden. Es gilt die Regel, dass bei kleineren Kindern das einzeltherapeutische Setting durch familienbegleitende Maßnahmen ergänzt wird. Bei älteren Jugendlichen kann die Einzeltherapie auch ohne regelhafte Einbeziehung der Familie erfolgen.

Frequenz, Umfang, Sitzungsdauer und räumliche Ausstattung

Die Therapiefrequenz richtet sich nach Behandlungsverfahren, Entwicklungsalter des Patienten und Schweregrad des Störungsbildes, wobei in der Regel Interventionen einmal pro Woche ausreichend erscheinen. Für hochfrequente Psychotherapien gelten besondere Indikationsrichtlinien.

- ▶ Die **Anzahl der Therapiesitzungen** sollte mit den Patienten und deren Angehörigen vom Beginn an vorläufig festgelegt werden. In regelmäßigen Abständen sollten Bilanzsitzungen zur Abschätzung des Therapieumfanges erfolgen.
- ▶ Die **Sitzungsdauer** richtet sich nach therapeutischem Verfahren, Schweregrad der Symptomatik und Entwicklungsalter des Patienten. Sie sollte nicht überfordernd sein und Ermüdungen des Patienten vermeiden.
- ▶ Die **räumliche Ausstattung** sollte freundlich, emotional ansprechend und nicht zu herausfordernd sein. Übertriebene Spielzeugangebote können Kinder überfordern. Die Einrichtung sollte kindgerecht und kindersicher sein.
- ▶ Insbesondere sollte dem Gesichtspunkt der Problemaktualisierung Rechnung getragen werden, z.B. durch familientherapeutische Sitzungen bzw. Therapiesitzungen mit den Bezugspersonen aufgrund der spezifischen Situation von Kindern und Jugendlichen.

8.1 Einbeziehung der Eltern und des Umfeldes

In der Behandlung von Kindern und Jugendlichen ist die Einbeziehung des Umfeldes von zentraler Bedeutung. Häufig ist es nur so möglich, einen Transfer aus der therapeutischen Situation in die problematischen Situationen hinein zu erreichen. Die Therapieziele lassen sich ohne einen solchen Generalisierungseffekt meistens nicht erreichen.

Einbeziehung der Eltern und Familie, ggf. anderer Bezugspersonen
In der Regel sind die sorgeberechtigten Eltern die Auftraggeber einer psychotherapeutischen Behandlung. Eine Aufnahme der Behandlung – auch eines Erstgesprächs mit Jugendlichen – bedarf immer der zumindest nachträglichen Genehmigung durch die Eltern. Dies macht eine minimale Einbeziehung der Eltern regelhaft unabdingbar.

Darüber hinaus gilt es im Rahmen der Indikationsstellung zu klären, in welchem Umfang die Eltern therapeutisch einbezogen werden können oder sollten. Hier ist im Sinne des Kindes möglichst klar zu trennen zwischen einer Familientherapie, sporadischen Familiensitzungen und/oder begleitenden Elterngesprächen. Dabei ist im Rahmen eines transparenten und klar abgesprochenen Settings immer dafür Sorge zu tragen, dass Aspekte der Schweigepflicht (s. o.) sowie einer therapeutischen Kommunikationspflicht gegeneinander abgewogen werden.

Eine wichtige Rolle kommt einer Einbeziehung von Geschwistern zu. Es darf nicht unterschätzt werden, welche Auswirkungen eine psychische Erkrankung und ihre Behandlung für Geschwisterkinder haben kann. Wenn eine Einbeziehung in die Einzeltherapie nicht sinnvoll erscheint, kann eine Überweisung zu einem Kollegen sinnvoll sein oder auch mal begleitende Geschwistergespräche. Ohne Frage gibt es auch Indikationen für Geschwistertherapien, in denen alle Geschwister gleichzeitig in einem gemeinsamen Setting behandelt werden.

Die sporadische oder regelmäßige Einbeziehung von Großeltern wird immer dann von Bedeutung sein, wenn transgenerationale Prozesse von Bedeutung sind und die Großeltern erreichbar und motiviert sind.

Einbeziehung des weiteren Umfeldes

Einbeziehun des Kindergartens/der Schule. Nicht selten sind es Lehrer, die den Anstoß für eine Behandlung des Kindes geben, und nicht selten ist der soziale und kognitive Schulerfolg ein bedeutsamer Indikator für eine erfolgreiche Therapie. In Absprache mit den Patienten und ihren Familien ist in der Regel eine Einbeziehung der Schule hilfreich. Dies gilt insbesondere immer dann, wenn Lehrer sich in spezifischer Weise auf das Indexkind einstellen können, abgesehen davon, dass fremdanamnestische Daten aus der Schule oft von wichtiger Bedeutung sind. Gegen Ende der Behandlung ist eine Information an Lehrer immer dann sinnvoll, wenn diese das Kind weiterhin unterstützend begleiten sollen (und können) oder auch weiterhin gemeinsam mit den Eltern rechtzeitig eine erneute Exazerbation der Symptomatik erkennen sollen.

Einbeziehung der Peer-Gruppe. Nur unter besonderen Umständen werden Informationen von Freunden oder Klassenkameraden eingeholt. Die Einbeziehung von Geschwistern, Freunden und Gleichaltrigen in ein therapeutisches Setting erfolgt nur bei spezifischer Indikation.

8.2 Therapieziele und -planung

Jeder Behandlung sollte eine sorgfältige Therapieplanung vorausgehen. Diese schließt die Definition von umschriebenen Therapiezielen ein, die dem Patienten und seinen Eltern gegenüber transparent gemacht werden. Therapieziele sollen das Prinzip der Symptomlinderung haben, entwicklungsorientiert sein und die Interessen der Patienten, ihrer Eltern und die Möglichkeit des Therapeuten in angemessener Weise berücksichtigen. Der Therapeut soll bezüglich der Erstellung von Therapieanträgen ausreichend ausgebildet sein; über die Honorarfrage und die Erstattung eines eventuellen Ausfallhonorars müssen vor Therapiebeginn klare Vertragsvereinbarungen existieren.

Theoriegeleitetes Vorgehen
Wie schon unter 1.2 erwähnt, ist eine Theoriebasierung des jeweiligen psychotherapeutischen Vorgehens Voraussetzung für eine anerkannte Psychotherapie.

Dies gilt darüber hinaus auch für das spezifische Vorgehen im Rahmen einer Behandlung. Jede persönliche Erfahrung muss immer mit wissenschaftlichen Publikationen abgeglichen und Abweichungen gut begründet werden. Jedes Vorgehen, jede Intervention muss sowohl in Bezug auf eine theoretische Herleitung als auch in Bezug auf empirisches Wissen begründbar sein.

8.3 Dokumentation

Die Therapieziele und die therapeutischen Fortschritte müssen zu jedem Termin ausführlich dokumentiert werden. Für den Therapeuten und den Patienten müssen die grundsätzlichen Themen und wichtige Ereignisse jeder Therapiestunde durch das Dokumentationssystem jederzeit nachvollziehbar sein. Die Dokumentation muss auch über das Ende der Therapie hinaus aufbewahrt werden. Die Dokumentation hat in elektronischer oder Papierform zu erfolgen.

Jede Behandlung sollte mit entsprechenden Abschlussberichten in ihrem Gesamtverlauf dokumentiert und an abgebende bzw. weiterführende Stellen weitergeleitet werden.

Eine Einbeziehung der Kinder/Jugendlichen und Eltern ist in den meisten Fällen sinnvoll, da davon ausgegangen werden muss, dass (entgegen der gängigen Rechtsprechung) z.B. Hausärzte diese Berichte auf Verlangen den Eltern aushändigen.

Insbesondere ist es anzustreben, größtmögliche Transparenz über die erstellten Diagnosen und über die gegebenen Therapieempfehlungen herzustellen, um die Compliance mit und die Effizienz der Maßnahmen zu erhöhen.

8.4 Umgang mit spezifischen Problemen

Probleme innerhalb des Behandlungssettings
Schwierige Therapieverläufe mit plötzlichen und/oder anhaltenden Problemen bedürfen immer einer sorgfältigen Dokumentation (s. auch Kap. 8.3). Oft empfiehlt es sich, eine Supervision, eine Intervision oder das Gespräch mit einem Kollegen zu suchen. Drohen Therapieabbrüche, so ist besonders sorgfältig zu prüfen, ob alle Maßnahmen im Rahmen der Sorgfaltspflicht erfüllt sind – keinesfalls dürfen Kinder und Jugendliche vorschnell bzw. nachlässig, z.B. nur aufgrund vermeintlich fehlender Motivation, aus der Behandlung entlassen werden. Eine Einbeziehung der Eltern – auch unter Brechung der Schweigepflicht (s. auch Kap. 7) – muss immer geprüft werden. Der Freiwilligkeit der Behandlung durch den kindlichen/jugendlichen Patienten muss immer die Fürsorgepflicht des Therapeuten bzw. der Therapiebedürftigkeit gegenüber gestellt werden.

Gewalt

Jede Form von Gewalt gegenüber den Patienten im Rahmen einer Psychotherapie verbietet sich. Aber auch gewaltsames Verhalten durch Patienten muss dann unterbunden werden, wenn dieses durch den Patienten selbst mit therapeutischer Unterstützung nicht mehr steuerbar ist – auch dann, wenn es im Rahmen der zu behandelnden Störung verstehbar ist. Körperliche Kontakte des Therapeuten zu Patienten sind im Grundsatz immer obsolet, es sei denn in Ausnahmesituationen, in denen Selbst- oder Fremdverletzung verhindert werden muss.

Sexualität

Jeder Psychotherapeut ist in der Pflicht, seine persönliche Psychohygiene so zu steuern, dass keinerlei Bedürfnisse gegenüber Patienten entstehen. Das gilt besonders für sexuelle Impulse und auch Verführungssituationen durch Patienten. Hier sind die ethischen Vorgaben besonders sorgfältig zu prüfen und zu beachten.

Probleme außerhalb des therapeutischen Settings

Auch wenn der Psychotherapeut nur bedingt Informationen über das Verhalten des Patienten außerhalb der laufenden Behandlung erhält, ist er dennoch verpflichtet, sich im Rahmen seiner Möglichkeiten immer ein Bild davon zu machen. In den meisten Fällen wird es genügen, sich auf die Schilderungen des Patienten zu verlassen, aber es kann z.B. notwendig werden, aktiv bestimmte Sachverhalte abzufragen oder auch einmal zusätzlich zu Elterngesprächen fremdanamnestische Informationen einzuholen. Bestimmte Störungsbilder sind, wie oben geschildert, nur im gewohnten Umfeld zu diagnostizieren und zu therapieren.

Risikoverhaltensweisen

Eine Überprüfungspflicht kann insbesondere dann entstehen, wenn der Patient außerhalb der Therapie Risikoverhaltensweisen, insbesondere Drogenabusus betreibt. In diesen Fällen muss immer überprüft und im Zweifelsfall nachgewiesen werden, welche Maßnahmen der Psychotherapeut ergriffen hat, um die potenzielle und/oder tatsächliche Gefahr vom Patienten fern zu halten.

Selbst- und Fremdgefährdung

Besonders schwirig kann die Überprüfungspflicht werden, wenn eine akute, latente oder chronische Selbst- und/oder Fremdgefährdung vorliegt. Bei akuter Suizidalität ist immer zu prüfen, ob der Rahmen der ambulanten Behandlung gesprengt und eine stationäre Einweisung unumgänglich ist. Aber auch unmittelbar angedrohte Fremdgefährdungen bedürfen u.U. der Einschaltung exekutiver Bereiche des Staates. Bei latenten und chronischen Verläufen ist der Psychotherapeut immer auf seine persönliche Einschätzung angewiesen, die ihn immer zur besonderen Sorgfalt verpflichtet. Hier kann die Einschaltung eines Kollegen unter der Maßgabe eines Second look sinnvoll sein.

8.5 Supervision

Auch nach Beendigung von Aus- und Weiterbildungen, die in der Regel Supervision als Prinzip des jeweiligen Curriculums vorschreiben, ist die Frage nach einer fortlaufenden Inter- und/oder Supervision nach Beendigung der Ausbildung sorgfältig zu klären. Jeder Psychotherapeut kommt auch nach langjähriger Erfahrung immer mal wieder in Behandlungsprozesse, die so schwierig sind, dass eine Besprechung mit einem Supervisor sinnvoll erscheint. Hierbei ist das Maß an Verantwortungsteilung im Vorwege immer zu besprechen. Es empfiehlt sich, die Supervisionen entsprechend in den Behandlungsunterlagen zu dokumentieren. Eine Supervision entbindet den Therapeuten nicht von seiner umfassenden Behandlungsverantwortung, theoretisch sind jedoch auch Fälle denkbar, in denen das Befolgen des Rates eines erfahrenen Kollegen dazu führt, dass bei juristischen Folgen auch der Supervisor mit in die Verantwortung genommen wird.

Zu unterscheiden ist zwischen kontinuierlichen und sporadischen Supervisionen, wobei es der Sorgfaltspflicht des jeweiligen Therapeuten unterliegt, zu unterscheiden, wann welche Form in Frage kommt. Denkbar sind auch Fälle, in denen es die Sorgfaltspflicht des Therapeuten unausweichlich macht, einen supervisorischen Prozess einzuleiten.

8.6 Interaktionsbezogene Fallarbeit (IFA/Balint-Gruppen)

Die regelmäßige Beteiligung an kollegialer Fallarbeit und qualifizierter IFA- bzw. Balint-Gruppen-Leitung sollte genutzt werden, um spezifische Fallkonstellationen und Beziehungsprobleme zu diskutieren. Hierdurch können eigene Unsicherheiten abgebaut, Fehleinschätzungen korrigiert und Erfahrungen anderer Therapeuten einbezogen werden.

8.7 Beendigung der Behandlung

Inhaltlich bedeutet das Ende einer Psychotherapie immer, dass eine alters- bzw. entwicklungsgerechte Ankündigung und Einbeziehung des Endes erfolgt. Es versteht sich von selbst, dass weiterführende private Beziehungsaufnahmen in den Bereich der Kunstfehler gehören.

Die Beendigung einer psychotherapeutischen Behandlung ist immer sorgfältig und vor allem rechtzeitig zu planen. Unabhängig von einem genehmigten Stundenkontingent ist an Verlaufsmerkmalen und weiteren zusätzlichen Indikatoren zu prüfen, wann eine Beendigung sinnvoll oder notwendig erscheint. Zusätzliche Indikatoren können sein: zeitlicher Aufwand für das Kind/den Jugendlichen, Einschränkung von Freizeit und Kontakten zu Gleichaltrigen u. a. m. Der Nutzen und die Nebenwirkungen (s. o.) sind auch bei der Frage der Beendigung sorgfältig zu prüfen. Die Orientierung an den von der Krankenkasse genehmigten Stunden kann hierbei nur ein sehr grober Anhalt sein.

Eine Verlängerung der Behandlung über den Grenzstundenwert hinaus kann indiziert sein, insbesondere für nachfolgende Kriseninterventionen bzw. aktuelle psychotherapeutische Maßnahmen bei Rezidiven. In diesen Fällen muss die Einschätzung rechtzeitig mit Patient und/oder Eltern besprochen werden und nach juristisch zulässigen und für beide Vertragsseiten materiell vertretbaren Lösungen gesucht werden.

Einleitung weiterführender Maßnahmen

Ist absehbar, dass sich an eine psychotherapeutische Behandlung weiterführende Maßnahmen im Sinne ärztlicher Behandlungen, einer Rehabilitation und/oder Jugendhilfemaßnahmen anschließen sollten, so ist rechtzeitig unter Berücksichtigung der kindlichen und familiären Ressourcen dafür Sorge zu tragen, dass diese Maßnahmen beantragt und eingeleitet werden. Auch im Rahmen einer laufenden Behandlung kann es sinnvoll sein, begleitende Maßnahmen zu initiieren. Hier ist eine Absprache bzw. Koordination der jeweiligen Maßnahmen unerlässlich.

Zunehmend orientieren sich Eltern an veröffentlichten Leitlinien der Behandlung.

Dies kann dazu führen, dass der behandelnde Therapeut bei Abweichungen um Rechtfertigung gebeten wird oder auch juristische Konsequenzen drohen. Keine Behandlungsleitlinie in der Psychotherapie oder Medizin hat den verbindlichen Charakter einer Verordnung oder eines Gesetzes. Dennoch orientieren sich auch Gerichte zunehmend an ihnen. So sollte jeder Therapeut Abweichungen gut dokumentieren und im Zweifelsfall auch begründen können (z.B. durch wissenschaftliche Publikationen).

Kunstfehler können sich auf falsche Behandlungen und/oder Unterlassungen beziehen. Es ist hilfreich, die vorhandenen Leitlinien im Rahmen des Informed consent anzusprechen und auf dieser Grundlage die vorgeschlagenen Therapiemaßnahmen zu begründen.

Literatur

Arbeitskreis OPD-KJ (Hrsg.). (2003). Operationalisierte Psychodynamische Diagnostik im Kindes- und Jugendalter. Huber: Bern.

Grawe, K. (2004). Neuropsychotherapie. Schattauer: Stuttgart.

Lehmkuhl, U. (Hrsg.). (2003). Ethische Grundlagen in der Kinder- und Jugendpsychiatrie und Psychotherapie. Göttingen: Vandenhoeck & Ruprecht.

Roth, A. & Fonagy, P. (1996). What works for whom? London: Guilford Press.

Warnke, A. & Lehmkuhl, G. (Hrsg.). (2003). Kinder- und Jugendpsychiatrie und Psychotherapie in der Bundesrepublik Deutschland. Stuttgart: Schattauer.

Internetseiten

Arbeitsgemeinschaft der Wissenschaftlichen Medizinischen Fachgesellschaften: www.uni-duesseldorf.de/WWW/AWMF/awmfleit.htm [8. 11. 2007]; www.awmf.net [8. 11.2007].

Deutsche Gesellschaft für Kinder- und Jugendpsychiatrie, Psychosomatik und Psychotherapie (DGKJP): www.dgkjp.de [8. 11. 2007].

The American Academy of Child and Adolescent Psychiatry: www.aacap.org [8. 11. 2007].

3 Kinderverhaltenstherapie

Manfred Döpfner

Die Kinder- und Jugendlichenverhaltenstherapie ist mittlerweile zu einem unüberschaubaren Konglomerat aus verschiedenen Therapiemethoden geworden, die längst nicht mehr einer einheitlichen Theorie folgen. Aktuelle Trends in diesem Bereich zu beschreiben kann daher nur bedeuten, eine sehr subjektive Auswahl aus der Vielzahl der aktuellen Entwicklungen zu treffen. Zwei Trends in der Verhaltenstherapie sollen daher kurz skizziert werden:
(1) die Herausarbeitung von evidenzbasierten Interventionen für einzelne Störungsbilder und die Entwicklung von Leitlinien zur Psychotherapie von Kindern und Jugendlichen
(2) beispielhafte Entwicklungen in der Therapieprozessforschung, aufgezeigt an empirischen Analysen zu den Wirkkomponenten in der Traumatherapie und bei Elterntrainings mit aggressiv-dissozialen Störungen.

1 Evidenzbasierte Intervention

In den 1980er und 1990er Jahren wurden international mehrere Meta-Analysen zur Wirksamkeit von Kinderpsychotherapie vorgelegt (Casey & Berman, 1985; Weisz et al., 1987, 1995; Kazdin et al., 1990). Sie beschäftigten sich hauptsächlich mit verhaltenstherapeutischen Interventionen, weil diese am häufigsten untersucht wurden – mindestens drei Viertel der Studien stammen aus dem kognitiv-behavioralen Spektrum (Kazdin et al., 1990). Beelmann und Schneider (2003) haben jüngst eine Meta-Analyse deutschsprachiger Studien zur Wirksamkeit von Kinder- und Jugendlichenpsychotherapie veröffentlicht. Aus diesen Analysen lassen sich global für die Kinder- und Jugendlichenpsychotherapie mehrere Schlussfolgerungen ziehen (vgl. Döpfner, 1999; Döpfner & Lehmkuhl, 2002; Döpfner, 2003):
- Psychotherapie von Kindern und Jugendlichen ist wirkungsvoll. Folgt man der Einteilung der Effektstärken (ES) von Cohen (1977), dann liegen die ermittelten Effektstärken mit rund 0.80 an der Grenze von mittleren zu starken Effekten. Eine Effektstärke von 0.80 besagt, dass die behandelten Patienten im Durchschnitt weniger auffällig sind als 79 % der Patienten aus der unbehandelten Kontrollgruppe.
- Psychotherapie mit Kindern und Jugendlichen ist ähnlich wirkungsvoll, wie die Psychotherapie mit Erwachsenen. Vergleicht man diese Werte mit den Er-

gebnissen von Meta-Analysen über Psychotherapie bei Erwachsenen, so lässt sich global feststellen, dass die Psychotherapie von Kindern und Jugendlichen ebenso wirkungsvoll ist, wie die Erwachsenenpsychotherapie.
- ▶ Therapieeffekte sind relativ stabil. Über einen Zeitraum von durchschnittlich sechs Monaten bleiben die Effekte stabil. Dies gilt natürlich nur für jene Studien, die überhaupt die Stabilität der Effekte untersuchten.
- ▶ Therapieeffekte sind spezifisch. Bei jenen Problemen, deren Veränderung Hauptziel der Behandlungen war, sind die Effekte etwa doppelt so hoch wie bei anderen Problemen, auf die sich die Therapie nicht fokussierte.
- ▶ Durch kognitiv-behaviorale Verfahren lassen sich mittlere bis starke Effekte erzielen, während durch nicht-behaviorale Methoden geringe bis mittlere Ef-

Tabelle 3.1. Kriterien für eine Bewertung des Grades der empirischen Bewährung (nach Chambless & Hollan, 1998)

empirisch gut bewährte Intervention	vermutlich effektive Intervention
▶ Die Intervention hat sich in mindestens zwei durchgeführten Kontrollgruppen-Studien im Vergleich zu medikamentöser oder psychologischer Placebobehandlung oder zu einer Alternativtherapie als überlegen bzw. im Vergleich zu einer bereits bewährten Alternativtherapie als ebenso wirkungsvoll erwiesen. ▶ Anstatt Kontrollgruppen-Studien werden auch große Serien von Einzelfallstudien mit guten experimentellem Design zugelassen, wenn sie die Intervention mit einer Alternativbehandlung vergleichen. ▶ Die Interventionen müssen durch ein Therapiemanual oder durch eine äquivalente Form operationalisiert sein, die Stichprobenmerkmale müssen spezifiziert und die Wirksamkeit muss von mindestens zwei unabhängigen Forschungsgruppen belegt sein.	▶ Die Intervention hat sich in zwei Studien gegenüber einer nicht behandelten Kontrollgruppe (z.B. Warteliste-Kontrollgruppe) als überlegen erwiesen. ▶ Anstatt Kontrollgruppen-Studien werden auch kleine Serien von Einzelfallstudien mit guten experimentellem Design zugelassen. ▶ Eine Intervention wird auch dann als vermutlich effektiv bewertet, wenn zumindest eine Studie mit einem Kontrollgruppen-Design nach den Kriterien für empirisch gut bewährte Studien (s.o.) vorliegt.

fekte belegt werden können. Lediglich Beelmann und Schneider (2003) fanden in ihrer Analyse deutschsprachiger Studien zwischen behavioralen und non-behavioralen Verfahren keinen signifikanten Unterschied, wobei zu berücksichtigen ist, dass non-behaviorale Verfahren nur in wenigen Studien geprüft wurden.

Allerdings können Meta-Analysen allein nicht die Frage beantworten, welche spezifischen Interventionen für einzelne Störungsbilder sich empirisch bewährt haben. Hilfreicher hierfür sind die von einer Arbeitsgruppe der American Psychological Association entwickelten Kriterien für evidenzbasierte Interventionen (Empirically Supported Treatments, EST), nach denen die einzelnen Interventionen bewertet werden können (Chambless & Hollon, 1998; s. Tab. 3.1).

Internale Störungen
Tabelle 3.2 fasst die Ergebnisse mehrerer Übersichtsarbeiten zu empirisch begründeten Interventionen für internale Störungen auf der Basis der genannten Kriterien zusammen. Sie weist auf deutschsprachige Therapieprogramme hin, die im Wesentlichen diese Interventionen umsetzen, wenngleich es sich hier meist nicht um 1:1-Umsetzungen der geprüften Programme handelt.
Depression. Zur Behandlung von Depression im Kindes- und Jugendalter liegen im angloamerikanischen Sprachraum mittlerweile mehrere kognitiv-behaviorale Interventionsprogramme vor, die nach den genannten Kriterien als vermutlich effektiv klassifiziert werden (z.B. Lewinsohn et al., 1990; Stark et al., 1987).

Auch die Interpersonelle Psychotherapie hat sich in einer Studie als wirksam erwiesen (Mufson et al., 1993). Mittlerweile liegen zwei Übersetzungen und Bearbeitungen von international geprüften Manualen vor (Harrington, 2001; Ihle & Herrle, 2003). Weitere auf den international geprüften Methoden beruhende Therapiemanuale sind in Vorbereitung (Rademacher et al., 2002; Döpfner et al., 2004).

> Kernmethoden der Therapieprogramme bei Depression sind Interventionen zur Steigerung angenehmer Aktivitäten, soziale Problemlöse- und Kompetenztrainings zur Verbesserung sozialer Interaktionen, progressive Muskelentspannung zur Reduktion von Anspannungen und kognitive Interventionen zur Änderung depressionsfördernder Kognitionen.

Tabelle 3.2. Empirisch begründete Interventionen für internale Störungen*

Intervention	Evidenzgrad**	Deutschsprachige Programme mit entsprechenden Komponenten
Depression		
Kognitiv-behaviorale Therapie für Kinder	2	▶ Kognitive Verhaltenstherapie bei depressiven Kindern und Jugendlichen (Harrington, 2001)
Kognitiv-behaviorale Therapie für Jugendliche	2	▶ Stimmungsprobleme bewältigen. (Ihle & Herrle, 2003)
		▶ SELBST: Therapieprogramm für Jugendliche mit Selbstwert-, Leistungs- und Beziehungsstörungen (Döpfner et al., 2004; Band 1: Leistungsstörungen; Walter & Döpfner 2004; s.a. Rademacher et al., 2002)
Phobien/soziale Phobien		
Teilnehmendes Modelllernen	1	▶ Training mit sozial unsicheren Kindern (Petermann & Petermann, 2000)
Verstärkung von Annäherungsverhalten	1	▶ Behandlung der sozialen Phobie bei Kindern und Jugendlichen (Joormann & Unnewehr, 2002)
Klassische systematische Desensibilisierung (in sensu)	2	▶ THAZ: Therapieprogramm für Kinder und Jugendliche mit Angst- und Zwangsstörungen (4 Bände) (Döpfner & Suhr, 2004; Band 1: Leistungsängste; Suhr & Döpfner, 2004)
In vivo Desensibilisierung	2	
Modelllernen (Live-Modell, Film-Modell)	2	
Kognitiv-behaviorale Intervention mit Selbstinstruktion	2	
Angststörungen (generalisierte Angst, Trennungsangst)		
Kognitiv-behaviorale Intervention nach Kendall	2	▶ Freunde für Kinder (Barrett et al., 2003)
Kognitiv-behaviorale Intervention nach Kendall mit familienzentrierten Interventionen	2	▶ THAZ: Therapieprogramm für Kinder und Jugendliche mit Angst- und Zwangsstörungen (4 Bände) (Döpfner & Suhr, 2004; Bände zu sozialer Angst, Trennungsangst in Vorbereitung)

* Zusammengestellt nach den Übersichtsarbeiten von Kaslow & Thompson (1998), Ollendick & King (1998), Weisz & Jensen (2001), Hibbs (2001) und Chambless & Ollendick (2001)
** Evidenzgrad: 1 = empirisch gut bewährt, 2 = vermutlich effektiv

Ängste und Phobien. Bei der Behandlung von Phobien können Methoden des teilnehmenden Modelllernens und die Verstärkung von Annährungsverhalten an den gefürchteten Reiz als empirisch gut bewährt eingestuft werden. Beim teilnehmenden Modelllernen geht das Kind gemeinsam mit dem Modell in die gefürchtete Situation. Dieses Verfahren hat sich gegenüber anderen Formen des Modelllernens und der klassischen systematischen Desensibilisierung (in sensu) als wirkungsvoll erwiesen. Bei der Verstärkung von Annährungsverhalten an den gefürchteten Reiz (reinforced practice) wird das Kind dabei bestärkt, die gefürchtete Situation aufzusuchen. Beide empirisch gut bewährten Methoden beinhalten also Exposition als wesentliche Komponente. Weitere Verfahren aus dem Bereich des Modelllernens und der Desensibilisierung sowie umfassende kognitiv-behaviorale Programme werden gegenwärtig als vermutlich effektiv beurteilt. Bei der Behandlung von Angststörungen (generalisierte Angststörungen, Störungen mit Trennungsangst, teilweise auch soziale Phobie) haben sich ebenfalls kognitiv-behaviorale Programme als vermutlich effektiv bewährt. Diese Programme bestehen im Wesentlichen aus einer kognitiven/psychoedukativen Komponente und einer Expositionsbehandlung.

Externale Störungen. Die Ergebnisse von Übersichtsarbeiten zu empirisch begründeten Interventionen für externale Störungen (Aufmerksamkeitsdefizit-/Hyperaktivitätsstörungen und aggressiv-dissoziale Störungen) sind in Tabelle 3.3 zusammengefasst. Bei der Therapie von Aufmerksamkeitsdefizit-/Hyperaktivitätsstörungen werden Elterntrainings und behaviorale Interventionen in der Schule als empirisch gut bewährt beurteilt.

Diese Methoden finden auch bei den behavioralen Interventionen in der Schule Anwendung. Im deutschen Sprachraum wurden beide Ansätze evaluiert und haben sich ebenfalls als erfolgreich bewährt (Fröhlich et al., 2002; Döpfner et al. 2004).

> Elterntrainings enthalten im Wesentlichen – neben Psychoedukation – Methoden zum Aufbau positiver Eltern-Kind-Interaktionen, Verfahren des Stimulusmanagements (Aufforderungen und Grenzsetzungen) und die Anwendung positiver und negativer Konsequenzen zum Aufbau von erwünschten Verhalten und zur Verminderung von Problemverhalten.

Tabelle 3.3. Empirisch begründete Interventionen für externale Störungen*

Intervention	Evidenz-grad**	Deutschsprachige Programme mit entsprechenden Komponenten
Aufmerksamkeitsdefizit-/Hyperaktivitätsstörungen		
Elterntraining	1	▶ THOP: Therapieprogramm für Kinder mit hyperkinetischem und oppositionellem Problemverhalten (Döpfner et al., 2002)
Behaviorale Interventionen in der Schule	1	
Oppositionell-aggressive Störungen		
Elterntraining	1	▶ THOP: Therapieprogramm für Kinder mit hyperkinetischem und oppositionellem Problemverhalten (Döpfner et al., 2002)
Eltern-Kind-Interaktionstherapie nach Eyberg et al. (1995)	2	
Delinquenz-Präventions-Programm nach Tremblay et al. (1995)	2	
Multisystemische Therapie nach Henggeler et al. (1998)	2	
Ärger-Kontroll-Training (Lochman et al., 2003)	2	▶ Training mit aggressiven Kindern (Petermann & Petermann, 2001)
Problemlösetraining, soziales Kompetenztraining	2	▶ SELBST: Therapieprogramm für Jugendliche mit Selbstwert-, Leistungs- und Beziehungsstörungen (Döpfner et al., 2004; Band 3 Beziehungsstörungen in Vorber.1: siehe auch Rademacher et al., 2002)

* Zusammengestellt nach den Übersichtsarbeiten von Pelham et al., (1998), Brestan & Eyberg et al., (1998), Weisz & Jensen (2001), Hibbs (2001) und Chambless & Ollendick (2001)
** Evidenzgrad: 1 = empirisch gut bewährt, 2 = vermutlich effektiv

Bei der Behandlung von oppositionellen und aggressiven Störungen haben sich vor allem Elterntrainings als effektiv erwiesen, die auf den gleichen Methoden beruhen, wie die Elterntrainings für Aufmerksamkeitsdefizit-/Hyperaktivitätsstörungen. Die Programme der Gruppe um Patterson und um Webster-Stratton (Patterson & Guillon, 1968; Webster-Stratton, 1994) sind besonders intensiv evaluiert worden und werden als empirisch gut bewährt eingeschätzt. Andere Programme, die auf den gleichen Prinzipien beruhen, werden beim gegenwärtigen Stand der Forschung als vermutlich effektiv eingeschätzt. Für dissoziale Jugendliche wird die multisystemische Therapie nach Henggeler et al. (1998) als vermutlich effektiv beurteilt. Dieses multimodalen Verfahren kombiniert jugendlichenzentrierte mit familien- und schulzentrierten Interventionen sowie mit psychosozialem Management. Zur Behandlung von aggressivem Verhalten haben sich zudem verschiedene kind- und jugendlichenzentrierten Ansätze als vermutlich effektiv bewährt, die auf die Verbesserung der Ärger-Kontrolle, der sozial-kognitiven Problemlösung, der sozialen Kompetenz und der Selbstbehauptung abzielen.

Neben den genannten Störungsbildern werden in den angeführten Übersichtsarbeiten behaviorale Interventionen zur Behandlung von Enuresis und Enkopresis als empirisch bewährt bzw. als vermutlich effektiv eingeschätzt. Interventionen bei anderen Störungen mit anderen körperlichen Symptomen und bei somatischen Störungen werden in den zitierten Arbeiten überwiegend nicht thematisiert.

Meta-Analysen und Diskussion
Diese Ergebnisse zu den Meta-Analysen und den evidenzbasierten Leitlinien haben nun auch im deutschen Sprachraum eine Diskussion, vor allem zwischen den Therapieschulen ausgelöst, was vermutlich unvermeidbar war (Döpfner, 2003; Döpfner, 2004; Fröhlich-Gildhoff, 2004, Berns & Berns, 2004). Es bleibt zu hoffen, dass sich auch daraus Impulse für eine evidenzbasierte multimodale Kinder- und Jugendlichenpsychotherapie entwickeln, eine Psychotherapie, die weniger an Therapieschulen orientiert ist, sondern die Ergebnisse empirischer Überprüfungen in einem konzeptionellen Theorierahmen integriert. Erste Ansätze dazu sind bereits gemacht (z.B. Döpfner & Walter, 2002).

Leitlinien. Die Ergebnisse der evidenzbasierten Kinder- und Jugendlichenpsychotherapie haben Einfluss gefunden in die Entwicklung von Leitlinien für die Therapie psychischer Störungen im Kindes- und Jugendalter. Angestoßen wurde diese Entwicklung durch die American Academy of Child and Adolescent Psychiatry, die 1991 erstmals Leitlinien zu Aufmerksamkeitsdefizit-/Hyperaktivitätsstörungen (American Academy of Child and Adolescent Psychiatry, 1991) publizierte. Im deutschen Sprachraum wurden unter Federführung der Deutschen Gesellschaft für Kinder- und Jugendpsychiatrie Leitlinien zur Diagnostik und Therapie von psychischen Störungen im Säuglings-, Kindes- und Jugendalter herausgegeben (Deutsche Gesellschaft für Kinder- und Jugendpsychiatrie et al. 2002); sie können auch im Internet abgerufen werden (http://leitlinien.net/).

Auf der Grundlage dieser und anderer internationalen und nationalen Bemühungen werden seit 2000 in einer Reihe mit dem Titel „Leitfaden Kinder- und

Jugendpsychotherapie" Leitlinien ausgearbeitet und ihre Umsetzung detailliert beschrieben. Beginnend mit Leitlinien zur Diagnostik psychischer Störungen (Döpfner et al., 2000), zur Diagnostik und Therapie von hyperkinetischen Störungen (Döpfner et al., 2000) und aggressiv-dissozialen Störungen (Petermann et al., 2001), liegen mittlerweile insgesamt sechs Leitfadenbände vor. Seit kurzem nehmen sich nun auch die Bundesvereinigung Verhaltenstherapie im Kindes- und Jugendalter (BVKJ) und die Fachgruppe Klinische Psychologie der Deutschen Gesellschaft für Psychologie (DGPS) des Themas an. Ein Themenheft der Zeitschrift Kindheit und Entwicklung (Döpfner & Esser, 2004) widmet sich der Entwicklung von Leitlinien für die Kinder- und Jugendlichenpsychotherapie. Leitlinienvorschläge für Angststörungen (Schneider & Döpfner, 2004), depressive Störungen (Ihle et al., 2004) und aggressiv-dissoziale Störungen (Döpfner & Petermann, 2004) werden in diesem Heft vorgestellt.

Diese Leitlinien sind, wie auch die Leitfadenbände, evidenzbasiert und nicht ausschließlich einer Therapieschule verpflichtet. Der gegenwärtige Forschungsstand hat jedoch zur Folge, dass mehrheitlich Verfahren aus dem kognitiv-behavioralen Therapiespektrum in die Leitlinien aufgenommen werden können.

2 Therapieprozessforschung

Seit Jahrzehnten wird die Notwendigkeit von Therapieprozessforschung betont, die darüber aufklären soll, warum Interventionen wirkungsvoll (oder nicht wirkungsvoll) sind. Jede Therapierichtung hat dazu ihre eigenen Theorien, deren Überprüfung jedoch noch weitgehend aussteht. Meist versinkt die Therapieprozessforschung in einem unübersehbaren Datensumpf. Anhand von zwei Studien sollen Erfolg versprechende Strategien der Prozessforschung aufgezeigt werden:
(1) Wirkkomponenten in der Traumatherapie
(2) Wirkkomponenten bei Elterntrainings.

2.1 Wirkkomponenten in der Traumatherapie

Davidson und Parker (2001) führten eine Meta-Analyse zu den Wirkkomponenten von Eye Movement Desensitization and Reprocessing (EMDR) und anderer Expositionsverfahren durch. Das von Shapiro entwickelte EMDR-Verfahren enthält als wesentliche Komponenten die Exposition mit dem traumatischen Ereignis in sensu und die Augenbewegung (oder eine andere bilaterale Stimulation).

! Das Verfahren wurde nicht nur bei Erwachsenen, sondern auch bei Kindern erfolgreich eingesetzt.

Eine Möglichkeit der Therapieprozessforschung ist die so genannte Dismantling-Strategie, bei der einzelne Komponenten einer Therapie herausgenommen werden und dann die Effektivität der restlichen Therapiekomponenten überprüft wird. Historisch wurde mittels solcher Dismantling-Studien die klassische systematische Desensibilisierung als Standard der Phobiebehandlung vom Sockel gestoßen. Es konnte nämlich gezeigt werden, dass der regelmäßige Einsatz von Entspannung bei aufkommender Angst während der Konfrontation mit dem gefürchteten Reiz in der Vorstellung – was lange als Voraussetzung für eine erfolgreiche Desensibilisierung betrachtet wurde – nicht notwendig ist: Die Ergebnisse der Studie waren mit und ohne Entspannung gleichermaßen wirkungsvoll.

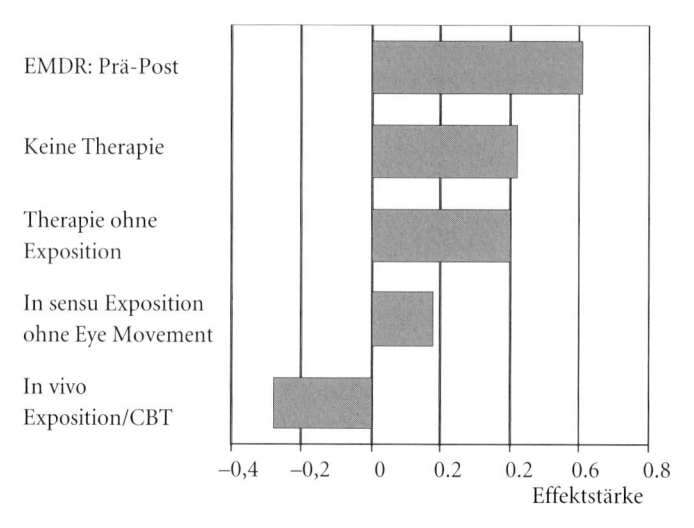

Abbildung 3.1. Ergebnisse der Meta-Analyse zur Wirksamkeit von EMDR (nach Davidson & Parker, 2001)

Davidson und Parker (2001) legten eine Meta-Analyse von 34 Studien vor, bei denen EMDR und auch andere Konfrontationsmethoden eingesetzt wurden. Die Mehrzahl der analysierten Studien wurde mit Erwachsenen durchgeführt. Abbildung 3.1 fasst die Ergebnisse dieser Meta-Analyse zusammen. Danach belegen die Studien eine deutliche Veränderung der Symptomatik im Verlauf von EMDR. Die Effektstärken liegen bei 0,6 (Rosenthals r), was einem starken Effekt entspricht. Im Vergleich zu einer Nichtbehandlung liegen die Effekte immerhin noch bei 0,4. Da sich bei PTBS Symptome auch spontan vermindern können, sind die Effekte also etwas geringer als im reinen Prä-Post-Vergleich. Auch im Vergleich mit anderen Therapien, bei denen keine Exposition durchgeführt wurde (vor allem Entspannungsverfahren, aktives Zuhören) zeigen sich deutliche Effekte. Die Therapieeffekte von EMDR sind also nicht ausschließlich auf unspezifische Aufmerksamkeitskomponenten zurückzuführen. Im Vergleich zu Exposition in der Vorstellung ohne Augenbewegungen lassen sich jedoch nur noch minimale Effekte feststellen, die nicht mehr signifikant sind – das heißt, dass die Hauptwirkung vermutlich durch die Exposition und nicht durch die Augenbewegung erzielt wird und Augenbewegungen oder andere bilaterale Stimulationen überflüssig sind. Im Vergleich zu In-vivo-Exposition (z.B. am Ort eines Unfalls) und anderen Methoden der kognitiven Verhaltenstherapie zeigte sich sogar ein negativer Effekt, d. h. die Exposition in vivo bzw. andere kognitiv-behaviorale Verfahren waren der EMDR tendenziell überlegen.

> **!** Die Autoren kommen zu der Schlussfolgerung, dass EMDR eine wirkungsvolle Methode ist, dass aber die Behandlungskomponente, die der ganzen Methode ihren Namen gab, nämlich die Augenbewegung (oder andere bilaterale Stimulationen), vermutlich nicht wirkungsvoll sind.

2.2 Wirkkomponenten bei Elterntrainings

Eine weitere Methode, um Wirkkomponenten einer Therapie zu isolieren, stellen Regressionsanalysen dar. In mehreren Studien konnte gezeigt werden, dass sich durch Elterntraining aggressives Verhalten von Kindern erfolgreich verändern lässt (Döpfner, 2000), d. h. zwischen der Therapieart (Elterntraining vs. kein Elterntraining) und dem Therapieerfolg (der Reduktion von aggressivem Verhalten) besteht ein statistisch signifikanter Zusammenhang. Die Theorien, auf denen Elterntrainings basieren, sagen voraus, dass vor allem
▶ eine Veränderung des Erziehungsverhalten (konsistentes Erziehungsverhalten),
▶ eine klare Kontrolle über das Verhalten des Kindes,
▶ eine verbesserte Eltern-Kind-Beziehung (mit vermehrten positiven Eltern-Kind-Interaktionen) sowie
▶ die Verminderung des Kontaktes mit anderen aggressiv auffälligen Kindern
wesentlich zur Reduktion der Problematik beitragen. Diese Faktoren stellen also Mediatoren der Therapie dar. Nun lässt sich diese Theorie mit statistischen Verfahren, vor allem mit Regressionsanalysen überprüfen, d. h. es kann geprüft werden, ob sich im Verlauf des Elterntrainings eben diese Mediatoren verändert

haben und ob die Veränderung dieser Merkmale mit der Verminderung des aggressiven Verhalten in Beziehung stehen.

Dies konnten Eddy und Chamberlain (2000) belegen (s. Abb. 3.2). Falls diese Mediatoren tatsächlich die wirksamen Komponenten der Therapie darstellen, sollte der Zusammenhang zwischen Therapie und Therapieerfolg sich deutlich vermindern, wenn man den Anteil aus diesem Zusammenhang herausnimmt (herauspartialisiert), der durch die Veränderung der Mediatoren erklärt werden kann. Das konnte in der Studie tatsächlich belegt werden.

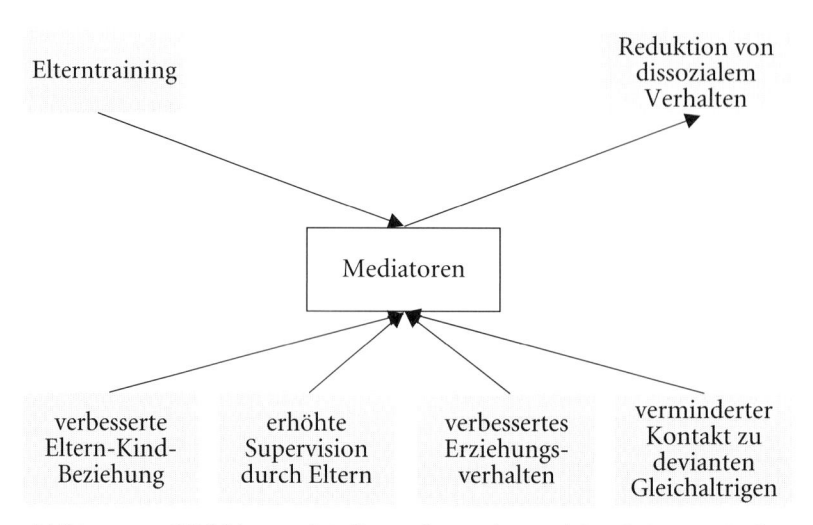

Abbildung 3.2. Wirkfaktoren (Mediatoren) von Elterntrainings bei aggressiv-dissozialen Kindern und Jugendlichen (nach Eddy & Chamberlain, 2000)

3 Schlussbemerkung

Die empirische Psychotherapieforschung macht im Bereich der kognitiv-behavioralen Verfahren erhebliche Fortschritte, die in ihrer praktischen Relevanz nicht zu unterschätzen sind: Zunehmend schälen sich für die verschiedenen Störungsbilder evidenzbasierte Therapieverfahren heraus. Der Weg von der schulenorientierten hin zur störungsspezifischen Therapie ist damit beschritten worden. Für die Praxis bedeutet dies, dass unabhängig von den Therapieschulen Methoden in den Therapiealltag integriert werden, die sich auch in empirischen Studien als wirkungsvoll erwiesen haben. Die Erforschung der wirksamen Therapieprozesse unterstützt diese Entwicklung nachhaltig – eine Entwicklung, an der die deutsche Kinderpsychotherapieforschung allerdings nur einen begrenzten Anteil hat.

Weiterführende Literatur

Döpfner, M. (2003). Wie wirksam ist Kinder- und Jugendlichenpsychotherapie? Psychotherapeutenjournal, 2, 258-266.

Döpfner, M. & Lehmkuhl, G. (2002). Die Wirksamkeit von Kinder- und Jugendlichenpsychotherapie. Psychologische Rundschau, 53, 184-193.

Döpfner, M. & Walter, D. (2002). Verhaltenstherapeutische Zugänge in der Adoleszenz. Psychotherapie im Dialog, 4, 345-352.

Literatur

American Academy of Child and Adolescent Psychiatry (1991). Practice Parameters for the assessment and treatment of attention-deficit hyperactivity disorder. Journal of the American Academy of Child and Adolescent Psychiatry, 30, I-III.

Barrett, P., Haylesy, W. & Turner, C. (2003). Freunde für Kinder. Gruppenleitermanual. München: Reinhardt.

Beelmann, A. & Schneider, N. (2003). Wirksamkeit von Psychotherapie bei Kindern und Jugendlichen. Eine Übersicht und Meta-Analyse zum Bestand und zu Ergebnissen der deutschsprachigen Effektivitätsforschung. Zeitschrift für Klinische Psychologie und Psychotherapie 32, 129-143.

Berns, U. & Berns, I. (2004). Replik zu Döpfner „Wie wirksam ist Kinder- und Jugendlichenpsychotherapie?" Psychotherapeutenjournal, 3, 40-44.

Brestan E. V. & Eyberg, S.M. (1998). Effective psychosocial treatments of conduct-disordered children and adolescents: 29 years, 82 studies, and 5,272 kids. Journal of Clinical Child Psychology, 27, 180-189.

Casey, R. J. & Berman, J. S. (1985). The outcome of psychotherapy with children. Psychological Bulletin, 98, 388-400.

Chambless, D. L. & Hollon, S. D. (1998). Defining empirically supported therapies. Journal of Consulting and Clinical Psychology, 66, 7-18.

Chambless, D. L. & Ollendick, T. H. (2001). Empirically supported psychological interventions: controversies and evidence. Annual Review of Psychology, 52, 685-716.

Clarke, G. N., Rohde, P., Lewinsohn, P. M., Hops, H. & Seeley, J.R. (1999). Cognitive-behavioral treatment of adolescent depression: efficacy of acute group treatment and booster sessions. Journal of the American Academy of Child and Adolescent Psychiatry, 38, 272-279.

Cohen, J. (1977). Statistical power analysis for the behavioral sciences (2nd ed.). New York: Academic Press.

Davidson, P. R. & Parker, K. C. H. (2001). Eye Movement Desensitization and Reprocessing (EMDR). A meta-analysis. Journal of Consulting and Clinical Psychology 69, 305-316.

Deutsche Gesellschaft für Kinder- und Jugendpsychiatrie und Psychotherapie, Berufsverband der Ärzte für Kinder- und Jugendpsychiatrie und Psychotherapie in Deutschland, Bundesarbeitsgemeinschaft der leitenden Klinikärzte für Kinder- und Jugendpsychiatrie und Psychotherapie (2000). Leitlinien zu Diagnostik und Therapie von psychischen Störungen im Säuglings-, Kindes- und Jugendalter. Köln: Deutscher Ärzte Verlag.

Döpfner, M. (1999). Ergebnisse der Psychotherapieforschung zur Verhaltenstherapie mit Kindern und Jugendlichen. In M.

Borg-Laufs (Hrsg.), Lehrbuch der Verhaltenstherapie mit Kindern und Jugendlichen, Band I: Grundlagen (S. 153-188). Tübingen: dgvt-Verlag.

Döpfner, M. (2000). Hyperkinetische Störungen und Störungen des Sozialverhaltens. Verhaltenstherapie 10, 89-100.

Döpfner, M. (2003). Wie wirksam ist Kinder- und Jugendlichenpsychotherapie? Psychotherapeutenjournal, 2, 258-266.

Döpfner, M. (2004). Erwiderung auf die Stellungnahmen von Fröhlich-Gildhoff und Berns & Berns. Psychotherapeutenjournal 3, 44-48.

Döpfner, M., Breuer, D., Schürmann, S., Wolff Metternich, T., Rademacher, C. & Lehmkuhl G. (2004). Effectiveness of an adaptive multimodal treatment in children with Attention Deficit Hyperactivity Disorder – global outcome. European Child and Adolescent Psychiatry (12 suppl. I, 117-129).

Döpfner, M. & Esser, G. (2004). Leitlinien zur Diagnostik und Psychotherapie – Einführung in den Themenschwerpunkt. Kindheit und Entwicklung, 13, 59-63.

Döpfner, M., Frölich, J. & Lehmkuhl, G. (2000). Hyperkinetische Störungen. Leitfaden Kinder- und Jugendpsychotherapie, Band 1. Göttingen: Hogrefe.

Döpfner, M. & Lehmkuhl, G. (2002). Die Wirksamkeit von Kinder- und Jugendlichenpsychotherapie. Psychologische Rundschau, 53, 184-193.

Döpfner, M., Lehmkuhl, G., Heubrock, D. & Petermann, F. (2000). Diagnostik psychischer Störungen im Kindes- und Jugendalter. Leitfaden Kinder- und Jugendpsychotherapie, Band 2. Göttingen: Hogrefe.

Döpfner, M. & Petermann, F. (2004). Leitlinien zur Diagnostik und Psychotherapie von aggressiv-dissozialen Störungen im Kindes- und Jugendalter: ein evidenzbasierter Diskussionsvorschlag. Kindheit und Entwicklung 13, 98-113.

Döpfner, M., Schlüter, S. & Rey, E.-R. (1981). Evaluation eines sozialen Kompetenztrainings für selbstunsichere Kinder im Alter von neun bis zwölf Jahren – ein Therapievergleich. Zeitschrift für Kinder- und Jugendpsychiatrie, 9, 233-252.

Döpfner, M., Schürmann, S. & Frölich, J. (2002). Therapieprogramm für Kinder mit hyperkinetischem und oppositionellem Problemverhalten, THOP (3. vollst. überarb. Aufl.). Weinheim: Beltz PVU.

Döpfner, M. & Suhr, L. (Hrsg.). (2004). Therapieprogramm für Kinder und Jugendliche mit Angst- und Zwangsstörungen, THAZ (4 Bde.). Göttingen: Hogrefe.

Döpfner, M. & Walter, D. (2002). Verhaltenstherapeutische Zugänge in der Adoleszenz. Psychotherapie im Dialog, 4, 345-352.

Döpfner, M., Walter, D., Rademacher, C. & Schürmann, S. (Hrsg.). (2004). Therapieprogramm für Jugendliche mit Selbstwert-, Leistungs- und Beziehungsstörungen, SELBST (5 Bde.). Göttingen: Hogrefe.

Eddy, J. M. & Chamberlain, P. (2000). Family management and deviant peer association as mediators of the impact of treatment condition on youth antisocial behavior. Journal of Consulting and Clinical Psychology, 68, 857-863.

Eyberg, S. M., Boggs, S. & Algina, J. (1995). Parent-child interaction therapy: a psychosocial model for the treatment of young children with conduct problem behavior and their families. Psychopharmacology Bulletin, 31, 83-91.

Fröhlich-Gildhoff, K. (2004). Stellungnahme zum Artikel von M. Döpfner „Wie wirksam ist Kinder- und Jugendlichenpsychotherapie?" Psychotherapeutenjournal, 3, 40-44.

Frölich, J., Döpfner, M., Berner, W. & Lehmkuhl, G. (2002). Effects of combined behavioural treatment with parent management training in ADHD. Behavioural and Cognitive Psychotherapy, 30, 111-115.

Harrington, R.C. (2001). Kognitive Verhaltenstherapie bei depressiven Kindern und Jugendlichen. Göttingen: Hogrefe.

Henggeler, S. W., Schoenwald, S. K., Borduin, C. M., Rowland, M. D. & Cunningham, P. B. (1998). Multisystemic treatment of antisocial behavior in children and adolescents. New York: Guilford.

Hibbs, E.D. (2001). Evaluating empirically based psychotherapy research for children and adolescents. European Child and Adolescent Psychiatry, 10, Suppl. 1, I/3-I/11.

Ihle, W. & Herrle, J. (2003). Stimmungsprobleme bewältigen. Ein kognitiv-verhaltenstherapeutisches Gruppenprogramm zur Prävention, Behandlung und Rückfallprophylaxe depressiver Störungen im Jugendalter nach Clarke, Lewisohn und Hops. Manual für Kursleiter. Tübingen: dgvt-Verlag.

Kaslow, N. J., Thompson, M. P. (1998). Applying the criteria for empirically supported treatments to studies of psychosocial interventions for child and adolescent depression. Journal of Clinical Child Psychology, 27, 146-155.

Kazdin, A. E., Bass, D., Ayres, W. A. & Rodgers, A. (1990). Empirical and clinical focus of child and adolescent psychotherapy research. Journal of Consulting and Clinical Psychology, 58, 729-740.

Lewinsohn, P. M., Clarke, O. N., Hops, R. & Andrews, J. (1990). Cognitive-behavioral treatment for depressed adolescents. Behavior Therapy, 21, 385-401.

Lochman, J. E., Barry, T. F. & Pardini, D. A. (2003). Anger Control Training for Aggressive Youth. In A. E. Kazdin & J. R. Weisz (Eds.), Evidence-based psychotherapies for children and adolescents (pp. 263-281). New York: Guilford Press.

Mufson, L., Moreau, D., Weissman, M. M. & Klerman, G. L. (1993). Interpersonal psychotherapy for depressed adolescents. New York: Guilford.

Ollendick, T. H. & King, N. J. (1998). Empirically supported treatments for children with phobic and anxiety disorders: current status. Journal of Clinical Child Psychology, 27, 156-167.

Patterson, G.R. & Gullion, M.E. (1968). Living with children: New methods for parents and teachers. Champaign: Research Press.

Pelham, W. E., Wheeler, T. & Chronis, A. (1998). Empirically supported psychosocial treatments for attention deficit hyperactivity disorder. Journal of Clinical Child Psychology, 27, 190-205.

Petermann, F., Döpfner, M. & Schmidt, M. H. (2001). Aggressiv-dissoziale Störungen. Leitfaden Kinder- und Jugendpsychotherapie, Bd. 3. Göttingen: Hogrefe.

Petermann, U. & Petermann, F. (2000). Training mit sozial unsicheren Kindern (7. überarb. Aufl.). Weinheim: Beltz PVU.

Petermann, F. & Petermann, U. (2001). Training mit aggressiven Kindern (9. überarb. Aufl.). Weinheim: Beltz PVU.

Petermann, F., Döpfner, M. & Schmidt, M.H. (2001). Aggressiv-dissoziale Störungen. Leitfaden Kinder- und Jugendpsychotherapie, Bd. 3. Göttingen: Hogrefe.

Rademacher, C., Walter, D. & Döpfner, M. (2002). SELBST – ein Therapieprogramm zu Behandlung von Selbstwert-, Leistungs- und Beziehungsstörungen. Kindheit und Entwicklung, 11, 107-118.

Schneider, S. & Döpfner, M. (2004). Leitlinien zur Diagnostik und Psychotherapie von Angst- und Phobischen Störungen im Kindes- und Jugendalter: ein evidenzbasierter Diskussionsvorschlag. Kindheit und Entwicklung, 13, 80-96.

Stark, K. D., Reynolds, W. M. & Kaslow, N. J. (1987). A comparison of the relative efficacy of self-control therapy and a behavioral problem-solving therapy for depression in children. Journal of Abnormal Child Psychology, 15, 91-113.

Tremblay, R. E., Pagani-Kurtz, L., Masse, L. C., Vitaro, F. & Phil, R. (1995). A bimodal preventive intervention for disruptive kindergarten boys: its impact through mid-adolescence. Journal of Consulting and Clinical Psychology, 63, 560-568.

Webster-Stratton, C. (1994). Advancing videotape parent training: A comparison study. Journal of Consulting and Clinical Psychology, 62, 583-593.

Weisz, J. R., Weiss, B., Alicke, M. D. & Klotz, M. L. (1987). Effectiveness of psychotherapy with children and adolescents: A meta-analysis for clinicians. Journal of Consulting and Clinical Psychology, 55, 542-549.

Weisz, J. R., Weiss, B., Han, S., Granger, D. A. & Morton, T. (1995). Effects of psychotherapy with children and adolescents revisited: A meta-analysis of treatment outcome studies. Psychological Bulletin, 117, 450-468.

Weisz, J. R. & Jensen, A. L. (2001). Child and adolescent psychotherapy in research and practice contexts: Review of the evidence and suggestions for improving the field. European Child and Adolescent Psychiatry, 10, suppl., 1/12-1/18.

4 Kinder- und Jugendlichen-Psychoanalyse

Hans Hopf

1 Einleitung

Den Beginn der Kinderanalyse markieren zwei Krankengeschichten. Vor 95 Jahren veröffentlichte S. Freud „Die Analyse der Phobie eines fünfjährigen Knaben", die als „Kleiner Hans" – der Knabe hieß eigentlich Herbert – in die Geschichte der Kinderanalyse eingegangen ist (1909). Und vor mehr als 90 Jahren publizierte Ferenczi die Fallnotiz „Ein kleiner Hahnemann" über den vierjährigen Arpád (1913). Während Freud mit Hans nur eine kurze Begegnung hatte, sonst nur indirekt vom Vater des Jungen unterrichtet wurde, hatte Ferenczi eine regelrechte Sitzung mit seinem kleinen Patienten. Er gab dem Jungen Bleistift und Papier, damit er seine Ängste – in Gestalt eines bedrohlichen Hahns – aufzeichnen könnte. Ein psychoanalytisches Gespräch langweilte Arpád jedoch rasch, und er wollte „zu seinen Spielsachen zurück" (1913, S. 166). Die deutlichen Hinweise auf eine dem Kind angemessene „Sprache" und den Wunsch nach spezifischer Kommunikation konnte Ferenczi damals weder erkennen noch aufgreifen. Es blieb darum Hug-Hellmuth, A. Freud und Klein vorbehalten, das kindliche Spiel als Medium einzuführen, um die fehlenden Assoziationen zu ersetzen und damit die Psychoanalyse des Kindes zu begründen. Dennoch können Freud und Ferenczi quasi als die Väter der Kinder-Psychoanalyse gesehen werden: S. Freud war erwiesener Lehrer seiner Tochter Anna, Ferenczi wurde erster Analytiker von Melanie Klein – beider Theorien beeinflussen die Kinder-Psychoanalyse entscheidend bis zum heutigen Tag und können nach wie vor als ihre tragenden Säulen bezeichnet werden.

Was ist Kinderanalyse?
Aktuelle Entwicklungen in der Kinderanalyse sollen in diesem Kapitel besprochen werden, und hier wird es bereits schwierig. Was wird unter Kinderanalyse verstanden? Holder hat dem Thema 2002 ein lesenswertes Buch gewidmet, in welchem er eine deutliche Abgrenzung und Differenzierung von Kinderanalyse und analytischer Psychotherapie einfordert. Er setzt ein hochfrequentes Setting von vier bis fünf Stunden pro Woche voraus, damit die Behandlung überhaupt als Kinderanalyse definiert werden kann. Doch selbst Holder schreibt über die

Schwierigkeiten – ich meine sogar die Unmöglichkeit – Kinderpatienten für eine „zeitaufwändige und finanziell belastende Psychoanalyse mit fünf Sitzungen pro Woche" (vgl. Holder, S. 157) zu finden. Sie ist kein Richtlinienverfahren und kann darum nicht – auch nicht zum Teil (!) – über eine Krankenkasse finanziert werden. Ich gehe mit den Überlegungen Müller-Brühns einher, dass eine hochfrequente Analyse in der Regel tiefgreifende und nachhaltige strukturelle Veränderungen erreichen kann, während bei der üblichen zweistündigen Frequenz die Behandlung stärker auf die Symptomauflösung und Förderung der Entwicklung konzentriert ist.

> Die kinderanalytischen Ausbildungsbereiche sollten auch in kommenden – vermutlich schwierigen – Zeiten Ideal und Anspruch bleiben: Zumindest *eine* vier- oder wenigstens dreistündige Behandlung sollte jeder Kinderanalytiker einmal unter Supervision durchführen.

Die Fähigkeit, die fortwährende Spannung zwischen Anspruch und Realität auszuhalten, muss gemäß Müller-Brühn (2002) immer neu erprobt werden. Andererseits ist ein zweistündiges Setting nicht nur notwendiges „Übel", sondern durchaus ein annehmbarer Kompromiss, wie Ahlheim (1998, S. 131) schreibt: Die therapeutische Beziehung ist dicht genug, um Übertragungsfantasien und Widerstände systematisch zu bearbeiten. Zudem kann das Kind seinen Alltag noch gut bewältigen und besitzt dennoch ausreichenden Raum für Spiel und Freizeit.

Richtlinien-Setting. Es ist Realität, dass fast alle ambulanten Behandlungen von Krankenkassen finanziert werden, mit dem Auftrag, krankheitswertige Symptome aufzulösen und entwicklungsbedingte Störungen zu beheben. Nicht zuletzt spielen hierbei auch wirtschaftliche Gesichtspunkte eine zentrale Rolle. Die analytische Kinder- und Jugendlichen-Psychotherapie hat sich als wissenschaftlich anerkanntes Behandlungsverfahren nach dem Psychotherapeutengesetz etablieren können. Insofern stellt das zweistündige Richtlinien-Setting den kleinsten gemeinsamen Nenner der verschiedenen Interessen von Kinderpatient, Behandler und Krankenkasse dar (vgl. Ahlheim). Einem Vorschlag von Windaus (2003) entsprechend, soll im Folgenden auch nicht von Kinderanalyse gesprochen werden, sondern von Entwicklungen der Kinder- und Jugendlichen-Psychoanalyse, weil Kinderanalyse und analytische Kinder- und Jugendlichen-Psychotherapie exakt definierte Methoden beschreiben. Drei Bereiche sollen nun aufgezeigt werden:

(1) der theoretische Hintergrund der analytischen Kinder- und Jugendlichen-Psychoanalyse,
(2) der Einfluss anderer Wissenschaftsbereiche
(3) sowie die Auswirkungen des Psychotherapeutengesetzes auf Forschung und Lehre mit der Etablierung von ausschließlich tiefenpsychologisch fundiert arbeitenden Psychotherapeuten.

2 Theoretischer Hintergrund

Anna Freud und Melanie Klein. Wie bereits erwähnt, blieb der Einfluss von A. Freud und Klein bestehen. A. Freuds ichpsychologische Behandlungstechnik – mit konsequenter Deutung der Abwehr – hat im Laufe der Zeit allerdings vielfältige Veränderungen erfahren. Der Klein'schen Behandlungstechnik näherte sie sich an – zumindest, was die Handhabung von Übertragung und Gegenübertragung betrifft. Neben der Bewusstmachung von unbewussten neurotischen Konflikten arbeitete A. Freud immer auch an der Behebung von Entwicklungshemmungen und -störungen (A. Freud, 1965). Die von ihr benannte „development help" ist innerhalb der Anna-Freud-Schule zur wichtigen Ergänzung der analytischen Arbeit geworden – im Sinne einer „Entwicklungsarbeit zur *Korrektur* der Vergangenheit" (vgl. Hurry, 2002, S. 79, Hervorh. d. Autorin). Der Analytiker wird nach diesem Verständnis zum Entwicklungsobjekt, von Alvarez (zit. n. Hurry, S. 83) auch „regenerierendes Objekt" genannt. Ein Kind, dem jede fundamentale Beziehungserfahrung vorenthalten blieb, kann dennoch wegen der angeborenen Präkonzeption eines lebenden menschlichen Objekts von einer belebenden therapeutischen Beziehung profitieren (vgl. Hurry). Mit den Arbeiten von Gill hat die Deutung im Hier und Jetzt, die lange Zeit kaum beachtet worden war, immer mehr an Einfluss in der Kinder-Psychoanalyse gewonnen (von Fonagy & Sandler, 1997, ausführlich diskutiert).

Heutige Rezeption. In einer eigenen Untersuchung von Examensarbeiten (Hopf, 1999) konnte ich feststellen, dass seit den 1980er Jahren die Rezeption der Arbeiten von A. Freud stetig zurückging zugunsten der Werke von Klein, Bion und anderer Autoren kleinianischer Behandlungstechnik. Die Bedeutung dieser Arbeiten, sowohl für eine immer größer werdende Gruppe, welche stringent kleinianisch arbeitet, wie für die gesamte kinderanalytische Arbeit, kann inzwischen nicht hoch genug eingeschätzt werden. Essentials (damit sind unentbehrliche Grundanforderungen gemeint) wie

▶ Gegenübertragung als spezifische Reaktion auf den Patienten,
▶ projektive Identifizierung und
▶ Containment,

sind mittlerweile selbstverständliches Allgemeingut bei fast allen kinderanalytisch arbeitenden Behandlerinnen und Behandlern geworden. Der heutige Stand der kleinianischen Psychoanalyse von Kindern und die Handhabung der behandlungstechnischen Neuerungen wird ausführlich bei Bott-Spilius (1990) dargestellt. Wie projektive Identifizierung und Gegenübertragung in der analytischen Arbeit eingesetzt werden können, wird mittlerweile in vielen anderen Arbeiten der Fachzeitschriften „Kinderanalyse" und „Analytische Kinder- und Jugendlichen-Psychotherapie" dokumentiert (u.a. auch bei Salzberger-Wittenberg, 2002). Winnicott hat zwar vielerlei Begriffe der kleinianischen Psychoanalyse modifiziert übernommen, ist jedoch ein ganz eigenständiger Denker und Schöpfer vieler einflussreicher Theorien; als Beispiel sei nur seine Vorstellung von der „holding function" genannt: Nicht allein die Deutung, sondern der Heilungsfaktor der Beziehung zum Analytiker, die Verinnerlichungen der Objektbeziehungen und vor allem die Strukturierung des Selbst stehen im Mittelpunkt. Auch seine theoretischen Annahmen (beispielsweise vom Übergangsobjekt, der primären Mütterlichkeit, vom falschen Selbst) sind mittlerweile ubiquitär und nicht mehr aus der psychoanalytischen Arbeit mit dem Kind wegzudenken.

Selbstpsychologie. Stringente – ausschließlich – selbstpsychologische Arbeit mit Kindern und Jugendlichen wird eher selten durchgeführt (vgl. Seiler, 1998; Hilke, 2000). Allerdings haben die Arbeiten von Kohut und seinen Nachfolgern auch in Deutschland die Ausübung der kinderanalytischen Arbeit maßgeblich beeinflusst, insbesondere im Bereich der Diagnostik: Verschiedene Begriffe sind mittlerweile in den allgemeinen Sprachgebrauch eingegangen, z.B.

▶ Selbstobjektbedürfnisse und Selbstobjektübertragungen,
▶ Bedürfnisse nach Spiegelung,
▶ Idealisierung,
▶ Empathie.

Schulrichtungen und persönlicher Stil. Bestimmte Schulrichtungen sind an einzelnen Ausbildungsinstituten stärker vertreten. Allerorts haben sich auch Gruppierungen etabliert, die eine bestimmte Lehre vertreten und sich nach außen abgrenzen. Bereits die Dauer von Behandlungen lässt institutseigene (damit natürlich auch theoretische und behandlungstechnische) Unterschiede deutlich werden. In einer Untersuchung konnte beispielsweise festgestellt werden, dass am Heidelberger Institut ausgebildete Kinder- und Jugendlichen-Psychotherapeuten im Durchschnitt 75 Stunden für eine Behandlung benötigten, am Frankfurter Institut ausgebildete dagegen fast doppelt so viel, nämlich 148 (vgl. Hirschmüller et al., 1997). Die Großgruppe der analytischen Kinder- und Jugendlichen-Psychotherapeuten, auch der analytisch arbeitenden Psychologen und Ärzte, ist nicht schulgebunden und bezieht behandlungstechnische Neuerungen vieler (v.a. auch gegenwärtiger) Psychoanalytikerinnen und Psychoanalytiker in ihre psychoanalytische Arbeit ein; sie partizipieren somit am Pluralismus der Psychoanalyse, entwickeln jedoch vor dem Hintergrund der eigenen Persönlichkeit ihre ganz persönliche Sichtweise und ihren persönlichen Stil. Grundlegende Informationen zur Psychoanalyse und ihren Nachbardisziplinen sowie praxisnahe Behandlungsdarstellungen, von namhaften Kinder- und Jugend-Psychiatern und Kinder- und Jugendlichenpsychotherapeuten verfasst, finden sich in dem Lehrbuch der Psychotherapie, Band V (Hopf & Windaus, 2007).

3 Der Einfluss aus anderen Wissenschaftsbereichen

3.1 Säuglingsbeobachtung und Säuglingstherapie

Anfänglich wurden alle Vorstellungen von einer inneren Welt und den frühen Beziehungserfahrungen des Säuglings in der Psychoanalyse von Erwachsenen über Rekonstruktionen gewonnen. Insbesondere fünf Psychoanalytikerinnen und Psychoanalytiker haben diese Einsichten durch direkte intersubjektive Beobachtungen ergänzt und maßgeblich verändert: A. Freud, Klein, Spitz, Mahler und Winnicott, z.B.

- hat Mahler die Kinder- und Jugendlichen-Psychoanalyse vor allem mit ihren Forschungen zu Symbiose und Individuation seit den 1970er Jahren ungemein beeinflusst (vgl. Hopf, 1999), und
- die von Bick an der Tavistock Clinic konzipierte Säuglingsbeobachtung wurde zur wichtigsten Methode, die Beziehung und ihre Entwicklung bei Mutter und Kind zu erleben und zu verstehen.

Mittlerweile ist Säuglingsbeobachtung ein zentraler Ausbildungsinhalt an den meisten Instituten, wo zudem an Säuglingsambulanzen Babys und Kleinkinder mit spezifischen Störungen und ihre Eltern wirkungsvoll behandelt werden.

Kompetente Säuglinge. Mit seiner Zusammenschau und Diskussion der empirischen Forschungen konnte Dornes inzwischen das Bild von einem kompetenten Säugling vermitteln, dessen Wahrnehmungs- und Gefühlswelt von Anfang an komplex und differenziert ist. Dornes konnte das Bild der zwei Säuglinge – (1) den kognitiven der Säuglingsforschung und (2) den affektiven der Psychoanalyse – zu einem eindrücklichen Bild integrieren. Von Geburt an sind Säuglinge „kompetente Teilnehmer" zwischenmenschlicher Interaktionen (vgl. Dornes, 2002, S. 20f.); die Vorstellung – etwa Mahlers – dass es im Leben eine paradiesische Zeit der Symbiose gibt (das Bild eines symbiotisch-passiven Säuglings), wurde wesentlich revidiert. Der Säugling besitzt auf der Basis einer funktionierenden Beziehung zu primären Bezugspersonen Fähigkeiten, die er viel weiter entfalten kann, als einst angenommen wurde.

Bedeutung für die Praxis. Dieses Wissen um frühe Beziehungen, die zutiefst gestört werden können, wurde mit den Objektbeziehungstheorien Grundlage einer Säuglings- und Kleinkindtherapie, deren Effektivität mittlerweile außer Frage steht. Die Szene zwischen Mutter und Kind wird über die Analyse von Übertragung und Wahrnehmung der Gegenübertragung verstanden. Der Analytiker stellt sich als Container für unerträgliche Gefühle von Mutter und Kind zur Verfügung. Und die Mutter kann wieder inneren Raum gewinnen und ihre eigenen Fähigkeiten zu Containment erweitern (vgl. Knott, 2003).

3.2 Bindungsforschung

Seit Bowlby in den 1950er Jahren zusammen mit Ainsworth die Bindungstheorie begründet hat, wurden seitens der Psychoanalyse anfänglich vielerlei – auch kontroverse – Diskussionen geführt (u.a. bei A. Freud, 1958, 1960). Dass ein biologisch angelegtes Bindungssystem existiert, welches unabhängig von sexuellen und aggressiven Triebregungen sein soll, rief Zweifel und erbitterte Widerstände hervor. Die Bindungsforschung erschien vielen Analytikern zudem zu mechanistisch, sogar konkretistisch, es fehlten ihnen die inneren Realitäten. Mittlerweile scheint diese Kluft etwas überwunden zu sein, und die Bindungstheorien haben an Einfluss auf die Kinder-Psychoanalyse gewonnen, insbesondere in der stationären Psychotherapie.

Bedeutung für die Praxis. 1999 leistete beispielsweise Brisch einen Brückenschlag zwischen Bindungsforschung und psychoanalytischer Diagnostik und Therapie. Er versuchte die Psychodynamiken von psychischen und psychosomatischen Krankheitsbildern des Kindes- und Jugendalters aus dem Blickwinkel der Bindungstheorien neu zu sehen und anders zu verstehen. Weitere Veröffentlichungen machen deutlich, dass die Diskussionen zwar längst nicht beendet sind, dass jedoch die Bindungstheorie inzwischen in der klinischen Praxis freundlich willkommen geheißen wird. Wenn akzeptiert wird, dass sie einen zwar begrenzten, jedoch ungemein wichtigen Aspekt der Persönlichkeit anders beleuchtet und damit besser verstehbar macht, kann der Diagnose und Therapie eine ganz neue Perspektive verleihen.

3.3 Psychobiologie und Traumaforschung

In den vergangenen Jahrzehnten wurde immer deutlicher, welche Folgen traumatische Ereignisse auf die Entwicklung von Kindern haben können – und dieses Spektrum ist sehr groß:

- von Belastungen durch Krieg,
- über Ablehnung durch die Eltern,
- bis zur körperlichen oder sexuellen Gewalt.

Mittlerweile ist bekannt, dass sich die Entwicklung des Gehirns auch nach der Geburt fortsetzt und von der Interaktion mit der Umwelt und durch Erfahrungen lebenslang beeinflusst wird. Findet ein Kind keinen Ausweg aus einer immer bedrohlicher werdenden Situation, so führt die mit der anhaltend unkontrollierbaren Stressreaktion einhergehende Destabilisierung über kurz oder lang zum Zusammenbruch seiner integrativen Regelmechanismen und damit zur Manifestation unterschiedlicher körperlicher und psychischer Störungen (vgl. Hüther, 2003). Da die psychobiologischen Hintergründe und die Bedeutung des Traumas für die Entstehung psychischer Störungen in diesem Buch sehr ausführlich behandelt werden, genügt es, an dieser Stelle auf die folgenden Kapitel zu verweisen.

Bedeutung für die Praxis. Je jünger ein Kind zum Zeitpunkt der Traumatisierung ist und je länger das Trauma dauert, umso höher ist die Wahrscheinlichkeit, dass es langfristige Probleme bei der Regulation von Wut, Angst und sexuellen Impulsen bekommt. Dieser Verlust der Selbst-Regulation kann sich als Aufmerksamkeitsdefizit bemerkbar machen, also als ein Verlust der Fähigkeit, sich auf bestimmte Reize zu konzentrieren (wie von der viel zitierten, angeblich genetisch bedingten ADHS bekannt). Er zeigt sich aber auch als Unfähigkeit, im Erregungszustand Handlungen zu bremsen; diese Kinder reagieren mit unbeherrschter Angst, Wut oder Traurigkeit und werden somit ständig retraumatisiert. Den Langzeitwirkungen von frühen Traumatisierungen kann nicht genügend Achtung gewidmet werden, um die späteren Folgen (wie schwerste psychiatrische Erkrankungen, Drogenprobleme, Lernprobleme etc.) einigermaßen zu reduzieren. Sichere Bindungen sind die wichtigste Voraussetzung dafür, dass Kinder ihre inneren Zustandsänderungen regulieren lernen. Darum muss der Schwerpunkt einer psychotherapeutischen Behandlung auf der Entwicklung von stabilen Bindungen und interpersonaler Sicherheit liegen (vgl. van der Kolk & Bessel, 1998). Oft genügen aber selbst lange, ambulante Behandlungen nicht mehr, so dass stationäre Psychotherapie in entsprechenden Einrichtungen notwendig wird.

4 Die Auswirkungen des Psychotherapeutengesetzes

Die Aus- und Weiterbildung zum analytischen Kinder- und Jugendlichen-Psychotherapeuten war bislang von privaten Instituten geregelt worden, die sich in einer Ständigen Konferenz kontinuierlich abstimmten. Seit dem 1. 1. 1999 werden Ausbildung, Prüfung sowie Approbation gesetzlich geregelt. Mit diesem Gesetz wurden zum ersten Mal auch psychologische Psychotherapeuten und Kinder- und Jugendlichen-Psychotherapeuten approbiert, die *ausschließlich* zur Durchführung von tiefenpsychologisch fundierter Kinder- und Jugendlichen-Psychotherapie zugelassen sind. Mit den weitreichenden Konsequenzen dieser Tatsache will ich mich im Folgenden auseinander setzen.

Analytische versus tiefenpsychologische Verfahren. Es ist nicht der Ort, die Geschichte der so genannten tiefenpsychologisch fundierten Psychotherapie darzustellen und zu diskutieren, ich verweise hierzu auf die bestehende Literatur (Hohage, 2000; Wöller & Kruse, 2001; Pfleiderer, 2002). Wie die *analytische* ist auch die *tiefenpsychologisch* fundierte Kinder- und Jugendlichen-Psychotherapie ein von der Psychoanalyse abgeleitetes Verfahren. Interessanterweise geht der Kommentar der Psychotherapie-Richtlinien (2003) davon aus, dass eine exakte Unterscheidung der beiden Behandlungsarten in der Kinderpsychotherapie nicht begründet werden kann (S. 41), so dass auch die gleichen Kontingente gewährt werden. Dies erzeugt vor dem Hintergrund, dass es mittlerweile ausschließlich in tiefenpsychologisch fundierter Psychotherapie ausgebildete und arbeitende approbierte Kinder- und Jugendlichen-Psychotherapeuten gibt, letztendlich eine paradoxe Situation.

Der Stand der Theorie-Diskussion ist allerdings ein anderer. Wie in der Erwachsenenpsychotherapie können sehr wohl auch für die Kinder- und Jugendlichen-Psychotherapie Gemeinsamkeiten und Unterschiede der beiden Methoden herausgearbeitet werden. Gemeinsam ist den beiden Verfahren

▶ das Lehrgebäude der Psychoanalyse,
▶ die Annahme eines Unbewussten und einer Neurosenlehre,
▶ über Einsicht und positive Beziehungserfahrungen werden Besserung und Heilung erzielt,
▶ im Zentrum der Behandlung stehen Widerstand, Übertragung und Gegenübertragung,
▶ Neutralität und Abstinenz müssen gewahrt werden (vgl. Wöller & Kruse, 2001).

An dieser Stelle wird bereits deutlich, dass für beide Verfahren die gleiche umfassende psychoanalytische Ausbildung Voraussetzung sein muss. Tiefenpsychologisch fundierte Kinder- und Jugendlichen-Psychotherapie ist keine ausgedünnte Anwendung von Psychoanalyse; sie ist ein aus der Psychoanalyse abgeleitetes Verfahren mit modifizierter Behandlungstechnik. Indikationsstellung und Anwendungen der speziellen Technik verlangen sogar besondere Kenntnisse von Behandlerin oder Behandler. Wie sehen die Unterschiede aus?

▶ In der Regel ist die Behandlung niederfrequent und zeitlich begrenzt, die Behandlungsziele konzentrieren sich auf die Auflösung der Symptomatik und auf Verhaltensänderungen.

- ▶ Dies wirkt sich natürlich auf die Tiefe der Regression aus, welche insgesamt vermieden werden sollte.
- ▶ Konflikte werden fokussiert, das heißt, es werden psychische Krankheitsherde mit deutlich abgrenzbaren Konfliktbereichen aufdeckend bearbeitet.

Dies bedarf bekanntermaßen – wie bereits erwähnt – besonderer Erfahrungen und Kenntnisse. Zentraler Unterschied ist die Handhabung von Übertragung und Gegenübertragung. Die Entstehung einer Übertragungsneurose sollte vermieden werden; Übertragungsdeutungen sollten darum nicht im „Hier und Jetzt", sondern ausschließlich im „Dort und Damals" erfolgen. Dies macht es auch möglich, dass der Therapeut aktiver und direkter mit dem Material der Stunden umgeht. Ob andere Interventionsformen einbezogen werden können, hängt vom Geschick und Können des Behandlers ab, wahrzunehmen, was solche Techniken bei dem Patienten und seiner Übertragungsbeziehung bewirken.

> **!** Gerade bei Kindern ist Vorsicht angezeigt, weil viele direktive Verfahren, etwa manche Traumatherapien, zu große Nähe und damit Überwältigung induzieren können. Diagnose und Indikation müssen sorgfältig durchgeführt werden. Eine Indikationsstellung ist selbstverständlich nur dann möglich, wenn der Therapeut analytisch *und* tiefenpsychologisch fundiert arbeiten kann. (Eine ausführliche Diskussion der gesamten Problematik erfolgt u.a. bei Arp-Trojan et al., 2003.)

Ist also eine Ausbildung zu einem ausschließlich tiefenpsychologisch fundiert arbeitenden Kinder- und Jugendlichen-Psychotherapeuten – in der Regel mit weitaus geringeren Anforderungen – möglich, so wie das seit dem Psychotherapeutengesetz geschieht? Um tiefenpsychologisch fundierte Psychotherapie lege artis anzuwenden, bedarf es der gleichen anspruchsvollen psychoanalytischen Ausbildung und des gleichen theoretischen Grundwissens wie bei der analytischen Psychotherapie, da es nur um unterschiedliche Anwendungen und unterschiedliche Behandlungstechniken geht. Wir können uns auch keinen Internisten vorstellen, der lediglich Kenntnisse von den inneren Organen besitzt. Eine einheitliche Ausbildung in beiden Verfahren ist unumgänglich und wird auch vom Wissenschaftlichen Beirat so empfohlen. Aber die Weichen sind bereits gestellt, künftig werden zwei Ausbildungen stattfinden, eine umfassende wie bisher und eine in einem begrenzten Bereich der Kinder- und Jugendlichen-Psychoanalyse, so wie es bereits beim Erwerb des Zusatztitels Psychotherapie für Ärzte Realität ist.

5 Ausblick

Kinderpsychoanalyse ist ein ganzheitliches Verfahren, dessen besondere Wirkung in der Behandlung der gesamten Person besteht. Nicht ausschließlich Symptomheilung wird angestrebt, sondern über die hilfreiche Beziehung wird vor allem auch Umstrukturierung ermöglicht, mit gleichzeitiger Anwendung der psychoanalytischen Theorie auf Paar-, Familien- und Gruppenprozesse. Nach wie vor wirkt die Kinderpsychoanalyse auch in viele Nachbardisziplinen hinein, wie etwa Pädagogik, Kinder- und Jugendpsychiatrie, Pädiatrie. Doch die Zeiten haben sich verändert, psychoanalytisches Denken ist weniger gefragt; monokausale und neurobiologische Erklärungsmuster sind auf dem Vormarsch. Windaus (2003) hat in einem Beitrag ausführlich diskutiert, was der Psychoanalyse und der Kinderpsychoanalyse von Kritikern entgegengebracht wird: Psychoanalysen dauerten zu lang, sie seien zu teuer und in ihrer Wirkung nicht effizient genug, sie seien nicht ausreichend evaluiert, zu wenig störungsspezifisch angelegt und insgesamt kognitiv-behavioralen Verfahren unterlegen (vgl. Grawe et al., 1993). Diese Kritik ist innerhalb der Psychotherapieforschung nichts Neues; ob sie in einigen Bereichen berechtigt ist, kann zumindest derzeit nicht immer ausreichend entkräftet werden. Mancher vermeintlich sichere Hintergrund dieser Kritiken beruht jedoch auch auf Missverständnissen und methodischen Fehlern. Tschuschke et al. (1997) konnten beispielsweise feststellen, dass das Güteprofil (also beispielsweise Dauer der Behandlung, Ausbildung der Therapeuten und konzeptgetreue Behandlung) der allermeisten der 897 von Grawe et al. im Buch verwendeten Studien keineswegs für eine Interpretation ausreiche. Demzufolge hätten die meisten der aufgeführten Studien auch nicht in seine Metaanalyse aufgenommen werden dürfen. Zieht man noch jene Studien ab, die ein Patienten-Klientel behandelt haben, welches nicht dem üblichen tiefenpsychologischen oder analytischen entspricht, hatten die übrig bleibenden Studien das beste wissenschaftliche Profil bei klientenzentrierter Gesprächspsychotherapie, dicht gefolgt von der tiefenpsychologischen Therapie. Wesentlich schlechter fielen die verhaltenstherapeutischen Studien aus, also anders als es dem Tenor von Grawes Aussagen entsprach.

Das bedeutet gleichzeitig umso mehr, dass alle Anstrengungen unternommen werden müssen, sich allen Fragen und Kritiken zu stellen und empirische Forschungen zur Wirksamkeit der Kinderpsychoanalyse in allen Bereichen zu initiieren und zu fördern. Auf erste Ergebnisse und Nachweise der Effektivität ist hinzuweisen (Winkelmann et al., 2003). In ihrer Heidelberger Studie zur analytischen Langzeittherapie bei Kindern und Jugendlichen konnten signifikante Reduktionen der Beeinträchtigungsschwere – also der krankheitswertigen Symptome – festgestellt werden:

- ▶ Im Mittelwert wurden die Werte von gesunden Kindern und Jugendlichen erreicht.
- ▶ Das soziale Funktionsniveau stieg ebenfalls signifikant an, und der Bindungsstil veränderte sich, hin zur sicheren Bindung.
- ▶ Die Kinder konnten negative Gefühle besser erleben und artikulieren, wandten sich stärker an ihre Eltern, konnten vertrauensvolle Beziehungen zu Gleichaltrigen aufbauen und Trennungsphasen leichter bewältigen.

Analytische Psychotherapie von Kindern führt also nicht nur zur Symptomreduktion, sie verbessert – bei entsprechender Dauer und Frequenz – auch defizitäre psychische Strukturen.

Literatur

Ahlheim, R. (1998). Das „normale" Setting: zwei Wochenstunden für das Kind. In U. Jungbloed-Schurig & A. Wolff (Hrsg.), „Denn wir können die Kinder nicht nach unserem Sinne formen". Beiträge zur Psychoanalyse des Kindes- und Jugendalters (S. 131-148). Frankfurt/M.: Brandes & Apsel.

Arp-Trojan, A., Breitsprecher, M. & Guercke, U. et al. (2003). Stellungnahme zu einem Missverständnis in der Richtlinienpsychotherapie. Analytische Kinder- und Jugendlichen-Psychotherapie, 118, 287-296.

Bott-Spilius, E. (Hrsg.). (1990). Melanie Klein Heute (Bde. I und II). Stuttgart: Verlag Internationale Psychoanalyse.

Brisch, K. H. (2001). Bindungsstörungen. Von der Bindungstheorie zur Therapie (2. Aufl.). Stuttgart: Klett-Cotta.

Dornes, M. (2002). Die emotionale Welt des Kindes (3. Aufl.). Frankfurt/M.: Fischer Taschenbuch Verlag.

Faber, R. & Haarstrick, R. (2003). Kommentar Psychotherapie-Richtlinien (6. Aufl.). München/Jena: Urban & Fischer.

Ferenczi, S. (1913/1970). Ein kleiner Hahnemann. Schriften zur Psychoanalyse Bd. I. Frankfurt/M.: S. Fischer Verlag.

Fonagy, P. & Sandler, A.M. (1997). Zur Übertragung und ihrer Deutung. Analytische Kinder- und Jugendlichen-Psychotherapie, 4, 373-396.

Freud, A. (1980). Wege und Irrwege der Kinderentwicklung. In Schriften der Anna Freud, Bd. VIII (S. 2121-2359). München: Kindler Verlag.

Freud, S. (1969). Analyse der Phobie eines fünfjährigen Knaben, Studienausgabe Bd. VIII (S. 9-123). Frankfurt/M.: S. Fischer Verlag.

Grawe, K., Donati, R. & Bernauer, F. (1994). Psychotherapie im Wandel – von der Konfession zur Profession. Göttingen: Hogrefe.

Heinemann, E. & Hopf, H. (2001). Psychische Störungen in Kindheit und Jugend. Stuttgart: W. Kohlhammer.

Hilke, I. (2000). Was heilt – die Perspektive der psychoanalytischen Selbstpsychologie. Analytische Kinder- und Jugendlichen-Psychotherapie, 1, 23-40.

Hirschmüller, B., Hopf, H., Munz, D. & Szewkies, J. (1997). Dauer und Frequenz analytischer Psychotherapie bei Kindern und Jugendlichen. VAKJP-Schriftenreihe Band 5. Mannheim: Vereinigung Analytischer Kinder- und Jugendlichen-Psychotherapeuten in Deutschland e.V. (VAKJP).

Holder, A. (2002). Psychoanalyse bei Kindern und Jugendlichen. Geschichte, Anwendungen, Kontroversen. Stuttgart: W. Kohlhammer.

Hopf, H. (1999). „… selbständig und von kritischem Denken begleitet …" – Wandlungen von Theorien im Spiegel der Literatur von Examensarbeiten. In B. Ochs-Thurner (Hrsg.), 20 Jahre Psychoanalytisches Institut „Stuttgarter Gruppe" (S. 77-79). Stuttgart: Psychoanalytisches Institut „Stuttgarter Gruppe".

Hopf, H. & Windaus, E. (2007). Psychoanalytische und tiefenpsychologisch fundierte Kinder- und Jugendlichenpsychotherapie. Lehrbuch der Psychotherapie Bd. V. München: Verlag CIP-Medien.

Hohage, R. (2000). Analytisch orientierte Psychotherapie in der Praxis, Diagnostik, Behandlungsplanung, Kassenanträge (3. Aufl.). Stuttgart, New York: Schattauer.

Hüther, G. (2003). Die Auswirkungen traumatischer Erfahrungen auf die Hirnentwicklung. In L. Koch-Kneidl & J. Wiesse (Hrsg.), Entwicklung nach früher Traumatisierung, Psychoanalytische Blätter Bd. 23 (S. 25-38). Göttingen: Vandenhoeck & Ruprecht.

Hurry, A. (2002). Psychoanalyse und Entwicklungstherapie. In A. Hurry (Hrsg.), Psychoanalyse und Entwicklungsförderung von Kindern (S. 43-88). Frankfurt/M.: Brandes & Apsel.

Knott, M. (2003). Psychoanalytische Arbeit mit Säuglingen, Kleinkindern und deren Eltern, dargestellt an statistischem Material aus der psychotherapeutischen Babyambulanz Stuttgart. Analytische Kinder- und Jugendlichen-Psychotherapie, 120, 527-544.

Müller-Brühn, E. (1998). Geschichte und Entwicklung der analytischen Kinder- und Jugendlichen-Psychotherapie. In U. Jungbloed-Schurig & A. Wolff (Hrsg.), „Denn wir können die Kinder nicht nach unserem Sinne formen". Beiträge zur Psychoanalyse des Kindes- und Jugendalters. Frankfurt/M.: Brandes & Apsel.

Müller-Brühn, E. (2002). Psychoanalytische Identität und analytische Kinderpsychotherapie. Analytische Kinder- und Jugendlichen-Psychotherapie, 114, 231-253.

Pfleiderer, B. (2002). Tiefenpsychologisch fundierte Psychotherapie bei Kindern und Jugendlichen. Prax. Kinderpsychol. Kinderpsychiat., 51, 31-38.

Salzberger-Wittenberg, I. (2002). Psychoanalytisches Verstehen von Beziehungen. Wien: Facultas Universitätsverlag.

Seiler, K. (1998). Aggression aus der Perspektive der psychoanalytischen Selbstpsychologie. In H. Hopf, Aggression in der analytischen Therapie mit Kindern und Jugendlichen (S. 92-108). Göttingen: Vandenhoeck & Ruprecht.

Stern, D. N. (1993). Die Lebenserfahrung des Säuglings (3. Aufl.). Stuttgart: Verlag Klett-Cotta.

Tschuschke, V., Heckrath, C. & Tress, W. (1997). Zwischen Konfession und Makulatur – Zum Wert der Berner Metaanalyse von Grawe, Donati und Bernauer. Göttingen: Vandenhoeck & Ruprecht.

van der Kolk & Bessel, A. (1998). Zur Psychologie und Psychobiologie von Kindheitstraumata. Prax. Kinderpsychol. Kinderpsychiat. 47, 19-35.

Windaus, E. (2003). Die Zukunftsfähigkeit der Kinder- und Jugendlichen-Psychoanalyse. Analytische Kinder- und Jugendlichen-Psychotherapie, 120, 545-569.

Winkelmann, K. et al. (2003). Heidelberger Studie zur analytischen Langzeitpsychotherapie bei Kindern und Jugendlichen, Zwischenbericht III. Heidelberg: Institut für Analytische Kinder- und Jugendlichen-Psychotherapie Heidelberg und Psychiatrische Universitätsklinik Heidelberg.

Wöller, W. & Kruse, J. (Hrsg.). (2001). Tiefenpsychologisch fundierte Psychotherapie, Basisbuch und Praxisleitfaden. Stuttgart, New York: Schattauer.

5 Systemische Therapie

Wilhelm Rotthaus

1 Systemische Psychotherapie und Familientherapie

Die Systemische Psychotherapie – und entsprechend die Systemische Beratung und die Systemische Supervision – baut auf modernen Konzepten systemtheoretischer Wissenschaft auf, die mittlerweile Eingang in alle Disziplinen der Natur-, Geistes- und Sozialwissenschaften gefunden haben. Diese Konzepte ermöglichen es, charakteristische Phänomene des menschliches (Zusammen-)Lebens komplexitätsgerecht aufzufassen und eine passende Methodik zu entwickeln. Nach systemischem Verständnis ist der Mensch immer zugleich als biologisches und als soziales Wesen zu sehen. Um das Individuum und seine psychischen Störungen angemessen verstehen zu können, betrachtet die systemische Perspektive die dynamische Wechselwirkung zwischen den biologischen und psychischen Eigenschaften einerseits und den sozialen Bedingungen des Lebens andererseits.

Begriff. Der Begriff „Systemische Therapie" dient heute als Oberbegriff für solche Therapieansätze, die den Menschen als unauflösbar in soziale Systeme eingebunden und damit als sozial konstituiert betrachten. Der Begriff „systemisch" greift damit heute wesentlich weiter als Ende der 1970er bis Anfang der 1980er Jahre, als man mit „systemischer Familientherapie" eine spezielle Form der Familientherapie bezeichnete, den so genannten Mailänder Ansatz (setzte systemtheoretische und kybernetische Gedanken, wie sie insbesondere von Gregory Bateson angeregt worden waren, in die therapeutische Praxis um). Die Systemische Therapie als allgemeiner Therapieansatz integriert heute unterschiedliche Richtungen,
- angefangen von strukturell familientherapeutischen Ansätzen nach Minuchin (1978, u.a.),
- über kommunikationstheoretische (Watzlawick et al., 1979, u.a.)
- und strategische (Haley, 1978, u.a.) Ansätze,
- das „Mailänder Modell" (Selvini Palazzoli et al., 1977, u.a.),
- die Ideen der Heidelberger Gruppe um Stierlin (1994, u.a.),
- bis zu lösungsorientierter Kurztherapie (de Shazer, 1989, u.a.)
- und narrativen Ansätzen, bei denen Therapie in der Auflösung von problemdefinierten Systemen (Goolishian & Anderson, 1988, u.a.)
- oder in der gemeinsamen Erarbeitung neuer, weniger leidvoller Lebensgeschichten (White & Epston, 1994, u.a.) besteht.

Anwendung. Systemische Therapie kann in jeder Art von Setting realisiert werden: als Einzel-, Paar-, Gruppen- oder Familientherapie. Systemische Therapie dürfte in der Praxis allerdings am häufigsten als Paar- und Familientherapie durchgeführt werden. Dieses Setting ist dadurch vorteilhaft, dass der Therapeut einerseits Leid erzeugende Grundannahmen oder Verhaltensmuster am leichtesten bei Anwesenheit aller wichtigen Interaktionspartner erkennen und andererseits mit seinen therapeutischen Interventionen auf mehrere Personen gleichzeitig einwirken kann, was die Erfolgschancen erhöht.

Vor allem Auffälligkeiten, Störungen und Erkrankungen von Kindern und Jugendlichen stellen für die meisten Systemischen Therapeuten eine Indikation zur Familientherapie dar. Diese Wahl resultiert aus der besonderen Bedeutung des primären Bezugssystems für Kinder und Jugendliche und beinhaltet zugleich eine Botschaft dahingehend, dass alle Mitglieder der Familie – oder des in anderer Weise zusammengesetzten relevanten Bezugssystems – an Entstehung und Aufrechterhaltung des Problems beteiligt sind. Diese Botschaft wird von den Kindern und Jugendlichen sehr sensibel wahrgenommen. Insbesondere bei stationären Behandlungen in der Kinder- und Jugendpsychiatrie geschieht es nicht selten, dass die Kinder und Jugendlichen von den Eltern und Geschwistern ihren Anteil der Arbeit an familiären Änderungen teils vehement einfordern. Dies geschieht meist durchaus verständlich und nachvollziehbar angesichts der Tatsache, dass sie es sind, die durch die Aufnahme als „identifizierte Patienten" deutlich gekennzeichnet werden und die im stationären Setting oft viel Arbeit und Mühe investieren, um Veränderungsschritte in Richtung der Aufenthaltsziele zu machen.

2 Besonderheiten der Systemischen Therapie mit Kindern und Jugendlichen

In den letzten Jahren sind die Besonderheiten der Systemischen Therapie mit Kindern und Jugendlichen vermehrt ins Zentrum der Aufmerksamkeit gerückt. Das ging einher mit einer kritischen Bestandsaufnahme, deren Ergebnis nicht sehr schmeichelhaft war (Vossler, 2000; Rotthaus, 2003a). Schon 1993 hatte Dowling die Frage gestellt: „Are family therapists listening to the young?" und war zu dem Ergebnis gekommen, dass Therapeuten und Therapeutinnen häufig Ehe- und Elternberatung in Anwesenheit der Kinder machen, statt familientherapeutische Gespräche zu führen. Lenz kam 1999 in einer Veröffentlichung über ein Forschungsprojekt zum Thema „Kinder in der Erziehungs- und Familienberatung" zu dem Ergebnis, dass viele der Kinder im Alter von 6 bis 13 Jahren die Dominanz und Kontrolle der Erwachsenen in den Gesprächen beklagten: Die Erwachsenen würden ihrer Wahrnehmung nach sowohl die Art der inhaltlichen Themen und ihrer Behandlung als auch alle Entscheidungen über Verfahrensweisen, Abläufe, Dauer und Frequenz der Sitzungen festlegen. Viele Kinder fanden sich weitgehend auf die Rolle von Zuhörern oder Zuschauern reduziert, die auf der Beratungsbühne einer Inszenierung beiwohnten, in der ihnen wenig Raum und Zeit zur Verfügung stand, ihre Anliegen, Sichtweisen und Probleme einzubringen.

Diese Erkenntnisse mussten die Vertreterinnen und Vertreter einer Therapieform erschrecken, in der die Allparteilichkeit als ein zentrales Element des Vorgehens angesehen wird und die gleichberechtigte Würdigung der Ansichten und Meinungen jedes einzelnen Familienmitglieds als Basis des therapeutischen Arbeitens gilt. In der Diskussion über die Ursachen dieser Diskrepanz zeichneten sich mehrere Faktoren ab.

Faktor Tradition. Zum einen sind auch Systemische Therapeuten nach wie vor durch die jahrhundertealte traditionelle Sicht auf das „Objekt Kind" geprägt, auch wenn nach der zweiten kybernetischen Wende in der Systemischen Therapie die Wahrnehmung der Autonomie des Kindes und seines Subjekt-Status zumindest in der theoretischen Diskussion die alte Sichtweise abgelöst hat. Danach ist es das Kind selbst, das aufgrund seiner spezifischen Strukturbedingungen über das Schicksal der therapeutischen – und ebenso der erzieherischen – Interventionen bestimmt, und es sind nicht umgekehrt die therapeutischen Interventionen, die über das Schicksal des Kindes bestimmen (s. dazu Rotthaus, 2002a).

Faktor Kommunikationspartner. Zum anderen spielt eine Rolle, dass Kinder als ernsthafte Kommunikationspartner nach wie vor unterschätzt werden. Die Zeit, da Kinder künstlich kindlich gehalten wurden, ist noch nicht so lange vorbei. Die eindrucksvolle Akzeleration, die dazu geführt hat, dass Kindheit heute – entgegen uns überkommener normativer Vorstellungen – etwa mit dem Ende der Grundschulzeit endet, wird erstaunlich wenig zur Kenntnis genommen. Das Bewusstsein der Erwachsenen hat mit dieser – teils schon als dramatisch zu bezeichnenden – Entwicklung nicht Schritt gehalten, und dementsprechend neigen sie fast alle noch der Tradition zu, Kinder nicht recht ernst zu nehmen und auf ihre Kommunikationsbeiträge relativ wenig Aufmerksamkeit zu richten.

Faktor Besucherbeziehung. Schließlich tritt als zusätzlich erschwerender Faktor in der therapeutischen Arbeit mit Kindern und Jugendlichen hinzu, dass sie oft selbst kein Anliegen haben und dementsprechend eine Besucherbeziehung im Sinne de Shazers (1989) zu Therapeutin oder Therapeut eingehen. In der Regel erscheinen sie aus Loyalität zu ihren Eltern, zuweilen auch, weil ihre Eltern sie massiv unter Druck gesetzt haben. Das heißt: Das Ausweichen in ein Gespräch mit den Eltern über ihr Kind ist häufig auch eine Folge von Hilflosigkeit oder Resignation gegenüber den Problemen, die sich aus dieser Besucherbeziehung zu dem Kind ergeben.

Publikationen. Die Wahrnehmung dieser Schwierigkeiten hat in den letzten Jahren zu einer großen Zahl an Publikationen geführt, die die entwicklungspsychologischen Besonderheiten von Kindern und von Jugendlichen in ihrer Bedeutung für die systemtherapeutische Arbeit thematisieren und sich mit altersgerechten Zugangswegen zu Kindern und Jugendlichen beschäftigen. Hinzuweisen ist in diesem Zusammenhang auf die narrativen Ansätze, die sich vor allem mit White und Epston (1994) und Freeman et al. (2000) verbinden. Vogt-Hillmann und Burr (1999, 2002) haben die von ihnen so bezeichnete systemisch-lösungsorientierte „Kreative Kinder- und Jugendlichentherapie" entwickelt. Mrochen et al. (1997) sowie Holtz et al. (2002) berichteten über die Praxis der systemisch-hypnotherapeutischen Arbeit mit Kindern und Jugendlichen. Rotthaus (2001) versuchte einen Überblick über die „Systemische Kinder- und Jugendlichenpsychotherapie" zu geben, während Bonney (2003) seine therapeutischen Erfahrungen mit Kindern und Jugendlichen in der familientherapeutischen Praxis als niedergelassener Kinder- und Jugendpsychiater schilderte. Mills und Crowley berichteten bereits 1986 (deutsch 1996) über ihre Erfahrungen mit therapeutischen Metaphern in der Arbeit mit Kindern und mit dem Kind in uns; Wilson stellte 1998 (deutsch 2003) seinen systemisch kooperativen Ansatz einer kindorientierten Therapie vor, in der das Bemühen, Zugang zum Kind zu gewinnen und mit ihm zu arbeiten, sich mit dem Bestreben verbindet, den systemischen Blick auf den familiären und weiteren Kontext zu bewahren. Darüber hinaus erschienen eine Reihe von interessanten Aufsätzen wie die von Tauber (1999) und Johannesen et al. (2000), in denen kindgemäße Formen der Umsetzung typisch systemischer Fragetechniken und Vorgehensweisen vorgestellt werden.

Anwendung und Ausbildung. Die zunehmenden Publikationen entsprachen der Vielzahl des systemtherapeutischen Arbeitens mit Kindern und Jugendlichen – jeweils situationsangemessen und mit im Therapieverlauf wechselnder Nutzung verschiedener Settingvariablen:

▶ als Familientherapie,
▶ als Einzeltherapie vor der Familie,
▶ als Einzeltherapie,
▶ als systemische Gruppentherapie,
▶ als systemische Spieltherapie.

Dabei stellte sich zunehmend das Erfordernis einer spezifischen Weiterbildung in systemischer Therapie mit Kindern und Jugendlichen. Es wurden dazu unterschiedliche Vorschläge gemacht. So unterbreitete die „Arbeitsgemeinschaft Systemische Kinder- und Jugendpsychiatrie" 2001 den Entwurf eines Curriculums für eine einjährige Aufbauweiterbildung zum Systemischen Kinder- und Jugendlichenpsychotherapeuten. Dieses Modell der Aufbauweiterbildung *nach* Abschluss der Weiterbildung zum Systemischen Therapeuten wurde gewählt, um durch die spezifische Zentrierung auf ein Familienmitglied (das Kind oder den Jugendlichen) den durch den systemischen Ansatz errungenen Fortschritt des Blickes auf das System als Ganzes und seine Interaktionsmuster bzw. handlungsleitenden Ideen nicht in Frage zu stellen. Angesichts des großen Interesses der praktisch Tätigen vor Ort haben sich einige Institute inzwischen jedoch dazu entschlossen, auch grundständige Weiterbildungsangebote zum Kinder- und Jugendlichenpsychotherapeuten anzubieten.

3 Die Bedeutung der Störung

In den letzten Jahren sind vermehrt Veröffentlichungen erschienen, die der Entwicklung, Fortentwicklung und Verbreitung störungsspezifischer systemtherapeutischer Vorgehensweisen dienen. Nicht überraschend fand das Thema ADHD große Aufmerksamkeit (u.a. Kilian, 1989; Ludewig, 1991; Kienle, 1992a, 1992b; Aust-Claus & Hammer, 1999; Bonney, 2001; Spitczok von Brisinski, 2001; Hüther & Bonney, 2002; Saile & Forse, 2002). Aber auch zu nahezu allen übrigen kinder- und jugendpsychiatrischen Störungsbildern finden sich mittlerweile spezielle systemtherapeutisch orientierte Publikationen (s. dazu Spitczok von Brisinski, 2003).

Therapeutische Verfahren. Interessant und bedeutsam ist die Frage der Spezifität der Störung im Hinblick auf ihre Genese (wahrscheinlich gering) und ihre Aufrechterhaltung (wahrscheinlich hoch) – das hat Auswirkungen auf die Bedeutung störungsspezifischer therapeutischer Vorgehensweisen im Vergleich zu einem generalisierten, lediglich auf die Einzelfallbedingungen spezifizierten Vorgehen. Warnke et al. (1998) bezeichnen ein „rein symptombegründetes Vorgehen" zu Recht als eine „riskante Notlösung". Andererseits besteht zweifellos die Notwendigkeit, angesichts der Differenzierung und Erweiterung des therapeutischen Erfahrungswissens das psychotherapeutische Handeln zu systematisieren und zu professionalisieren, wobei Warnke und Kollegen der Störungsorientierung eine hohe Bedeutung zuschreiben. Tatsächlich dürfte die Komplexität psychischer Störungen und Auffälligkeiten von Kindern und Jugendlichen weder mit einem generalisierten Vorgehen noch mit einer rein störungsspezifischen Orientierung zu erfassen und zu behandeln sein. Aktueller Entwicklungsstand und intellektuelles Niveau bedingen das therapeutische Vorgehen im Hinblick auf die Zugangs- und Verstehensmöglichkeiten ebenso wie im Hinblick auf

Tabelle 5.1. Aspekte einer konstellationsspezifischen Kinder- und Jugendlichenpsychotherapie

Störungsspezifische Aspekte
- Individuelle und familiäre Belastung
- Typischer Verlauf
- Häufige ätiologische Faktoren
- Dringlichkeit therapeutischer Maßnahmen
- Angemessene und wirksame therapeutische Interventionen

Störungsübergreifende Aspekte

Individuelle Faktoren
- Entwicklungsalter
- Entwicklungsaufgaben, spezifische Zugangswege, spezifische Problemlösestrategien
- Stärken und Ressourcen
- Schwächen und Vulnerabilitäten
- Besondere live events (z.B. Unfälle, Erkrankungen, Schulversagen und -scheitern, Hänselein wegen Adipositas u.a.)

Familiäre Faktoren
- Protektive Faktoren (z.B. sichere Gebundenheit, stabile Familiensituation, finanzielle Sicherheit)
- Mögliche Stressoren (z.B. Fehlen eines eindeutigen Zuhause, Unklarheit der familiären Zuständigkeit, Stieffamiliensituation, Spielballsituation zwischen konflikthaft getrennten Eltern)
- Besondere live events (z.B. Verlust eines Elternteils/Großelternteils, elterliche Arbeitslosigkeit)

Sonstige soziale Faktoren
- Protektive Faktoren (z.B. Verwandte, Bekannte, peer group)
- Stressoren (z.B. fehlende oder konflikthafte Sozialkontakte zu Gleichaltrigen)
- Besondere live events (z.B. Verlust bedeutsamer außerfamiliärer Bezugspersonen)

die altersgerechten Problemlösestrategien. Individuelle Stile der Verarbeitung bestimmen bei Kindern und bei Jugendlichen sehr unterschiedliche Störungsentwicklungen und erfordern entsprechend angepasste therapeutische Strategien. Und schließlich sind Kinder und Jugendliche in vielen Fällen eingebunden
- in ein strukturelles Bindungsmuster,
- in einen aus eigener Kraft nicht zu lösenden Loyalitätskonflikt,

▶ in einen von den Betroffenen nicht zu durchschauenden Entfremdungsprozess in Stieffamilien und vieles mehr,

deren Auflösung erfahrungsgemäß die einzige Möglichkeit bietet, den Kindern und Jugendlichen eine weitgehend selbstbestimmte Entwicklung wieder zu eröffnen. Angesichts dieser multidimensionalen Einflussfaktoren ist m. E. das Konzept einer konstellationsspezifischen Systemischen Kinder- und Jugendlichenpsychotherapie bzw. in weiterer Perspektive das Konzept einer konstellationsspezifischen, Schulen übergreifenden Kinder- und Jugendlichenpsychotherapie zu entwickeln – aus ihm lassen sich Hinweise ableiten, welche therapeutische Fokussierung zu welchem Zeitpunkt des therapeutischen Prozesses in welchem Therapiesetting erfolgen sollte (Reiter, 1991; Rotthaus, 2002b). Eine solche konstellationsspezifische Psychotherapie mit Kindern und Jugendlichen muss störungsübergreifende und störungsspezifische Aspekte berücksichtigen. Die störungsübergreifenden Gesichtspunkte lassen sich in individuelle Faktoren, familiäre Faktoren und sonstige soziale Faktoren gliedern.

Individuelle Faktoren. Hier sind vor allem das Entwicklungsalter in Abhängigkeit von Lebensalter und Intelligenzniveau, die aktuellen Entwicklungsaufgaben, die jeweils spezifischen Zugangswege und Problemlösestrategien zu nennen. Hinzu treten die individuellen Stärken und persönlichen Ressourcen ebenso wie die Schwächen und Vulnerabilitäten. Außerdem sind live events wie Unfälle, Erkrankungen, Schulversagen und -scheitern, Hänseleien wegen Verhaltensbesonderheiten oder Aussehen und Ähnliches zu nennen.

Familiäre Faktoren. Protektive Faktoren (z.B. sichere Gebundenheit, stabile Familiensituation, finanzielle Sicherheit), mögliche Stressoren (u.a. Fehlen eines eindeutigen Zuhauses, Unklarheit familiärer Zuständigkeit, Stieffamiliensituation, Spielballsituation zwischen konflikthaft getrennten Eltern) und besondere live events (u.a. Verlust eines Eltern- oder Großelternteils, Arbeitslosigkeit der Eltern) sind zu unterscheiden.

Sonstige soziale Faktoren. In ähnlicher Weise gibt es im weiteren sozialen Feld protektive Einflüsse (etwa durch nahe Verwandte oder Bekannte und positive Kontakte zur peer group), mögliche Stressoren (z.B. fehlende oder konflikthafte Sozialkontakte zu Gleichaltrigen) und besondere life events (z.B. Verlust bedeutsamer außerfamiliärer Bezugspersonen).

4 Öffnung für Interventionen aus anderen Therapieschulen

Die Vorstellung einer auch nur einigermaßen „reinen" Schulenpsychotherapie, sei sie psychoanalytischer, verhaltenstherapeutischer oder systemisch-familientherapeutischer Art, ist ganz ohne Zweifel eine Fiktion, die zwar vom Wissenschaftlichen Beirat Psychotherapie in Deutschland noch vertreten wird, die jedoch mit den Realitäten der psychotherapeutischen Praxis schon lange wenig zu tun hat. Die Praxiswirklichkeit und viel mehr noch die Zukunft von Psychotherapie liegen demgegenüber in einer Integration verschiedener Ansätze aus unterschiedlichen Therapieschulen und in einer Entwicklung zu einem Methoden und Schulen übergreifenden Arbeiten.

Fundiertes Konzept. Dies bedeutet allerdings – zumindest für absehbare Zeit – nicht die Preisgabe unterschiedlicher grundlegender Therapiekonzepte (sprich: Therapieschulen). Denn die Aufgabe der Integration verschiedener Interventionen und therapeutischer Ansätze erfordert die Sicherheit eines konzeptuellen Rahmens. Erst auf der Grundlage fundierter Überzeugungen bezüglich therapeutisch wirksamer Therapiebildung und entsprechender Haltungen und Einstellungen im jeweiligen Einzelfall kann ein in sich stimmiges, widerspruchsfreies therapeutisches Vorgehen entwickelt, der jeweilige Stand des therapeutischen Prozesses reflektiert und dementsprechend das therapeutische Vorgehen angemessen variiert werden.

Integration. Im Hinblick auf die Integrationsfähigkeit von Vorgehensweisen aus anderen Therapieverfahren hat ein systemisch-familientherapeutischer Ansatz große Vorteile. Denn ein zentrales erkenntnistheoretisches Element systemischen Denkens ist die Wahrnehmung der Unmöglichkeit objektiver Erkenntnisse. Dazu gehört auch die Überzeugung, dass alle unsere in der Wissenschaft oder mit den Klienten mühsam erarbeiteten Vorstellungen über die Entwicklung und Behandlung von Auffälligkeiten, Störungen und Krankheiten Erklärungsmodelle sind – und zwar Erklärungsmodelle, die eine mehr oder weniger große Anzahl von Faktoren plausibel zusammenfassen und nützlich sind, wenn sie unseren Kunden helfen, ihre Probleme zu überwinden.

> Erklärungsmodelle sind keine Wahrheiten und sollten – wie die Physiker dies schon lange tun – leichten Herzens über Bord geworfen werden, wenn sie sich als wenig nützlich erweisen. Dementsprechend favorisiert die Systemische Therapie Pluralität und Vielfalt, beileibe jedoch keine Beliebigkeit.

Die genannte erkenntnistheoretische Überzeugung schützt vor konzeptioneller Verkrustung und schafft Offenheit für Ideen aus anderen Therapieschulen. Gleichzeitig sorgt
- ▶ die hohe Aufmerksamkeit innerhalb der Systemischen Therapie auf die Anliegen und Aufträge der Kunden,
- ▶ die Entwicklung einer gemeinsamen Prozessfantasie sowie

▶ die Beachtung des kontextuellen Rahmens mit all seinen positiven wie potentiell negativen Auswirkungen

offensichtlich dafür, dass integrierte therapeutische Interventionen aus anderen Therapieschulen eine besonders hohe Wirksamkeit entfalten können (s. auch Schiepek, 1999). Die Bewegung hin zu einer methoden- und Schulen übergreifenden Psychotherapie erscheint im Übrigen keineswegs als Einwegstraße. So beschreiben Michels und Borg-Laufs (2001) die Entwicklung und den Stand der Systemischen Therapie sowie eine Auseinandersetzung über die Kompatibilität der Systemischen Therapie mit der Verhaltenstherapie. Die eigene Erfahrung des Autors verweist darauf, wie gut verhaltenstherapeutische oder klientenzentrierte Therapieansätze und -interventionen in eine grundsätzlich (d. h. in ihrem therapeutischen Rahmenkonzept) systemisch orientierte Klinik mit ihren stationären, teilstationären und ambulanten Angeboten eingebunden werden können. Umgekehrt ist unschwer zu erkennen, dass in manchen verhaltenstherapeutischen Behandlungsprogrammen – beispielsweise dem THOP zur ADHD-Behandlung (Döpfner et al., 2002) – systemische Ideen aufgegriffen wurden. Die personenzentrierte Therapieschule besinnt sich in zunehmendem Maße auf die systemtherapeutischen Überzeugungen ihres Gründungsvaters Karl Rogers (s. Rogers, 1989) und verbindet in zahlreichen Beiträgen klientenzentriertes und systemisches Denken. Und die ursprünglich in der Systemischen Therapie ausgearbeiteten Vorstellungen über Ressourcenwahrnehmung und -aktivierung finden sich inzwischen mehr oder weniger ausgeprägt in allen Therapieschulen wieder. Sie werden von Grawe (1994) als eines von vier Wirkprinzipien in der Psychotherapie beschrieben, während Grawe und Grawe-Gerber (1999) sie zu dem Wirkprinzip von Psychotherapie schlechthin erklären.

Unterschiede. Allerdings sollte die Offenheit für die Integration von therapeutischen Ideen und Interventionen nicht dazu verführen, gravierende Unterschiede unter den Teppich zu kehren und einer kritiklosen Gleichmacherei das Wort zu reden. So zeichnet sich ein systemtherapeutisches Denken aus durch

▶ die sorgfältige Klärung von Anlass, Anliegen und Auftrag,
▶ die konsensuell zwischen Patient und Therapeut erarbeitete Zielplanung und Zieldefinition sowie
▶ eine darauf ausgerichtete Zukunftsorientierung.

Hinzu tritt die Wahrnehmung, dass menschliches Verhalten am leichtesten zu verstehen und am erfolgreichsten zu behandeln ist, wenn es im Kontext des Verhaltens der jeweils wichtigsten Interaktionspartner betrachtet wird, sowie die Überzeugung, dass die Familien in aller Regel über die erforderlichen Fähigkeiten für das von ihnen erstrebte, weniger leidvolle Leben verfügen. All dies sind entscheidende Faktoren für die offensichtliche Tatsache, dass Systemische Therapie zwar nicht unbedingt erfolgreicher ist als andere Therapieverfahren, diese positiven Ergebnisse jedoch in der Regel mit deutlich weniger Therapiestunden (nicht unbedingt in kürzerer Zeit!) erreicht.

5 Systemisches Denken und „Biologismus"

Biologische Wende. Vor allem in den Forschungsgebieten der Genetik und der Neurobiologie sind im letzten Jahrzehnt bzw. in den letzten zwei Jahrzehnten eine Fülle von Erkenntnissen hervorgebracht worden, die das Bild psychischer Störungen und Erkrankungen wesentlich beeinflusst haben. Die Hirnforschung hat nicht zuletzt im Verlauf des „internationalen Jahrzehnts des Gehirns" einen ungeahnten Aufschwung genommen und dabei auch von einer mit großem finanziellem Aufwand betriebenen pharmakologischen Forschung der Pharmakonzerne profitiert. (Mein Vorschlag, dass die Krankenkasse einen entsprechenden finanziellen Anteil für Forschung, wie er in Medikamentenpreisen enthalten ist, bei Psychotherapie in einen Forschungsfond einzahlt – z.B. 10,00 pro Therapiestunde – wurde leider immer noch nicht aufgegriffen.) Dies hat zu einer biologischen Wende vor allem in der Psychiatrie, aber auch in der Psychotherapie geführt. Diese vielfach als Biologismus beklagte Entwicklung ist in ihren Auswüchsen auf ein schwer verständliches Entweder-Oder-Denken zwischen biologischen und psychosozialen Einflussfaktoren zurückzuführen. Die Erkenntnis, dass bei einer bestimmten Störung oder Erkrankung umschriebene Hirnregionen über- oder unteraktiviert sind, wird dabei mittels einer linear kausalen, in keiner Weise zwingenden Verknüpfung zu einem Beleg für eine organische „Ursache" für das entsprechende Verhalten erklärt und die Priorität biologisch-pharmakologischer Behandlungen daraus abgeleitet.

Achtung vor Vereinfachungen. Die Systemische Theorie schützt gegen derartige Einseitigkeiten und ungerechtfertigte Vereinfachungen. Sie sieht den Menschen als zugleich biologisches und soziales Wesen, dessen Strukturbedingungen als Folge der Auseinandersetzung seiner genetischen Ausstattung mit seinen Umwelterfahrungen in der aktuellen sozialen Situation sein Handeln bedingen. Der Betonung der Autonomie des Einzelnen, abgeleitet aus seiner Strukturdeterminiertheit, steht auf der anderen Seite die Wahrnehmung der Tatsache gegenüber, dass der Mensch als Individuum lediglich ein theoretisches Konstrukt und praktisch lebensunfähig ist und dass sein Verhaltensspielraum – die Soziologen formulieren: sein Möglichkeitsraum – durch seine Interaktionspartner eingeengt und bestimmt wird. Jedes soziale Handeln muss zu einer Veränderung der Strukturbedingungen des Einzelnen führen und angesichts der Plastizität des Gehirns damit auch zu einer Veränderung von Hirnfunktionen und – längerfristig – der Hirnstruktur. Genau dies findet sich in den neueren neurobiologischen Forschungen nachgewiesen (z.B. Hüther et al., 2003).

6 Systemisches Denken in anderen Kontexten

Erziehungsberatungsstelle, Jugendamt, Heim. Systemisches und systemtherapeutisches Denken hat schon seit vielen Jahren in Erziehungsberatungsstellen, in Jugendämtern und in Heimen einen bedeutenden Stellenwert. Die hier genutzten allgemeinen systemisch-fundierten Sichtweisen und systemtherapeutischen Verfahren wurden in der letzten Zeit durch Konzepte aufsuchender Familienarbeit unterschiedlicher Art (Karolus, 1995; Conen, 2002) teils unter dem Druck notwendiger Einsparungen und der Verhinderung bzw. Verkürzung von Heimaufenthalten, teils im Hinblick auf die üblicherweise durch Psychotherapie nicht erreichbaren sog. Multiproblemfamilien weiterentwickelt und erweitert. Dies erklärt die nach wie vor große Nachfrage nach Ausbildungen in Systemischer Therapie, die angesichts der Nichtanerkennung der Systemischen Therapie durch den Wissenschaftlichen Beirat Psychotherapie für viele Kolleginnen und Kollegen aus anderen Therapierichtungen sehr überraschend ist.

Drogenabhängige Jugendliche. Im Bereich der kinder- und jugendpsychiatrischen Behandlung von drogenabhängigen Jugendlichen – ein Feld, dem sich die Kinder- und Jugendpsychiatrie und -psychotherapie nun endlich geöffnet hat – findet sich eine ähnliche Diskrepanz. Auch hier ist die offizielle Akzeptanz der Systemischen Therapie seitens der Kostenträger der medizinischen Rehabilitation immer noch eher gering, während die Forschungsergebnisse ebenso wie die Praxis starke Hinweise auf die große Nützlichkeit eines solchen Therapieansatzes in der Arbeit mit drogenabhängigen Jugendlichen geben (Thomasius et al., 2002; Rotthaus, 2003b; NIDA, 2003).

Beratung. Andere Felder, in denen sich der systemisch-familientherapeutische Ansatz und systemisches Denken zunehmend ausgebreitet hat, ist die Beratung – ein Bereich, der in den kommenden Jahren noch wesentlich an Bedeutung gewinnen dürfte. Hier findet eine auch staatlich geförderte Entwicklung statt, die sorgsam beobachtet werden sollte, zumal sie die Krankenkassen zu dem Versuch verlocken wird, immer mehr Leistungen aus ihrem Katalog auszuschließen.

Weiterer Kontext. Generell ist zu beobachten, dass systemisches Denken und systemische Praxismodelle in den letzten Jahrzehnten nicht nur im psychosozialen Bereich genutzt werden, sondern in zunehmendem Maße auch im Profit-Sektor, so in Dienstleistungsbetrieben und Industrieunternehmen, aber auch in Verwaltung und Politik Anwendung finden und erfolgreich sind. Systemische Theorie und systemisches Denken haben zudem seit einem Jahrzehnt vermehrt

Einzug in die Pädagogik, sei es in Erziehungskonzepte (u.a. Huschke-Rhein, 1998; Rotthaus, 2002a), sei es in die Organisation von Schule und die Gestaltung von Unterricht (u.a. Palmowski, 1995; Voss, 1996, 1998) gehalten und u.a. in der Zeitschrift „System Schule" (Dortmund: borgmann) ihr Diskussionsforum gefunden.

Literatur

ASK – Arbeitsgemeinschaft Systemische Kinder- und Jugendpsychiatrie (2001). Richtlinien für eine Aufbauausbildung zum Systemischen Kinder- und Jungendlichenpsychotherapeuten/zur Systemischen Kinder- und Jugendlichenpsychotherapeutin. Viersen: Kliniken für Psychiatrie und Psychotherapie des Kindes- und Jugendalters.

Aust-Claus, E. & Hammer, P.-M. (1999). Das A-D-S-Buch. Aufmerksamkeits-Defizit-Syndrom. Ratingen: Oberstebrink.

Bonney, H. (2000). Neues vom „Zappelphilipp" – Die Therapie bei Kindern mit hyperkinetischen Störungen (ADHD) auf der Basis von Kommunikations- und Systemtheorie. Praxis Kinderpsychologie Kinderpsychiatrie, 49, 285-299.

Bonney, H. (2001). Systemische Therapie bei ADHD-Konstellationen. In W. Rotthaus (Hrsg.), Systemische Kinder- und Jugendlichenpsychotherapie (S. 386-404). Heidelberg: Carl-Auer Verlag.

Bonney, H. (2003). Kinder und Jugendliche in der familientherapeutischen Praxis. Heidelberg: Carl-Auer Verlag.

Conen, M.-L. (Hrsg.). (2002). Wo keine Hoffnung ist, muss man sie erfinden. Aufsuchende Familientherapie. Heidelberg: Carl-Auer Verlag.

De Shazer, S. (1989). Der Dreh. Überraschende Lösungen in der Kurzzeittherapie. Heidelberg: Carl-Auer Verlag.

Döpfner, M., Schürmann, S. & Frölich, J. (2002). Therapieprogramm für Kinder mit hyperkinetischem und oppositionellem Problemverhalten THOP (3. Aufl.). Weinheim: Beltz PVU.

Dowling, E. (1993). Are family therapists listening to the young? A psychological perspective. Journal of Family Therapy, 25, 28-38.

Freeman, J., Epston, D. & Lobovits, D. (Hrsg.). (2000). Ernsten Problemen spielerisch begegnen. Narrative Therapie mit Kindern und ihren Familien. Dortmund: modernes lernen.

Goolishian, H. A. & Anderson, H. (1988). Menschliche Systeme. In L. Reiter, E. J. Brunner & S. Reiter-Theil (Hrsg.), Von der Familientherapie zur systemischen Perspektive. Berlin: Springer.

Grawe, K. (1994). Psychotherapie ohne Grenzen. Von den Therapieschulen zur Allgemeinen Psychotherapie. Verhaltenstherapie und psychosoziale Praxis, 26, 357-370.

Grawe, K. & Grawe-Gerber, M. (1999). Ressourcenaktivierung. Ein primäres Wirkprinzip der Psychotherapie. Psychotherapeut, 44, 63-73.

Haley, J. (1978). Direktive Familientherapie. München: Pfeiffer.

Holtz, K. L., Mrochen, S., Nemetschek, P. & Trenkle, B. (2002). Neugierig aufs Großwerden. Praxis der Hypnotherapie mit Kindern und Jugendlichen (2. Aufl.). Heidelberg: Carl-Auer Verlag.

Huschke-Rhein, R. (1998). Systemische Erziehungswissenschaft. Weinheim: Beltz.

Hüther, G., Adler, L. & Rüther, E. (1999). Die neurobiologische Verankerung psychosozialer Erfahrungen. Zeitschrift psychosomatische Medizin, 45, 2-17.

Hüther, G. & Bonney, H. (2002). Neues von Zappelphilipp. ADS/ADHS verstehen, vorbeugen und behandeln. Düsseldorf: Walter-Verlag.

Johannesen, T. L., Rieber, H. & Trana, H. (2000). Die reflektierenden Handpuppen. Ein neuer Weg der Kommunikation mit Kindern in der Familientherapie. Zeitschrift systemische Therapie, 18 (2), 68-80.

Karolus, St. (1995). Von der familienorientierten Hilfe zu einem systemischen Beratermodell im Ortenaukreis. NDV, 6, 226-232.

Kienle, X. (1992a). Systemische Ansätze in der Therapie hyperaktiver Kinder. Teil 1. Systhema 6(1), 2-17.

Kienle, X. (1992b). Systemische Ansätze in der Therapie hyperaktiver Kinder. Teil 2. Systhema, 6(3), 47-54.

Kilian, H. (1989). Eine systemische Betrachtung zur Hyperaktivität – Überlegungen und Fallbeispiele. Praxis Kinderpsychologie Kinderpsychiatrie, 38, 90-96.

Lenz, A. (1999). Kinder in der Erziehungs- und Familienberatung. Ein Praxisforschungsprojekt. Erziehungsberatung-Info, 54, 25-42.

Ludewig, K. (1991). Unruhige Kinder. Eine Übung in epistemischer Konfusion. Praxis Kinderpsychologie Kinderpsychiatrie, 40, 158-166.

Michels, H.-P. & Borg-Laufs, M. (2001). Zielklärung. In M. Borg-Laufs (Hrsg.), Lehrbuch der Verhaltenstherapie mit Kindern und Jugendlichen (S. 211-246). Band 2: Interventionsmethoden. Tübingen: dgvt.

Mills, J. C. & Crowley, R. J. (1996). Therapeutische Metaphern für Kinder und das Kind in uns. Heidelberg: Carl-Auer Verlag.

Minuchin, S. (1978). Familie und Familientherapie (2. Aufl.). Freiburg: Lambertus.

Mrochen, S., Holtz, K.-L. & Trenkle, B. (1997). Die Pupille des Bettnässers. Hypnotherapeutische Arbeit mit Kindern und Jugendlichen. Heidelberg: Carl-Auer Verlag.

NIDA – National Institute of Drug Abuse (2003). Brief strategic family therapy for adolescent drug abuse. Therapy Manual for Drug Addiction, Manual 5. Bethesda/Marxland: NIDA.

Palmowski, W. (1995). Der Anstoß des Steins. Systemische Beratung im schulischen Kontext. Dortmund: borgmann.

Reiter, L. (1991). Clinical Constellations: A concept for therapeutic practice. In W. Tschacher, G. Schiepek & E. J. Brunner (Eds.), Selforganisation and Clinical Psychology. Berlin: Springer.

Rogers, C. R. (1989). Eine Theorie der Psychotherapie, der Persönlichkeit und der zwischenmenschlichen Beziehungen. Köln: GwG.

Rotthaus, W. (Hrsg.). (2001). Systemische Kinder- und Jugendlichenpsychotherapie. Heidelberg: Carl-Auer Verlag.

Rotthaus, W. (2002a). Wozu erziehen? Entwurf einer systemischen Erziehung (4. Aufl.). Heidelberg: Carl-Auer Verlag.

Rotthaus, W. (2002b). Modell einer konstellationsspezifischen Indikation zu einer Systemischen Kinder- und Jugendlichenpsychotherapie. Vortrag auf der Kindertagung in Heidelberg am 20. 3. 2002 (unveröff.).

Rotthaus, W. (2003a). Welchen Platz haben Kinder in der Systemischen Familientherapie? Eine kritische Bestandsaufnahme. Kontext, 34, 225-236.

Rotthaus, W. (2003b). Die stationäre Behandlung drogenabhängiger Jugendlicher in der Kinder- und Jugendpsychiatrie. In A. Pauly (Hrsg.), Suchtfalle Familie?! Forschung und Praxis zu Lebenswelten zwischen Kindheit und Erwachsenenalter. Köln: Katholische Fachhochschule NW/Landschaftsverband Rheinland.

Saile, H. & Forse, I. (2002). Allgemeine und differenzielle Effekte von behavioraler und systemischer Familientherapie bei Aufmerksamkeitsdefizit-/Hyperaktivitätsstörungen von Kindern. Zeitschrift für Klinische Psychologie, Psychiatrie und Psychotherapie, 50, 281-299.

Schiepek, G. (1999). Die Grundlagen der Systemischen Therapie. Göttingen: Vandenhoeck und Ruprecht.

Schiepek, G. (Hrsg.). (2003). Neurobiologie der Psychotherapie. Stuttgart: Schattauer.

Schmidt-Gertz, A., Schay, P. & Lenz, Ch. (2002). Erhebung der AGST zur therapeutischen Weiterbildung/angewandten Verfahren in der ambulanten medizinischen Rehabilitation Suchtkranker.

Selvini Palazzoli, M., Boscolo, L., Cecchin, G. & Prata, G. (1977). Paradoxon und Gegenparadoxon. Stuttgart: Klett-Cotta.

Spitczok von Brisinski, I. (2001). Systemische Aspekte des Hyperkinetischen Syndroms. Vortrag auf der Fachtagung „Hyperaktivität und Familientherapie" am 2. 11. 2001 in Glottertal (unveröff.).

Spitczok von Brisinski, I. (2003). Störungsspezifische Ansätze in der Kinder- und Jugendpsychiatrie – bibliometrische Aspekte. In U. Lehmkuhl (Hrsg.), Therapie in der Kinder- und Jugendpsychiatrie: Von den Therapieschulen zu störungsspezifischen Behandlungen (S. 221). Göttingen: Vandenhoeck und Ruprecht (s.a. www.systemisch.net/Literaturliste/_Start.htm; Stand: 14. 4. 2004).

Stierlin, H. (1994). Ich und die anderen. Psychotherapie in einer sich wandelnden Gesellschaft. Stuttgart: Klett-Cotta.

Strobl, Ch. (2000). Systemisches und kindertherapeutisches Arbeiten im Vorschulbereich. Systhema, 14, 261-273.

Tauber, T. (1999). Spielen in der Systemischen Therapie. Umsetzung der Methoden und Techniken systemischer Therapie in der Arbeit mit Kindern. Systeme, 13, 159-172.

Thomasius, R., Schindler, A. & Sack, P.-M. (2002). Familiendynamische und -therapeutische Aspekte des Drogenmissbrauchs in der Adoleszenz. Familiendynamik, 27, 297-323.

Vogt-Hillmann, M. & Burr, W. (Hrsg.). (1999). Kinderleichte Lösungen. Lösungsorientierte Kreative Kindertherapie. Dortmund: borgmann.

Vogt-Hillmann, M. & Burr, W. (Hrsg.). (2002). Lösungen im Jugendstil. Systemisch-lösungsorientierte Kreative Kinder- und Jugendlichentherapie. Dortmund: borgmann.

Vossler, A. (2000). Als Indexpatient ins therapeutische Abseits? Kinder in der Systemischen Familientherapie und -beratung. Praxis Kinderpsychologie Kinderpsychiatrie, 49, 435-449.

Voß, R. (Hrsg.). (1996). Die Schule neu erfinden. Neuwied: Luchterhand.

Voß, R. (Hrsg.). (1998). Schul-Visionen. Heidelberg: Carl-Auer Verlag.

Warnke, A., Beck, N. & Wewetzer, Ch. (1998). Störungsspezifische Psychotherapie in der Kinder- und Jugendpsychiatrie. Zeitschrift Kinder-Jugendpsychiatrie, 26, 197-210.

Watzlawick, P., Weakland, J.H. & Fisch, R. (1979). Lösungen. Zur Theorie und Praxis menschlichen Wandels (2. Aufl.). Stuttgart: Huber.

White, M. & Epston, D. (1994). Die Zähmung der Monster. Heidelberg: Carl-Auer Verlag.

Wilson, J. (2003). Kindorientierte Therapie. Ein systemisch-kooperativer Ansatz. Heidelberg: Carl-Auer Verlag.

6 Familientherapie

Fritz Mattejat

1 Einführung

Dieses Kapitel ist der Kategorie „Aktuelle Entwicklungen in den Therapieschulen" zugeordnet. Um Missverständnissen vorzubeugen, sei darauf hingewiesen, dass es sich bei der Familientherapie nicht um eine „Therapieschule" handelt, sondern um eine Gruppe von sehr unterschiedlichen therapeutischen Ansätzen, deren gemeinsame Klammer die spezifische inhaltliche Zielorientierung darstellt:

> **Definition**
>
> Unter dem Begriff „Familientherapie" (synonym: familientherapeutische Verfahren/Arbeitsformen) werden „psychotherapeutische Methoden zusammengefasst, die in der Theorienbildung und Behandlungsmethodik am interpersonellen Kontext der Patienten ansetzen". Sie verfolgen das Ziel, „Interaktionen zwischen einem Paar, in einer Kernfamilie, in einer erweiterten Familie oder zwischen einer Familie und anderen interpersonellen Subsystemen zu verändern und dadurch Probleme einzelner Familienmitglieder, Probleme von Familiensubsystemen oder der Gesamtfamilie zu lindern" (Wynne, 1988a, b; nach AWMF Leitlinie Paar und Familientherapie, 2000).

Die familientherapeutischen Arbeitsformen können bezüglich ihrer theoretischen Orientierung unterschiedlichen therapeutischen Schulrichtungen (verhaltenstherapeutisch, humanistisch, psychoanalytisch, systemisch) verpflichtet sein. Dabei ist allerdings mitzubedenken, dass die Entwicklung der Familientherapie sehr eng mit dem Aufkommen systemorientierten Denkens und systemischer Therapieansätze verbunden ist. Systemische und familientherapeutische Ansätze stehen somit in einer engen Beziehung. Dabei will sich aber die systemische Therapie nicht auf familientherapeutische Ansätze eingrenzen lassen, sie versteht sich vielmehr als eigenständige Therapierichtung in Abgrenzung von den anderen Therapieschulen. Der vorliegende Artikel beschäftigt sich mit aktuellen Entwicklungstendenzen in der *Familientherapie*, wobei nicht nur systemische, sondern auch andere therapeutische Traditionen berücksichtigt werden sollen.

Die Rahmenbedingungen für die praktische familientherapeutische Arbeit sind in Deutschland durch eine gewisse Unübersichtlichkeit gekennzeichnet. Der Wissenschaftliche Beirat Psychotherapie (1999) stuft sie als nicht wissenschaftlich anerkanntes Verfahren ein. Innerhalb der anerkannten Richtlinienverfahren (Verhaltenstherapie, Psychoanalyse und tiefenpsychologische Therapie) dürfen familientherapeutische Verfahren jedoch eingesetzt werden. Außerdem erkennen einige Ärztekammern (z.B. Ärztekammer Schleswig-Holstein) die Familientherapie für die Psychotherapieausbildung von Ärzten an. Trotz dieser Unklarheiten haben in den letzten 30 Jahren familientherapeutische Arbeitsformen eine große Verbreitung gefunden. Seit dem Jahre 1998 wurden über 6.000 Ärzte, Psychologen und andere Berufsgruppen in systemischen Therapiemethoden ausgebildet (Schorn, 2005). Familientherapeutische Methoden gehören in Ehe-, Familien- und Erziehungsberatungsstellen zum etablierten Leistungsspektrum, Familientherapie wird in sehr vielen niedergelassenen Praxen angeboten und schließlich nehmen auch in kinder- und jugendpsychiatrischen und -psychotherapeutischen Kliniken die Beratung und Therapie mit Eltern und Familien eine zentrale Stelle ein. Dies gilt nicht nur für Kliniken, die sich speziell einem systemischen Behandlungsansatz verpflichtet fühlen, sondern für die Mehrzahl der Einrichtungen.

Folgende Entwicklungstrends der Familientherapie lassen sich identifizieren:
- Professionalisierung
- Dialog zwischen den Therapieansätzen
- Konsolidierung, Spezifizierung und Differenzierung
- Empirische Orientierung
- Familientherapie als Komponente eines Behandlungsprogramms
- Kognitiv-behaviorale Familientherapie

2 Professionalisierung

In mehreren Hinsichten ist in den letzten Jahren ein Trend zur Professionalisierung zu verzeichnen. Im Bereich der systemischen Therapie zeigt sich dieser Trend daran, dass überzogene pseudophilosophische systemische Konzepte weniger vertreten werden, Anspruch und Ausdrucksformen sind nüchterner und damit professioneller geworden. Das, was man in der amerikanischen Literatur „epistobabble" nennt – das Wort ist auch im Deutschen gut verständlich –, ist also weniger geworden.

Familienaufstellung. Der Trend zur Professionalisierung hat sich speziell in Deutschland auch noch an einem ganz anderen Punkt gezeigt: hinsichtlich der sog. Familienaufstellungen nach Bert Hellinger, die zum Teil in sehr fragwürdig anmutenden Veranstaltungen demonstriert wurden. Zu diesen Familienaufstellungen hat es innerhalb der systemischen Therapie recht heftige Auseinandersetzungen gegeben, die dazu geführt haben, dass sich die Familienaufsteller in eine eher empirisch orientierte und eine eher esoterische Fraktion aufgespalten haben.

Die Deutsche Gesellschaft für Systemische Therapie und Familientherapie hat 2003 eine Stellungnahme zu diesem Thema herausgebracht, die ihr Bemühen um Professionalisierung verdeutlicht. Darin heißt es unter anderem: „… die reale Praxis der Familienaufstellungen ist zu einem nicht geringen Teil als kritisch, ethisch nicht vertretbar und gefährlich für die Betroffenen zu beurteilen. Letzteres gilt z.B. für die immer wieder unter der Überschrift 'Familienaufstellungen' angekündigten Gruppenveranstaltungen, in denen ohne ausreichende therapeutische Rahmung, vor allem ohne die persönliche Beziehung zu dem Therapeuten, den Klienten suggeriert wird, dass selbst gravierende psychische Problemsituationen durch eine einzige Familienaufstellung verändert werden."

3 Dialog zwischen den Therapieansätzen

Eine zweite Entwicklungstendenz, die eng mit dem Trend zur Professionalisierung zusammenhängt, ist die Öffnung und der Austausch zwischen den verschiedenen familientherapeutischen Ansätzen. Dieser Trend zeigt sich sowohl innerhalb der Schulen wie auch zwischen den verschiedenen Schulen.

Narrative Therapie. So sind zum Beispiel die sog. narrativen Ansätze auf zunehmendes Interesse gestoßen. Das sind Therapieansätze, die nicht mehr so sehr familiäre Interaktionsgeschehen im Blickpunkt haben, sondern eher die Geschichten, die über Probleme und Familien erzählt werden. Narrative Therapie bezieht sich auf unsere sprachliche Grundverfassung, dass die menschliche Spezies Erzählungen bzw. Geschichten benutzt, um „die Komplexität unserer gelebten Erfahrungen zu organisieren, vorherzusagen und zu verstehen" (Freeman et al., 2000, S. 21). Diese Geschichten formen die Perspektiven, mit denen wir unsere Vergangenheit und unsere Zukunft betrachten, sie strukturieren unser Verhalten und unsere Emotionen, sie haben Einfluss darauf, welchen Sinn wir neuen Erfahrungen zuschreiben. Eine Zielrichtung der narrativen Therapie besteht darin, diese Geschichten kennenzulernen, ihre individuelle Bedeutung zu verstehen, die Geschichten in Frage zu stellen, zu dekonstruieren, um neue identitätsstiftende Geschichten zu ermöglichen. In der narrativen Therapie geht es also um die Art und Weise, wie wir miteinander sprechen; die Bedeutung der Sprache wird in den Vordergrund gerückt. Durch diese Akzentuierung rücken systemische Ansätze wieder näher heran an Therapieformen, wie sie in der tiefenpsychologischen und psychodynamischen Tradition oder auch in der klientzentrierten Therapie schon lange gepflegt werden: Die Abgrenzungen zwischen verschiedenen Schulen werden durchlässiger.

Verhaltenstherapie. Ein völlig anderes Beispiel lernen wir kennen, wenn wir die moderne Kinder-Verhaltenstherapie betrachten, die Methoden und Arbeitsformen, die im systemischen Kontext entwickelt wurden, aufgreift und integriert (z.B. Jänicke & Borg-Laufs, 2001; Sulz & Heekerens, 2002). Nicht nur die Kinder-Verhaltenstherapie, sondern die Verhaltenstherapie insgesamt hat sich längst von einengenden theoretischen Rahmenkonzepten (wie z.B. dem Behaviorismus) gelöst, so dass die Verhaltenstherapie heute ein sehr breit gefächertes Spektrum von

Therapiemethoden umfasst, die sich nicht nur auf das sichtbare Verhalten, sondern auch auf kognitive, emotionale und Beziehungsaspekte richten. Die Entwicklung zu einer allgemeinen Psychotherapie, in der die traditionellen Schulrichtungen überwunden sind, ist schon jetzt innerhalb der Verhaltenstherapie sehr weit gediehen.

Integration von Theorien. Als drittes – wiederum völlig anderes – Beispiel für einen Brückenschlag und Integration zwischen verschiedenen Ansätzen sehen wir im theoretischen Bereich, wo man z.B. versucht, die Bindungstheorie einerseits und die Familiensystemtheorie aufeinander zu beziehen. Dieser Aufgabe hat die Zeitschrift *Familiy Process* im Jahr 2002 ein ganzes Themenheft gewidmet („Attachment and family systems"; Wood, 2002).

Die Gemeinsamkeiten zwischen den familientherapeutischen Traditionen dokumentieren sich schließlich in der Leitlinie zur Paar- und Familientherapie, an der Experten aus allen psychotherapeutischen Lagern im Rahmen von Konsensuskonferenzen mitgewirkt haben. Diese Leitlinie wird von mehreren Fachgesellschaften getragen und ist in den Katalog der AWMF-Leitlinien aufgenommen. Diese Leitlinie ist mehr als ein kleinster gemeinsamer Nenner, es ist inhaltlich erstaunlich konkret und aussagekräftig.

4 Konsolidierung, Spezifizierung und Differenzierung

In den letzten Jahren sind im familientherapeutischen Bereich keine wirklich neuen Therapietechniken und neuen Therapiemodelle entwickelt worden, es hat keine spektakulären Innovationen gegeben. Familientherapie ist vielmehr in einer Phase der pragmatischen Konsolidierung: Vorhandene Methoden werden zusammengeführt oder kombiniert, die Methoden ausgearbeitet, genau beschrieben, teilweise auch manualisiert und im Hinblick auf verschiedene Arbeitsfelder differenziert, spezifiziert und auf neue Arbeitsfelder angewandt. Hierzu seien einige Beispiele genannt:

Intensivere Beschäftigung mit speziellen Teilaspekten. Wenn auch die Neuentwicklung von Therapieprogrammen nicht auf der familientherapeutischen Agenda stand, so gab es doch im Hinblick auf spezielle Teilaspekte einen Entwicklungsbedarf. Zwei Beispiele hierfür seien genannt: Die verhaltenstherapeutischen Elterntrainings sind – wenn sie durchgehalten werden – bekanntermaßen sehr wirksam. Aber ein Problem liegt darin, dass gerade die Eltern, die die Trainings am meisten benötigen, schwer in solche Programme hineinzubekommen sind und auch eher einmal abbrechen. Ansetzend an diesem Problem hat man sich mit der Frage beschäftigt, wie die Motivation und das Durchhaltevermögen solcher Eltern gestärkt werden können. Ein anderes Beispiel ist die intensivere Beschäftigung mit der therapeutischen Allianz im Rahmen der Familientherapie.

Zusammenführung von unterschiedlichen Ansätzen. In den letzten Jahren haben sich Modelle der Mediation – z.B. zur außergerichtlichen Schlichtung von Kon-

flikten etwa im Zusammenhang mit einer Ehescheidung – auch in Deutschland etabliert. Obwohl Familientherapie und Mediation einen unterschiedlichen Hintergrund haben, gibt es eine ganze Reihe von Überschneidungsbereichen zwischen beiden, die auch nutzbringend zusammengeführt werden können. Das wurde exemplarisch in einem Sonderheft der *Familiendynamik* im Jahr 2003 (Band 28, Nr. 3) gezeigt. Dort wird das „Strukturierte Konfliktgespräch" vorgestellt wird (Theilmann-Braun et al., 1983). Das ist ein Vorgehen, das sich auf mehrere Ansätze stützt:
- Modelle der Mediation,
- systemisch-strategische Therapieansätze,
- verhaltenstherapeutische Techniken des interpersonellen Problemlösens.

Anwendung familientherapeutischer Modelle auf spezielle Problembereiche. Familientherapeutische Modelle wurden in den letzten Jahren auf spezielle Themen- und Problembereiche ausgearbeitet und spezifiziert; dazu gehört unter anderem z.B.
- die Anwendung von familientherapeutischen Konzepten auf die Verhaltensmedizin und Psychosomatik (Altmeyer & Kröger, 2003),
- die familientherapeutische Arbeit bei Traumatisierung,
- die Arbeit mit Flüchtlingsfamilien und mit Familien, die Gewalt erfahren haben und
- familienorientierte Programme zur Prävention von psychischen Störungen bei Kindern und Jugendlichen.

Ausarbeitung und Weiterentwicklung von vorhandenen Methoden. Spezielle Arbeitsmodelle wurden weiter ausgearbeitet und neu in Einrichtungen implementiert. Dazu zählt z.B. die Arbeit mit Multi-Familiengruppen, wo also mehrere Familien in unterschiedlichen Konstellationen (nur Eltern, Eltern und Kinder) zusammengefasst werden. Hier in Deutschland wurde dieser Ansatz von M. Scholz weiterentwickelt und evaluiert.

5 Empirische Orientierung

Trotz ihrer Verbreitung sind familientherapeutische Arbeitsformen noch nicht hinreichend empirisch überprüft. Dazu kommt, dass sich die vorhandenen Studien auf einige wenige familientherapeutische Modelle konzentrieren. Die Mehrzahl der in den einschlägigen Journalen beschriebenen Arbeitsformen sind bisher überhaupt noch nicht in methodisch qualifizierten kontrollierten Studien evaluiert. Gleichwohl ist auch hier in den letzten Jahren ein deutlicher Aufwärtstrend zu beobachten.

Die empirische Erkenntnislage zur Wirksamkeit und zu den Wirkmechanismen der Familientherapie hat sich in den letzten Jahren deutlich verbessert (Sexton et al., 2004), die Ergebnisse der Therapieforschung werden mehr zur Kenntnis genommen und die empirische Therapieevaluation und Qualitätssicherung wird auch im systemisch orientierten Sektor zunehmend akzeptiert (z.B. Grünwald et al., 1999).

Bezüglich der Wirksamkeit familientherapeutischer Interventionen wurde die aktuelle Forschungslage von mir an anderer Stelle zusammengefasst (Mattejat, 2004, 2005 a, b); auf dem heutigen Kenntnisstand können wir Folgendes festhalten: Für eine Reihe von psychischen Störungen bei Kindern und Jugendlichen (insbesondere: Oppositionelle Verhaltensstörungen, dissoziale Verhaltensstörung und Delinquenz bei Kindern und Jugendlichen, Drogenmissbrauch, Essstörungen; mit Einschränkungen: psychotische Erkrankungen und introversive Störungen) ist die Wirksamkeit von bestimmten familienorientierten Interventionsmodellen bestätigt. Es sind

- psychoedukative Modelle,
- kognitiv-behaviorale Elterntrainings und
- einige spezielle familientherapeutische Modelle im engeren Sinne, d.h. Therapiemodelle, bei denen die Familie als System in den Blick genommen wird.

Bei den familientherapeutischen Modellen im engeren Sinne handelt es sich um solche Therapiemodelle, bei denen kognitiv-behaviorale und systemorientierte Konzepte und Methoden verbunden werden (z.B. multisystemische Therapie) bzw. Modelle, die in der Art ihrer Interventionen eine gewisse Ähnlichkeit bzw. Nähe zu kognitiv-behavioralen Methoden aufweisen (strukturelle, strategische und kurzzeittherapeutische Ansätze). Für viele andere Methoden (z.B. psychoanalytische Therapie, Varianten systemischer, narrativer und konstruktivistischer Therapien) liegen noch keine hinreichenden Wirksamkeitsnachweise aus kontrollierten Studien vor.

Darüber hinaus können wir festhalten, dass eine Reihe von Befunden darauf hindeutet, dass familientherapeutische Ansätze im engeren Sinne folgende Vorteile haben (vgl. Sexton et al., 2004; Cotrell & Boston, 2002):

- Im Gegensatz zum einfachen therapeutischen Verhaltenstraining gelingt es in familientherapeutischen Ansätzen häufig besser, die Familie überhaupt in eine Therapie zu involvieren und die Abbruchrate niedriger zu halten. Es gibt außerdem Hinweise, dass die Zufriedenheit bei den familientherapeutischen Behandlungen höher ist als bei anderen Interventionsformen.
- Wir haben eine Reihe von Hinweisen, dass die positiven Effekte einer familientherapeutischen Behandlung über die Zeit hinweg stabil bleiben und sogar ansteigen; d.h. ein Vorteil von familientherapeutischen Interventionen liegt möglicherweise in ihrer Nachhaltigkeit.
- Schließlich kommt dazu, dass wir im Bereich der Elterntrainings und der familientherapeutischen Interventionen bereits einige Untersuchungen haben, die uns Aufschluss darüber geben, über welche Mechanismen die Therapie ihre Wirkungen entfaltet (s. Weersing & Weisz, 2002): Die Befunde bei der Therapie von dissozialen Störungen sprechen dafür, dass die symptomatische Verbesserung bei den Jugendlichen (Reduktion der dissozialen Verhaltensweisen) über familiäre Prozessvariablen vermittelt wird. Das heißt, der patientenbezo-

gene Therapieerfolg ist signifikant korreliert mit der Verbesserung der elterlichen Beaufsichtigung des Patienten, mit einer Verbesserung der elterlichen Erziehungspraktiken und einer allgemeinen Verbesserung der Familienfunktionen, die sich in einer Veränderung des affektiven Umgangstons, einer Erhöhung der familiären Kohäsion und einer klareren Abgrenzung der Familiensubsysteme zeigt.

Diese Befunde sprechen dafür, dass das familiäre Funktionieren tatsächlich als Mediator im Hinblick auf den Therapieerfolg zu betrachten ist. Dieser Befund ist in zweierlei Hinsicht von Bedeutung:

▸ Zum einen liegen bisher nur sehr wenige Erkenntnisse darüber vor, wie bei Kindern und Jugendlichen der Therapieprozess mit dem Ergebnis verkoppelt ist. Weersing und Weiss kommen zum Schluss, dass die Erkenntnisse über therapeutische Mechanismen bei der Therapie von Jugendlichen bei Studien mit eltern- und systemfokussierten Interventionen am Vollständigsten bzw. am Klarsten sind.

▸ Durch diese Erkenntnisse und über die Veränderungsmechanismen wiederum wird verständlich, dass familientheoretische Interventionen bei Kindern mit oppositionellen Verhaltensstörungen und bei dissozialen Jugendlichen günstigere längerfristige Effekte aufweisen können als andere Interventionsformen (höhere Stabilität bzw. Nachhaltigkeit der Therapieeffekte).

6 Familientherapie als Komponente eines Behandlungsprogramms

Der Trend zur evidenzbasierten Medizin, zur Identifikation von empirisch gestützten Behandlungen hat dazu geführt, dass wir heute über störungsspezifische Behandlungsprogramme verfügen, die sich als wirksam erwiesen haben und die jeweils mehrere Komponenten beinhalten. Diese Behandlungsprogramme beziehen sich jeweils auf eine Diagnose oder auf eine spezifische Problemkonstellation und umfassen in der Regel mehrere Komponenten (Komponentenmodell). Mit dieser Entwicklung verliert ein methodenzentrierter Zugang an Bedeutung.

Dieser allgemeine Trend hat sich natürlich auch auf die Familientherapie ausgewirkt. Familientherapie wird immer weniger als eine Behandlungsmöglichkeit gesehen, die alternativ zu anderen Therapiemöglichkeiten etwa der Verhaltenstherapie aufgegriffen werden kann: Familientherapie ist keine Behandlungs*alternative,* sondern vielmehr eine Behandlungs*komponente*, die gemeinsam mit anderen Komponenten genutzt werden sollte. Familienorientierte Interventionen sind Teil eines Behandlungspaketes, das eine pharmakotherapeutische, eine individuelle psychotherapeutische, eine familientherapeutische und eine umfeldorientierte Komponente enthalten kann. Dabei ist die Arbeit mit Familien nicht starr auf eine bestimmte Konstellation festgelegt – etwa gemeinsame Sitzungen mit der ganzen Familie –, sondern die personelle Zusammensetzung der Therapiesitzungen wird zunehmend flexibler gehandhabt. Dieser Trend zu einer am Störungsbild orientierten Behandlung wird zumindest von einigen Autoren innerhalb der systemisch orientierten Therapierichtung gesehen. Diagnosen werden nicht mehr pauschal abgelehnt, sondern diagnostische Konzepte und Störungskonzepte werden in die Arbeit integriert (Spitczok von Brisinski, 2005).

Wenn wir nun die empirisch bestätigten Behandlungskonzepte genauer betrachten, wird deutlich, dass in den störungsspezifischen Behandlungsprogrammen sehr viele familienorientierte Interventionen „versteckt" sind. Aufgrund der Übersicht von Carr (2000) und vergleichbaren Zusammenstellungen (Fonagy et al., 2002) können wir zum folgenden Schluss kommen: Die überwiegende Mehrzahl der empirisch bestätigten störungsspezifischen Behandlungskonzepte für Kinder und Jugendliche beinhaltet auch eine Eltern- oder Familienkomponente als wesentlichen Bestandteil. Die Bedeutung der Eltern-/Familienkomponente ist dabei recht unterschiedlich, sie hängt ab vom Störungsbild und vom Alter des Kindes:

- Bei extraversiven Störungen (Störung des Sozialverhaltens) steht die Eltern-/Familienkomponente im Zentrum, sie ist unabdingbar. Familientherapeutische und multisystemische Konzepte sind empirisch klar bestätigt und allen anderen, insbesondere individuell ausgerichteten Behandlungskonzepten überlegen.
- Bei introversiven Störungen steht die Eltern- und Familienkomponente teilweise im Zentrum der Behandlung (z.B. bei Schulverweigerung); bei anderen Störungen (z.B. sonstigen Angststörungen) stehen eher patientenorientierte Interventionen im Vordergrund und werden durch familienorientierte Interventionen ergänzt.
- Die Bedeutung der Eltern- und Familienkomponente sinkt mit dem Alter der Kinder. Im Vorschul- und Grundschulalter ist die elternbezogene Arbeit bedeutsamer, in der mittleren und späteren Adoleszenz nimmt die Eltern- und Familienkomponente eine geringere Bedeutung ein.

7 Kognitiv-behaviorale Familientherapie

Durch die Rezeption der Ergebnisse der psychotherapeutischen Wirksamkeitsforschung und durch die Verbreitung der störungsspezifischen Behandlungsmodelle wurde die Bedeutung von kognitiv-behavioralen Modellen der Familientherapie gestärkt. Wirksame familienbezogene Therapieansätze werden explizit als Verhaltenstherapie verstanden oder angeboten (Elterntraining, psychoedukative Ansätze, funktionale Familientherapie) oder es sind Therapiemodelle, bei denen kognitiv-behaviorale und systemorientierte Konzepte und Methoden verbunden werden (z.B. multisystemische Therapie), bzw. Modelle, die in der Art ihrer Interventionen eine gewisse Ähnlichkeit bzw. Nähe zu kognitiv-behavioralen Methoden aufweisen (strukturelle, strategische und kurzzeittherapeutische

Ansätze) und die sehr gut in die Verhaltenstherapie integriert oder mit verhaltenstherapeutischen Methoden kombiniert werden können. Hierzu zählen auch eine Reihe von Methoden, die im Kontext der systemischen Therapie entwickelt wurden (z.B. Kurzzeittherapie nach de Shazer, 1997).

Vor dem Hintergrund dieser Erkenntnislage sind in den letzten Jahren vielfältige Initiativen erkennbar, den familientherapeutischen Arbeitsformen innerhalb der Verhaltenstherapie mehr Bedeutung zu verleihen, die interessanten und wirksamen familienorientierten Methoden in ein schlüssiges Konzept einzubinden und so die Konturen einer kognitiv-behavioralen Familientherapie herauszuarbeiten, d.h., Therapiemodelle zu entwickeln, in denen kognitiv-behaviorale und systemische Gesichtspunkte miteinander verbunden werden (z.B. Sulz & Heekerens, 2002).

Tabelle 6.1. Beispiele für kognitiv-behaviorale familientherapeutische Ansätze

Beispiele für Elterntrainings

Das Triple p Programm	Markie-Dadds et al. (2003)
The incredible Years Parent, teachers, and children training series.	Webster-Stratton & Reid (2003) Äußerst umfangreiches, gut ausgearbeitetes und teures Programm für Eltern, Lehrer, Kinder.
Improving Mother/child Interaction To Promote Better Psychosocial Development in Children	WHO-Programm zur Verbesserung der Mutter-Kind-Interaktion (6 Sitzungen): http://www.who.int/entity/mental_health/media/en/29.pdf.

Beispiel für psychoedukative Familienarbeit

Psychoedukative Familienintervention PEFI	Berger et al. (2004)

Beispiele für kognitiv-behaviorale Familientherapien

Multisystemische Therapie	Henggeler et al. (1998)
Behaviorale Familientherapie BFT	Mueser & Glynn (1999)
Funktionale Familientherapie FFT	Sexton & Alexander, 2000; Heekerens, 2002
Multidimensionale Familientherapie MDFT	Liddle (2001) Ambulantes familientherapeutisches Programm speziell bei Drogenmissbrauch von Jugendlichen

Wenn man die in ihrer Wirksamkeit bestätigten Arbeitsformen genauer betrachtet, dann sind unschwer ähnliche Prinzipien und vergleichbare Grundbestandteile erkennbar. Wirksame Hilfestellungen für Familien umfassen folgende Aufgaben (vgl. Mattejat, 2002, 2004, 2005b):
- eine fachlich fundierte und differenzierte Beratung,
- die Gestaltung einer therapeutischen Beziehung, in der die Eltern bzw. die Familie Vertrauen und eine positive Erwartung entwickeln können, so dass eine zielgerichtete Zusammenarbeit ermöglicht wird,
- die Aktivierung der familiären Ressourcen zur Lösung der anstehenden Probleme,
- die Anregung von Veränderungen im kognitiv-emotionalen Bereich und
- die konkrete Anleitung zur Bewältigung der aktuellen Probleme.

Diese Aufgaben werden – jeweils abhängig von der speziellen Problemkonstellation im Einzelfall – unterschiedlich zu gewichten sein. In fast allen Fällen ist eine qualifizierte Beratung sinnvoll. Zu ihr gehören die Darstellung der Hauptergebnisse mit Diagnosen, Informationen über das Störungsbild und häufige Reaktionen der Patienten selbst, der Eltern/Familien (z.B. Entmutigung etc.) und des Umfeldes, die Darstellung der prognostischen Informationen (Veränderungs-, Entwicklungs-, Therapieaussichten), Angaben zu den Interventionsnotwendigkeiten, den Therapiemöglichkeiten und sonstiger Hilfemöglichkeiten, eine Erläuterung der Anforderungen (z.B. Mitarbeit), die im Rahmen einer möglichen Therapie an die Patienten und die Familien gestellt werden, und die Darstellung der aus Sicht der Diagnostiker noch ungeklärten Fragen. Die therapeutischen Methoden können bei Mattejat (2004) nachgelesen werden.

Literatur

Altmeyer, S. & Kröger, F. (2003). Theorie und Praxis der Systemischen Familienmedizin. Göttingen: Vandenhoeck & Ruprecht.

Arbeitsgemeinschaft der Wissenschaftlichen Medizinischen Fachgesellschaften (AWMF) (2000). Leitlinie der Konferenz der leitenden Fachvertreter für Psychosomatische Medizin und Psychotherapie an den Universitäten der Bundesrepublik Deutschland im Einvernehmen mit den Fachgesellschaften DGPM, DGPT, AÄGP und DKPM: Paar- und Familientherapie. http://www.uni-duesseldorf.de/WWW/AWMF/ll/051-025.htm [23.02.2005]

Ärztekammer Schleswig-Holstein (2001). Stellungnahme zum Zweitverfahren systemische Therapie und Familientherapie. Schleswig-Holsteinisches Ärzteblatt, 11, 61. http://www.aeksh.de/shae/200111/h01b061b.htm [20.02.2005]

Berger, H., Friedrich, J. & Gunia, H. (2004). Psychoedukative Familienintervention. Stuttgart: Schattauer.

Carr, A. (2000). What works for Children and Adolescents? London: Routledge.

Cotrell, D. & Boston, P. (2002). Practitioner Review: The effectiveness of systemic family therapy for children and adolescents. Journal of Child Psychology and Psychiatry, 43, 573–586.

de Shazer, S. (1997). Muster familientherapeutischer Kurzzeit-Therapie. Paderborn: Junfermann.

Deutsche Gesellschaft für Systemische Therapie und Familientherapie (DGSF) (2003).

Stellungnahme der DGSF zum Thema „Familienaufstellungen". Februar 2003; Zuletzt verändert: 13.04.2004; http://www.dgsf.org/themen/berufspolitik/hellinger.htm/view [23.02.2005]

Fonagy, P., Target M., Cotrell, D., Phillips, J. & Kurtz, Z. (Hrsg.). (2002). What works for whom? A Critical Review of Treatments for Children and Adolescents. London, New York: The Guilford Press.

Freeman, J., Epston, D. & Lobovits, D. (2000). Ernsten Problemen spielerisch begegnen. Narrative Therapie mit Kindern und ihren Familien. Dortmund: Verlag modernes Lernen.

Grünwald, H.S., Hegemann, U., Eggel, T. & Anthenien, L. (1999). Ergebnisqualität systemischer Therapie. System Familien, 12, 17–24.

Heekerens, H.P. (2002). Die funktionale Familientherapie. In S.K.D. Sulz & H.P Heekerens (Hrsg.), Familien in Therapie. Grundlagen und Anwendung kognitiv-behavioraler Familientherapie (S. 159–184). München: CIP-Medien.

Henggeler, S.W., Schoenwald, S.K., Borduin, C.M., Rowland, M.D. & Cunningham, P.B. (1998). Multisystemic treatment of antisocial behaviour in children and adolescents. New York, London: The Guilford Press.

Jänicke, W. & Borg-Laufs, M. (2001). Systemische Therapie und Verhaltenstherapie. In M. Borg-Laufs (Hrsg.), Lehrbuch der Verhaltenstherapie mit Kindern und Jugendlichen. Band 2, Interventionsmethoden (S. 657–726). Tübingen: Dgvt-Verlag.

Liddle, H.A. (2001). Multidimensional Family Therapy (MDFT). Behavioral therapies development program – effective drug abuse treatment approaches. http://www.nida.nih.gov/BTDP/Effective/Liddle.html [23.02.2005]

Markie-Dadds, C., Sanders, M.R. & Turner, T.K.M. (2003). Das Triple P Elternarbeitsbuch. Der Ratgeber zur positiven Erziehung mit praktischen Übungen. PAG Institut für Pychologie. Münster: Verlag für Psychotherapie.

Mattejat, F. (2002). Zusammenarbeit mit Familien bei psychischen Problemen von Kindern und Jugendlichen. In M. Wirsching & P. Scheib (Hrsg.), Paar- und Familientherapie (S. 565–580). Berlin: Springer.

Mattejat, F. (2004). Wozu Familientherapie? In Schulte-Markwort, M. & Resch, F. (Hrsg.), Trauma – Stress – Konflikt. Langeooger Texte zur Psychotherapie im Kindes- und Jugendalter, Band 2. (S. 63–86). Stuttgart: Schattauer.

Mattejat, F. (2005a). Evidenzbasierte Prinzipien und Grundkomponenten familientherapeutischer Interventionen bei psychischen Störungen von Kindern und Jugendlichen. Kindheit und Entwicklung, 14 (1), 3–12.

Mattejat, F. (2005b). Familientherapie in der Verhaltenstherapie. Verhaltenstherapie und Verhaltensmedizin, 26 (Sonderheft 1), 40–62.

Mueser, K.T. & Glynn, S.M. (1999). Behavioral family therapy for psychiatric disorders (2nd ed.). Oakland, CA: New Harbinger Publications Inc.

Schorn, B. (2005). Persönliche Mitteilung über Ausbildungszahlen der systemischen Ausbildungsinstitute. E-Mail vom 16.02.2005.

Sexton, T.L. & J.F. Alexander (2000). Functional family therapy. Juvenile Justice Bulletin. http://www.ncjrs.org/html/ojjdp/jjbul2000_12_4/contents.html [23.02.2005]

Sexton, T.L., Alexander, J.F. & Mease A.L. (2004). Levels of Evidence for the Models and Mechanisms of Therapeutic Change in Family and Couple Therapy. In M.L. Lambert (Ed.), Bergin and Garfield's Handbook of Psychotherapy and Behavior Change (pp. 590–646). New York: John Wiley & Sons.

Spitczok von Brisinski, I. (2005). Systemische Therapie bei umschriebenen psychischen Störungen und Krankheiten. Ein nach ICD-10 sortiertes Literaturverzeichnis. http://www.systemisch.net/Literaturliste/_Start.htm [23.02.2005]

Sulz, S.K.D. & Heekerens, H.P. (Hrsg.). (2002). Familien in Therapie. Grundlagen und Anwendung kognitiv-behavioraler Familientherapie. München: CIP-Medien.

Theilmann-Braun, C., Römer-Wolf, B. & Bastine, R. (2003). Vom Beziehungskrampf zu Verhandlungen über Alltägliches. Das Strukturierte Konfliktgespräch für Paare (SKG-P). Familiendiagnostik, 28, 338–355.

Webster-Stratton, C. & Reid, M.J. (2003). The Incredible Years Parents, Teachers, and Children Training Series: A Multifaceted Treatment Approach for Young Children with Conduct Disorder. In A.E. Kazdin & J.R. Weisz (Eds.), Evidence-Based Psychotherapies for Children and Adolescents (pp. 101–119). New York: The Guilford Press.

Weersing, V.R. & Weisz, J.R. (2002). Mechanisms of action in youth psychotherapy. Journal of Child Psychology and Psychiatry, 43, 3–29.

Wissenschaftlicher Beirat Psychotherapie (1999). Gutachten zur systemischen Therapie als wissenschaftliches Therapieverfahren. Köln, den 29.9.99; Prof. Dr. J. Margraf (Vorsitzender); Prof. Dr. S.O. Hoffmann (Stellv. Vorsitzender); http://www.wbpsychotherapie.de/ [23.02.2005].

Wood, B.L. (Ed.). (2002). Attachment and family systems. Family Process, 41 (3), 283–556.

Wynne, L.C. (1988a). An Overview of the State of the Art: What Should Be Expected in Current Family Therapy Research. In L.C. Wynne (Ed.), The State of the Art in Family Therapy Research. Controversies and Recommendations. New York: Family Process Press.

Wynne, L.C. (1988b). Zum Stand der Forschung in der Familientherapie: Probleme und Trends. System Familie, 1, 4–22.

7 Spieltherapie

Stefan Schmidtchen

1 Einleitung

Die Spieltherapie ist eine psychologische Behandlungsmethode für Kinder im Alter von ca. drei bis zwölf Jahren. Sie strebt die Förderung von seelischen Gesundheits- bzw. Entwicklungsprozessen an sowie die Heilung von psychischen Erkrankungen. Da sie von einem biopsychosozialen Ätiologiekonzept ausgeht, ist die kindzentrierte Spielbehandlungin eine begleitende Familientherapie bzw. Elternberatung sowie in eine Soziotherapie (z.B. im Kindergarten oder in der Schule) und u.U. eine Pharmakotherapie einzubetten.

Charakteristika des heilungsfördernden Spiels

Das primäre Kommunikationsmedium in der Spieltherapie ist mit ca. 90 % der 45-minütigen Basistherapiezeit das intrinsisch motivierte, entwicklungs- und heilungsfördernde Spiel. Es ist durch folgende Komponenten gekennzeichnet (vgl. Schmidtchen, 1999b, 2001a):

- Das Angebot einer umfangreichen Spielzeugauswahl zur Aktivierung und Inszenierung von wichtigen Grundbedürfnissen und Entwicklungsaufgaben,
- die intrinsische Motiviertheit des vom Patienten selbst ausgewählten und gestalteten Spielthemas,
- die Förderung der emotionalen und gedanklichen Prozesse der Spieltätigkeit des Kindes durch eine aktive Anteilnahme des Therapeuten am inneren Geschehen des Patienten,
- die Wertschätzung der Person des Kindes und die Unterstützung einer hoffnungsvollen und angenehmen Spielstimmung, um Ressourcen zu Selbstheilungsprozessen freizusetzen und Spielabbrüche oder Lernblockaden zu vermeiden,
- die gemeinsame Konzentration des Kindes und Therapeuten auf Problembereiche und Entwicklungsstrebung in den Spielhandlungen, die Ausdruck des dem Spiel zu Grunde liegenden inneren Drehbuches bzw. emotionalen Schemas sind,
- das kindzentrierte Mitspielen des Therapeuten zum Zwecke einer ergänzenden Partnerschaft und therapeutischen Hilfe zur Bewältigung von Problemsituationen und Erreichung von Entwicklungszielen,
- die Betonung der Quasi-Realität der Spielhandlung, um die emotionale und kognitive Gestaltungsbreite des Patienten bei der probeweisen Umsetzung seiner Schemakomponenten im Spiel zu erhöhen.

Begleitende Familientherapie

In der begleitenden Familientherapie bzw. Elternberatung ist zu gewährleisten, dass die auf der Spielebene stattgefundenen Schemakorrekturen bzw. -erweiterungen auch auf die Realitätsebene des familiären Milieus oder in der Schule (u.U. in der begleitenden Soziotherapie) übertragen werden. Des Weiteren sollen etwaig vorhandene psychosoziale Risikofaktoren in der Umwelt abgebaut und gesundheits- und entwicklungsfördernde Schutzfaktoren gestärkt werden. (Näheres zur die Spieltherapie begleitende Familientherapie s. Schmidtchen, 2001 a.)

2   Zielkonzept

Der Kinderpatient wird in der Spieltherapie als ein eigenverantwortlich handelnder Mensch gesehen und nicht als ein passiv reagierender Patient oder ein abhängiges Kind. Sein Spielverhalten wird als das Bemühen verstanden, auf der Quasi-Realitätsebene des von ihm gestalteten Spielgeschehens basale Grundbedürfnisse und Entwicklungsaufgaben zu verwirklichen. Die Therapie dient vorrangig der Korrektur und Erweiterung seiner Schemata zur Befriedung vitaler Grundbedürfnisse und zum Führen eines gesunden seelischen Lebens. Wissenschaftlich wird die moderne Spieltherapie von entwicklungs- und emotionspsychologischen, informationstheoretischen, klientenzentrierten, tiefenpsychologischen und behavioral-kognitiven Therapiekonzepten beeinflusst (vgl. Fahrig, 1996; Rudolf, 1996; Grawe, 1998, 2004; Sachse, 1999; Schmidtchen, 2001a; Streeck-Fischer, 2002; Kröner-Herwig, 2004).

Aufgrund des starken Selbstbestimmungs- und Selbstlenkungseinflusses, der dem Kinderpatienten in der Spieltherapie zugestanden wird (vgl. Axline, 1997), ist das Direktivitätsverhalten des Therapeuten im Vergleich zu seinen Beeinflussungshandlungen in der Verhaltenstherapie eingeschränkt. In der orthodoxen Spieltherapie wurde deshalb auch von einer nicht-direktiven Spieltherapie gesprochen (vgl. Tausch & Tausch, 1956; Goetze & Jaede, 1974). Die Nicht-Direktivitätsstrategie gilt heute auch noch bezüglich der Spielthemen- und Spielzeugauswahl. Sie ist erforderlich, um die Aktivierung und Ausgestaltung von intrinsisch-motivierten emotionalen Schemata zur Bedürfnisbefriedigung zu gewährleisten.

Emotionale Schemata

Nach Greenberg et al. (1993, S. 5) sind emotionale Schemata „internal synthesizing structures that preconsciously process a variety of cognitive, affective and sensory sources of information to provide our sense of personal meaning". Es sind „komplexe, synthetisierende Strukturen, die die *Motivation* (in Form von Bedürfnissen, Sorgen, Absichten und Zielen) mit *Affekten* (in Form von physiologischen Gefühlsaufwallungen und sensorischen, körperlichen Gefühlen) und *Handlungen* (in Form von expressiv-motorischen Reaktionen und aktionistischen Tendenzen) verknüpfen" (s. Sachse, 1999, S. 46 ff). Emotionale Schemata bestehen aus zielgerichteten, auf die Umwelt abzielenden basalen Handlungsprogrammen, die zur Befriedigung von Grundbedürfnissen dienen und Hinweise für das Anwendungsspektrum der Handlungen und deren Ausführung geben. Die Schemata werden durch verschiedene motivations- und affektstimulierende Hinweisreize aktiviert und leiten die Ausführung der Bedürfnisbefriedigung im Rahmen der ebenfalls im Muster codierten spezifischen Umwelterwartungen.

Störungen. Bezogen auf die Schemata ergeben sich zahlreiche *Störungsmöglichkeiten* für eine gesunde Planung und Realisierung der Bedürfnisbefriedigung. Eine Störungsmöglichkeit besteht darin, dass die emotionsstimulierten Hinweisreize korrigiert werden müssen oder dass die Emotionen, mit denen die Hinweisreize beantwortet werden, zu intensiv oder unangemessen sind. Eine andere Fehlerquelle kann in einer zu rigiden Handlungsdirektive des Schemas bestehen bzw. in einer zu geringen Differenziertheit von Beantwortungsmöglichkeiten zur Bewältigung von komplexen Problemsituationen und Entwicklungsanforderungen. Durch die vorrangige Betonung des emotionalen Aspektes des Schemas bekommt die Arbeit an den Motiven, Affekten und gefühlsmäßigen Bewertungen des Kindes und deren Verknüpfung mit Kognitionen und sinnbildenden Prozessen eine herausragende Bedeutung in der Spieltherapie.

Erfahrungsmachendes Lernen

Als weiteres Interventionsziel wird die Förderung des erfahrungsmachenden Lernens angestrebt (vgl. Rogers, 1974; Schmidtchen, 2001a). Es ermöglicht eine enge Verzahnung von motivationalen, emotionalen, kognitiven und motorisch-aktionalen Prozessen und fördert die natürliche Freude des Kindes am Entdecken, sensorischen Erfassen, emotional-kognitiven Gestalten und der persönlichen Sinngebung. Um dieses Lernen optimal zu unterstützen, bestimmt der Kinderpatient, welche Schemata zur Bedürfnisbefriedigung und Selbstverwirklichung er in der Spieltherapie korrigieren oder erweitern will; und um bei diesem Geschehen alle möglichen Ressourcen zu aktivieren, sorgt der Therapeut für eine lernstimulierende und angstfreie Spielstimmung (vgl. Piaget, 1969; Schmidtchen, 1999 b).

Prozessleitende Hilfen

Neben der Nichtdirektivitäts-Strategie wendet der Therapeut in der modernen Spieltherapie aber auch prozessleitende Hilfen an (s. Abschnitt 3). Ihr Einsatz ist dann erforderlich, wenn der Patient in seinen Spielinszenierungen Motive verfolgt, die nicht entwicklungs- oder heilungsfördernd sind oder wenn er die zugrunde liegenden Drehbücher nicht gesundheitsfördernd bzw. störungsabbauend bearbeitet. Der Therapeut versucht dann, durch Vorschläge, Mitspielaktivitäten, Fokussierungshilfen, Erfahrungsvertiefungen, kritisches Hinterfragen, Grenzsetzungen etc. das Spielverhalten des Patienten so zu beeinflussen, dass es konstruktiver wird. Gelingt dies dem Patienten nicht, so ist die Durchführung einer Spieltherapie nicht sinnvoll. Um dem Dilemma eines vorzeitigen Behandlungsabbruches zu entgehen, wird vor jeder Behandlung ein *Probezeitraum* von ca. drei bis vier Spielkontakten vereinbart, in dem das Kind die Grundzüge der Patientenaufgaben und Spielnutzung erproben und sich der Therapeut auf das Kind einstellen kann. Haben Kind und Therapeut danach den Eindruck, dass sie die nächsten Therapiemonate erfolgsorientiert verbringen können, dann beginnt der bindende Therapiekontrakt. Erscheint hingegen eine Spieltherapie im Moment als nicht Erfolg versprechend, dann kann u.U. versucht werden, die Therapieziele im Rahmen einer Familientherapie bzw. Elternberatung anzustreben und die Spieltherapie später durchzuführen.

Effektivität

Aus den Ausführungen zur Mitarbeit des Kindes wird ersichtlich, dass ein Spieltherapiekontakt nicht mit einer Freispielsituation des Kindes oder einem Eltern-Kind-Spiel vergleichbar ist, denn das Kind und der Therapeut haben in der Spielbehandlung klar definierte krankheitsbeseitigende und entwicklungsfördernde Aufgaben erfolgsorientiert zu bewältigen. Wie neuere Effektivitätsuntersuchungen zeigen (s. Beelmann & Schneider, 2003), ist die klientenzentrierte Spieltherapie neben der Verhaltenstherapie ein ausreichend evaluiertes Verfahren, das besonders für die Behandlung von jüngeren Kindern mit gemischten oder unklaren psychischen Störungen indiziert ist. Durch die regelhafte Kombination der Spieltherapie mit einer Familientherapie bzw. Elternberatung und durch die Ergänzung des nicht-direktiven Therapeutenverhaltens mit prozessleitenden Hilfen ist es gelungen, die ursprünglich niedrigen Effektstärkewerte (ES-Werte) für rein nicht-direktive Therapien von ES = 0,15 – 0,56 (vgl. Weisz et al., 1995; Döpfner & Lehmkuhl, 2002; Heekerens, 2002) auf ES = 1,58 zu erhöhen (s. Schmidtchen, 2001 b). Dabei werden in der diesbezüglichen Effektivitätsstudie von Schmidtchen et al. (1993) vorwiegend kombinierte internalisierende Angst- und Emotionsstörungen mit externalisierenden Störungen des Sozialverhaltens oder Hyperkinetischen Störungen erfolgreich behandelt (vgl. Aster et al., 1994).

Kompetenzen zur Selbstentwicklung

Bezüglich der Verbesserungen von Kompetenzen zur Selbstentwicklung sind in diversen Studien folgende Effekte aufgetreten (s. Schmidtchen, 2002):

- Eine größere Differenziert- und Bewusstheit des Wahrnehmungsverhaltens,
- ein verbessertes emotionales Wohlbefinden, mit einem besseren Ausdruck von Angst- und Ärgergefühlen und einer Abnahme von emotionaler Labilität,
- eine differenziertere Körperwahrnehmung mit einer motorischen Funktionsverbesserung und Reduzierung von Spannungen,
- eine intensivere Gestaltung von Entwicklungsvisionen und kreativere Lösung von Problemen,
- eine Erhöhung der Testintelligenz und Steigerung der schulischen Leistungsfähigkeit,

- eine Optimierung der Selbstwirksamkeit und eine größere Akzeptanz durch andere,
- eine Reduzierung von neurotischen Abwehrmechanismen (z.B. in Form von Abspaltungen, Projektionen, Identifikationen mit dem Angreifer etc.).

Da die genannten Effekte in der Regel innerhalb des Therapiesettings durch einen Vergleich der Verlaufsdrittelwerte (erstes gegen drittes Therapiedrittel) erfasst worden sind, bedürfen sie einer Gegenvalidierung außerhalb des Therapiesettings. Eine Ausnahme stellen die gefundenen Verbesserungen der Testintelligenz und Schulnoten dar.

3 Interventionskonzept

Um effektiver störungsspezifisch intervenieren zu können, muss die Spieltherapieforschung intensiver als in der Vergangenheit an einer theoretischen Verknüpfung des Störungs- mit dem Gesundheits- bzw. Entwicklungskonzept arbeiten. Dadurch soll es ermöglicht werden, den aktuellen Spielinszenierungsprozess des Patienten dahingehend zu beeinflussen, dass der Patient erfolgreicher als bisher an *den* gesundheitsfördernden Schemata arbeitet, die zu einer Aufgabe seines gestörten Verhaltens führen. Zu diesem Zwecke muss der Schemaansatz so erweitert werden, dass mit ihm auch die Pathogenese von seelischen Erkrankungen bei Kindern erklärt werden kann.

Störungen der Handlungsschemata. Aufgrund der Erfahrungen mit schematheoretischen Analysen des gestörten seelischen Verhaltensflusses von Kindern innerhalb und außerhalb der Spieltherapiesituation hat sich die Erkenntnis durchgesetzt, dass die Kinder in der Regel dann ein gestörtes seelisches Verhalten in Richtung der Symptome der ICD-10 oder des DSM-IV zeigen, wenn es ihnen aus den unterschiedlichsten externen oder internen Gründen nicht möglich ist, ihre schemaspezifischen Bemühungen um ein situationsadäquates, gesundes Verhalten erfolgreich zu Ende zu führen. Bezogen auf die behindernden internen Gründe mangelt es ihnen häufig an einer differenzierten Ausformung ihrer Handlungsprogramme unter Störbedingungen sowie an einer durchgehend stabilen Selbstüberzeugung bei der Vertretung eigener Interessen bei der Programmgestaltung. Aufgrund von Minderwertigkeitsgefühlen orientieren viele Kinder ihre Programmparameter zu stark an den Interessen anderer und kommen dadurch zu konflikthaften Inkongruenzerlebnissen mit ihren eigenen Ansprüchen und Bedürfnissen. Diese Erlebnisse lösen in der Regel Angst- oder Wutaffekte aus, die ihrerseits auf der Verhaltensebene ein krankheitswertiges Störungsverhalten entwickeln und den Ablauf der ursprünglichen Handlungsschemata unterbrechen. Wenn Kommunikationspartner des Kindes dann auch noch einen verstärkenden Bezug auf die Symptome des Störungsverhaltens nehmen – und nicht auf eine Weiterführung der ursprünglichen Handlungsabsicht –, dann wird das Störverhalten unterstützt und kann sich langfristig als ein eigenständiges Störungsmuster in Form von neuronalen Verknüpfungen etablieren (vgl. Grawe, 1998, 2004).

Symptommanifestationen. Glücklicherweise werden differenzierte Störungsmuster in der Psychopathologie von Kindern selten ausgebildet, so dass die für Erwachsene typischen seelischen Erkrankungsmuster im Sinne von ICD-10 oder DSM-IV Symptomen insbesondere bei jüngeren Kindern kaum vorliegen. Stattdessen sind unspezifische Symptommanifestationen mit den vom Kind benutzten emotionalen Schemata des täglichen Lebensvollzuges verknüpft und stellen im Wesentlichen Störungen im situationsadäquaten Ablauf der Schemata dar. Liegen die Störungen jedoch über viele Jahre vor, dann besteht auch bei Kindern die Gefahr der Verselbständigung und des differenzierten Ausbaus der Störungsmuster. In der Spieltherapie ist es nun möglich, die noch nicht verfestigten Störungssymptome durch eine verbesserte Bewältigung der den Schemavollzug unterbrechenden Affekte (häufig Angst- oder Wutreaktionen) zu beseitigen. Dazu müssen die Kinder in der Regel lernen, ihre Affekte besser zu regulieren und sich nicht an einer erfolgreichen Durchführung der ursprünglichen Schemaintention hindern zu lassen oder selbst zu behindern. Auf jeden Fall müssen sie keine besonderen Bewältigungsprozeduren zum Abbau differenzierter Störungsmuster erwerben.

Begleitende Therapien. Die externen Gründe für die kindlichen Störungssymptome und die ineffektive Durchführung der emotionalen Schemata werden in der begleitenden Familientherapie bzw. Elternberatung bearbeitet. Vorrangig werden die Eltern gebeten, sich stärker auf die Unterstützung der intrinsisch-motivierten Handlungsabsichten ihrer Kinder zum Zwecke einer optimalen Bedürfnisbefriedigung zu konzentrieren und weniger auf mögliche affektgesteuerte Störungssignale zur Unterbrechung der Befriedigungshandlungen. Auch werden sie ermuntert, einen größeren Beitrag als bisher zur Förderung eines eigenverantwortlichen, zufriedenen Kinderverhaltens zu leisten und dabei insbesondere das kindliche Streben nach einer sicheren Bindung und erfolgreichen Entwicklungsvollzügen zu unterstützen (vgl. Schmidtchen, 2001a).

Heilungsfördernde Mithilfetätigkeiten des Patienten

Im Folgenden sollen die heilungsfördernden Mithilfetätigkeiten des Kinderpatienten im Rahmen der Spieltherapie beschrieben werden. Wie eine faktorenanalytische Untersuchung des Spielverhaltens von Therapiekindern ergeben hat, sind folgende *vier Faktoren des Selbstheilungsverfahrens* für den Abbau von Störungssymptomen und den Aufbau von Selbstentwicklungskompetenzen bedeutsam (s. Schmidtchen et al., 1995; Schmidtchen, 1999b, S. 396 f):

(1) Das eigenständige Aktivieren von emotionalen und kognitiven Kompetenzen des Problem- und Konfliktlösungsverhaltens.
(2) Das bewusste Wahrnehmen und Zulassen von unangenehmen Gefühlen.
(3) Die Freude am Durchführen eines selbstinitiierten Bindungs- und Sozialverhaltens.

(4) Das Beschäftigen mit inneren Spielprozessen der Selbstoffenbarung, Selbstklärung, Selbstakzeptanz und Selbsterweiterung.

Interventionstechniken des Therapeuten

Eine vergleichbare Analyse der Interventionstechniken des Therapeuten in erfolgreichen Spieltherapien hat auf der Basis von sechzehn Therapien von durchschnittlich 30 Therapiekontakten ergeben, dass sich das *Therapeutenverhalten* durch zwei Faktoren mit folgenden Techniken beschreiben lässt (s. Schmidtchen & Hennies, 1996; Schmidtchen, 1999a, b):

(1) Die personzentrierte Beziehungsgestaltung und das nicht-direktive Intervenieren.
Techniken des Therapeutenverhaltens: Akzeptanz der Bedürfnisse und Affekte des Patienten bezüglich seiner offenen und verdeckten Beweggründe und Bewertungen; Empathie für die Strebungen und Konflikte des Patienten; Echtheit des Therapeutenverhaltens; patientenzentrierte Mitspieltätigkeit des Therapeuten; Ansprechen der Affekte und Bedürfnisse des Patienten; Zeigen von therapeutischer Kompetenz im Rahmen der Nicht-Direktivitätsstrategie (z.B. Förderung des erfahrungsmachenden Lernens; Stimulieren von unterdrückten Bedürfnissen; Abwarten beim Intervenieren; indirektes Fördern von Selbstheilungsressourcen etc.).

(2) Die prozessleitende Problemlösungshilfe und Entwicklungsförderung.
Techniken des Therapeutenverhaltens: indirekte und direkte Hilfe bei der Problembewältigung (z.B. Geben von Informationen; Setzen von Grenzen; Markieren von Konfliktkomponenten; Ermutigung zum Ertragen von unangenehmen Gefühlen; Verdeutlichen von spezifischen Problemlösungswegen etc.); Einbringen von persönlichen Erfahrungen (z.B. Geben von Spielempfehlungen; eigene Gestaltung der Mitspielerrolle; Konfrontieren mit Interpretationen von verdrängten Motiven und Affekten etc.); Zeigen von therapeutischer Kompetenz im Rahmen der prozessleitenden Hilfe (z.B. Berücksichtigung von schematheoretischen Pathogenesekonzepten bei der helfenden Einflussnahme auf das Patientenverhalten; Berücksichtigung von entwicklungspsychologischen Erkenntnissen bei der Stimulierung von unterdrückten Entwicklungsbedürfnissen etc.).

Die Technik „Zeigen von therapeutischer Kompetenz" korreliert in der Faktorenanalyse mit beiden Faktoren und gibt somit kund, dass sie als Basistechnik sowohl Bestandteile des nicht-direktiven als auch prozessleitenden Therapeutenverhaltens ist. Die Technik beinhaltet somit unspezifische interventionsleitende Kompetenzen zur Beeinflussung des Lernverhaltens des Patienten. Eine dieser Kompetenzen ist z.B. die sukzessive Unterstützung der eigenständigen Lernbemühungen des Patienten.

Zusammenfassend lässt sich zum Interventionsverhalten in der modernen Spieltherapie feststellen, dass es zum Erreichen der Therapieziele nicht nur notwendig ist, die Beziehung des Therapeuten zum Patienten durch ein wertschätzendes, einfühlendes und persönlich-kongruentes Verhalten zu gestalten und das erfahrungsmachende Lernen des intrinsisch-motivierten Kinderspiels nicht-direktiv zu begleiten, sondern auch prozessleitende Hilfen zur Problemlösung und Entwicklungsförderung dann zu geben, wenn der Patient mit seinen eigenen Bemühungen nicht weiterkommt. Eine vergleichbare Art der prozessleitenden Hilfe wird auch von Therapeuten anderer Therapieschulen gegeben (z.B. Leuner et al., 1990; Fahrig, 1996; Tinker & Wilson, 2000).

Ausblick
Die zukünftige Forschung zur Spieltherapie sollte in Weiterführung der skizzierten Konzepte den Zusammenhang zwischen emotionalen Schemata und seelischen Krankheitssymptomen bei Kindern untersuchen. Dabei sollte besonders der Entwicklungsprozess der emotionalen Schemata wie auch die Pathogenese der mit den Schemata interferierenden Erkrankungssymptome analysiert werden. Des Weiteren sollten die verschiedenen Bedingungen beforscht werden, die das Selbstheilungsverhalten des Patienten in der Spielbehandlung unterstützen. Hier sind alters- und entwicklungsspezifische Aspekte zu berücksichtigen sowie die Art des Familieneinflusses auf das Kindverhalten. Erst wenn noch deutlicher als bisher das Vorhanden- oder Nichtvorhandensein von therapeutischen Selbsthilfepotentialen des Kinderpatienten erfasst werden kann, lässt sich das Ausmaß der lenkenden oder nicht lenkenden Therapeutenhilfe genauer festlegen.

Generell sollten in der Forschungsarbeit zur Spieltherapie die verschiedenen Therapieschulen analytischer, tiefenpsychologisch fundierter, klientenzentrierter, kognitiv-behavioraler oder familiensystemischer Art kooperativ zusammenwirken, um die zu leistenden Aufgaben sachorientiert gemeinsam zu bewältigen. Empirische Kindertherapieforschung ist sehr zeit- und kostenaufwändig und bedarf deshalb großer Anstrengungen. Dies gilt insbesondere für den deutschen Sprachraum, in dem ein „großer Nachholbedarf an qualitativ hochwertigen Wirksamkeitsuntersuchungen zur Kinder- und Jugendlichenpsychotherapie festgestellt werden" muss (s. Beelmann & Schneider, 2003, S. 140). Dabei sollten sowohl störungsspezifische Konzepte evaluiert werden, als auch – damit kombiniert – gesundheits- und entwicklungsspezifische Zielsetzungen. Generell sollte die Effektivitätsforschung praxisbezogen sein und dem Postulat einer „effectiveness"-Forschung und nicht primär dem einer „efficacy"-Forschung folgen (vgl. Scheithauer & Petermann, 2000).

Als sinnvoll erscheint es auch, die Spieltherapieforschung in den größeren Rahmen einer Forschung zur Klinischen Kinderpsychologie und -psychotherapie einzuordnen und dabei eine Zusammenarbeit der verschiedenen Wissenschaftsrichtungen sowohl aus dem Bereich der Kinder- und Jugendpsychiatrie, Klinischen Psychologie, Entwicklungspsychologie, Pädagogik etc. anzustreben. Vielleicht können die Repräsentanten der deutschen Psychotherapieforschung bei Kindern und Jugendlichen die „Phase der Konkurrenz" (s. Grawe, 1994) überspringen und z.B. im Rahmen der Etablierung einer schulenunabhängigen „Allgemeinen Psychotherapie für Kinder und Jugendliche" (vgl. Schmidtchen, 2001a, 2004; Michels & Dittrich, 2004) gemeinsam einen kräftigen Impuls für eine zukünftige forschungsgeleitete Kindertherapie geben.

Literatur

Aster, M. von, Reitzle, M. & Steinhausen, H. C. (1994). Differenzielle therapeutische und pädagogische Entscheidungen in der Behandlung von Kindern und Jugendlichen. Psychotherapeut, 39, 360–367.

Axline, V. (1997; engl. 1947). Kinder-Spieltherapie im nicht-direktiven Verfahren. München: Reinhardt.

Beelmann, A. & Schneider, N. (2003). Wirksamkeit von Psychotherapie bei Kindern und Jugendlichen. Eine Übersicht und Meta-Analyse zum Bestand und zu Ergebnissen der deutschsprachigen Effektivitätsforschung. Zeitschrift für Klinische Psychologie und Psychotherapie, 32 (2), 129–143.

Döpfner, M. & Lehmkuhl, G. (2002). Die Wirksamkeit von Kinder- und Jugendlichenpsychotherapie. Psychologische Rundschau, 53, 184–193.

Fahrig, H. (1996). Psychotherapie bei Kindern und Jugendlichen. In G. Rudolf (Hrsg.), Psychotherapeutische Medizin (S. 382–391). Stuttgart: Enke.

Goetze, H. & Jaede, W. (1974). Die nicht-direktive Kindertherapie. München: Kindler.

Greenberg, L.S., Rice, L.N. & Elliott, R. (1993). Facilitating emotional change: The moment – by moment process. New York: Guilford Press.

Grawe, K. (1998). Psychologische Therapie. Göttingen: Hogrefe.

Grawe, K. (2004). Neuropsychotherapie. Göttingen: Hogrefe.

Heekerens, H.-P. (2002). Wirksamkeit der personzentrierten Kinder- und Jugendlichen-psychotherapie. In C. Boeck-Singelmann, B. Ehlers, T. Hensel, F. Kemper & C. Monden-Engelhardt (Hrsg.), Personzentrierte Psychotherapie mit Kindern und Jugendlichen. Band 1 (S. 195–207). Göttingen: Hogrefe.

Kröner-Herwig, B. (2004). Die Wirksamkeit von Verhaltenstherapie bei psychischen Störungen von Erwachsenen sowie Kindern und Jugendlichen. Tübingen: DGVT-Verlag.

Leuner, H., Holl, G. & Klessmann, E. (1990). Katathymes Bilderleben. München: Reinhardt.

Michels, H.-P. & Dittrich, R. (Hrsg.). (2004). Auf dem Weg zu einer allgemeinen Kinder- und Jugendlichenpsychotherapie. Eine diskursive Annäherung. Tübingen: DGVT-Verlag.

Piaget, J. (1969). Nachahmung, Spiel und Traum. Stuttgart: Klett.

Rogers, C.R. (1974). Lernen in Freiheit. München: Kösel.

Rudolf, G. (1996). Psychotherapeutische Medizin. Stuttgart: Enke.

Sachse, R. (1999). Lehrbuch der Gesprächspsychotherapie. Göttingen: Hogrefe.

Scheithauer, H. & Petermann, F. (2000). Die Ermittlung der Wirksamkeit und Effektivität psychotherapeutischer Interventionen: Eine internationale Bestandsaufnahme. Zeitschrift für Klinische Psychologie, Psychiatrie und Psychotherapie, 48, 211–233.

Schmidtchen, S. (1999a). Klientenzentrierte Spiel- und Familientherapie. Weinheim: Beltz.

Schmidtchen, S. (1999b). Spieltherapie als entwicklungsorientierte Intervention. In R. Oerter, C. von Hagen, G. Röper & G. Noam (Hrsg.), Klinische Entwicklungspsychologie (S. 381–399). Weinheim: Beltz PVU.

Schmidtchen, S. (2001a). Allgemeine Psychotherapie für Kinder, Jugendliche und Familien. Stuttgart: Kohlhammer.

Schmidtchen, S. (2001 b). Effektivitätsverbesserung durch prozessleitende Hilfen: Neue Wege in der klientenzentrierten Psychotherapie für Kinder, Jugendliche und Familien. In I. Langer (Hrsg.), Menschlichkeit und Wissenschaft (S. 291–324). Köln: GwG-Verlag.

Schmidtchen, S. (2002). Neue Forschungsergebnisse zu Prozessen und Effekten der klientenzentrierten Kinderspieltherapie. In C. Boeck-Singelmann, B. Ehlers, T. Hensel, F. Kemper & C. Monden-Engelhardt (Hrsg.), Personzentrierte Psychotherapie mit Kindern und Jugendlichen. Band 1 (S. 153–194). Göttingen: Hogrefe.

Schmidtchen, S. (2004). Beitrag der Klientenzentrierten Psychotherapie für Kinder zu einer allgemeinen Kinderpsychotherapie. In H.-P. Michels & R. Dittrich (Hrsg.), Auf dem Weg zu einer allgemeinen Kinder- und Jugendlichenpsychotherapie. Eine diskursive Annäherung (S. 37–60). Tübingen: DGVT-Verlag.

Schmidtchen, S., Hennies, S. & Acke, H. (1993). Zwei Fliegen mit einer Klappe? – Evaluation der Hypothese eines zweifachen Wirksamkeitsanspruches der klientenzentrierten Spieltherapie. Psychologie in Erziehung und Unterricht, 40, 34–42.

Schmidtchen, S., Acke, H. & Hennies, S. (1995). Heilende Kräfte im kindlichen Spiel. – Prozessanalyse des Klientenverhaltens in der Kinderspieltherapie. GwG-Zeitschrift, 99, 25–30.

Schmidtchen, S. & Hennies, S. (1996). Wider den Non-Direktivitätsmythos. Hin zu einer differenziellen Psychotherapie. Empirische Analyse des Therapeutenverhaltens in erfolgreichen Kinderspieltherapien. GwG-Zeitschrift, 104, 14–24.

Streeck-Fischer, A. (2002). Tiefenpsychologisch fundierte Psychotherapie von Kindern und Jugendlichen – Einführung in die Thematik. Praxis der Kinderpsychologie und Kinderpsychiatrie, 51, 3–11.

Tausch, R. & Tausch, A. (1956). Kinderpsychotherapie im nicht-direktiven Verfahren. Göttingen: Hogrefe.

Tinker, R.H. & Wilson, S.A. (2000). EMDR mit Kindern. Paderborn: Junfermann.

Weisz, J.R., Weiss, B., Hahn, S.S., Granger, D.A. & Morton, T. (1995). Effects of psychotherapy with children and adolescents revisited: A meta-analysis of treatment outcome studies. Psychological Bulletin, 117, 450–568.

8 Musiktherapie

Hans Volker Bolay · Thomas K. Hillecke · Anne Kathrin Leins · Alexander F. Wormit

1 Einführung

Musiktherapie entwickelte sich in den letzten Jahrzehnten zunehmend von einem vorprofessionellen Angebot in Richtung eines evidenzbasierten Behandlungsansatzes für unterschiedlichste Erkrankungen. Sie ist historisch betrachtet eine der ältesten und zugleich jüngsten Therapieformen der Menschheitsgeschichte. Zwar wird seit Menschheitsgedenken Musik zu heilerischen Zwecken eingesetzt (Hillecke, 2002), aber erst im 20. Jahrhundert entwickelte sich die Anwendung von Musik im modernen medizinischen Kontext (Musikmedizin).

Ein wichtiger Schritt zur Etablierung einer modernen Musiktherapie in Deutschland war die Einrichtung von Studiengängen, die zu einem staatlich anerkannten Diplomabschluss führen. Der Diplomabschluss in Heidelberg wird seit 2000 als mögliche Zugangsvoraussetzung einer Approbationsausbildung zur Kinder- und Jugendlichen-Psychotherapie von staatlicher Seite anerkannt.

Tabelle 8.1. Therapieschulen und Denkmodelle der Musiktherapie (Mahns, 1996; Stiftung Rehabilitation, 1988; Bolay et al., 1998/1999)

Mahns 1996	Stiftung Rehabilitation 1988	Bolay et al. 1998/1999
▶ das psychodynamische Modell	▶ tiefenpsychologisch-konfliktzentrierte Musiktherapie	▶ tiefenpsychologisch-psychoanalytische Musiktherapie
▶ das lerntheoretische Modell	▶ lerntheoretisch-verhaltenszentrierte Musiktherapie	▶ kognitiv-verhaltenstherapeutische Musiktherapie
▶ das humanistisch-existentialistische Modell	▶ pädagogische Musiktherapie	▶ humanistisch-gestalttherapeutische Musiktherapie + ▶ imaginative Musiktherapie
▶ das medizinische Modell	▶ eklektische Musiktherapie	▶ emotional aktivierende Musiktherapie

2 Schulen und Anwendungsfelder der Musiktherapie

Während anfangs die Gründungsväter und -mütter sowie die Autodidakten (z.B. Nordoff & Robbins, 1975) im Anwendungsfeld dominierten, bildeten sich bald psychotherapierichtungsnahe Musiktherapieschulen heraus.

> **Definition**
>
> „Musiktherapie ist der gezielte Einsatz von Musik im Rahmen der therapeutischen Beziehung zur Wiederherstellung, Erhaltung und Förderung seelischer, körperlicher und geistiger Gesundheit. Musiktherapie ist eine praxisorientierte Wissenschaftsdisziplin, die in enger Wechselwirkung zu verschiedenen Wissenschaftsbereichen steht, insbesondere der Medizin, den Gesellschaftswissenschaften, der Psychologie, der Musikwissenschaft und der Pädagogik. Der Begriff ‚Musiktherapie' ist eine summarische Bezeichnung für unterschiedliche musiktherapeutische Konzeptionen, die ihrem Wesen nach als psychotherapeutische zu charakterisieren sind, in Abgrenzung zu pharmakologischer und physikalischer Therapie. Musiktherapeutische Methoden folgen gleichberechtigt tiefenpsychologischen, verhaltenstherapeutisch-lerntheoretischen, systemischen, anthroposophischen und ganzheitlich-humanistischen Ansätzen." (Deutsche Gesellschaft für Musiktherapie, www.musiktherapie.de/musiktherapie/definition.htm)

Die Frage, ob es sinnvoll ist, eine Definition der Musiktherapie auf eher philosophisch als wissenschaftlich fundierten Psychotherapieschulen aufzubauen, muss heute gestellt werden. In der Musiktherapie herrscht eine eher eklektische Situation vor. Erst seit Mitte der 1990er Jahre wurde auch in der Musiktherapie klar, dass die Schulendifferenzierung zwar zur Musiktherapiegeschichte gehört, aber mit den heutigen Anforderungen an Gesundheitsdienstleistungen nicht zu vereinbaren ist. Es bedarf einer Musiktherapie, die es versteht, die grundlegenden inhärenten und empirisch belegten Wirkprinzipien der Musik so einzusetzen, dass sie optimale Heilwirkungen entfalten. Auf dieser Grundlage können musiktherapeutische Interventionen in den verschiedensten Bereichen Anwendung finden.

2.1 Musiktherapieschulen: Übersicht und Perspektive

Integration in der Musiktherapie bedeutet, dass die Prinzipien und Theorien einzelner sog. Schulen unter dem gemeinsamen Dach der wissenschaftlichen Musiktherapie empirisch fundiert werden sollen. Zur Integration von Therapieschulen liegen in der Psychotherapie umfangreiche Erfahrungen und Konzepte vor, die einerseits auf der Erkenntnis der größeren Bedeutung von sog. „common factors", d.h. unspezifischen, therapieschulenübergreifenden Wirkfaktoren, im Vergleich zu spezifischen Faktoren resultieren (Lambert, 1992) und andererseits die stärkere Integration von Grundlagenforschung und Psychotherapieforschung fordern (Grawe, 1998). Das bedeutet auf die Musiktherapie übertragen, dass die Musiktherapie, neben der bereits begonnenen Intensivierung von Forschungsbemühungen, die Erkenntnisse der Grundlagendisziplinen – Musikpsychologie, Medizin, Biologie und Psychologie – stärker zu berücksichtigen. Denn auch von dieser Seite erscheinen aktuelle Forschungsergebnisse zur Erklärung und Konzeption musiktherapeutischer Interventionen nicht nur bereichernd, sondern notwendig. Besonders rasant gestaltet sich die Entwicklung der Neurowissenschaften, deren Erkenntnisse die Musiktherapie der letzten Jahre maßgeblich beeinflussten (Spitzer, 2002), indem zunehmend neuronale Grundlagen und Wirkweisen musiktherapeutischer Interventionen geklärt werden konnten. Ebenso relevant sind die Ergebnisse der Psychotherapieforschung in den Bereichen Wirksamkeits- und Wirkfaktorenforschung sowie Qualitätsmanagement.

Tiefenpsychologische Musiktherapie
Der Bezug der Musiktherapie zur Tiefenpsychologie und Psychoanalyse ist äußerst intensiv. Demnach ist die Grundlage der musiktherapeutischen Arbeit das „tiefenpsychologische Verständnis psychogener Erkrankungen auf der Grundlage der Psychoanalyse, der Analytischen Psychologie oder der Individualpsychologie Alfred Adlers" (Stiftung Rehabilitation, 1988). Die Indikation betrifft heute v.a. neurotische Störungen, sog. frühe Störungen (narzisstische Störungen, Borderline-Syndrom, Psychosen) und psychosomatische Erkrankungen. Damit sind Störungen aus biografisch sehr frühen Entwicklungsphasen gemeint, in denen Sprache noch nicht oder nur ansatzweise entwickelt ist, in denen aber ein sehr intensiver, präverbaler „musikalischer" Mutter–Kind–Dialog abläuft (Ton-Klangfarbe der mütterlichen Stimme, Sprechtempo, Berührungen, Gestik, Geruchsempfindungen etc.). In der tiefenpsychologisch fundierten Musiktherapie spielt somit der „frühe Dialog" (Nitzschke, 1984) eine zentrale Rolle, im Sinne der Möglichkeit zur Reinszenierung dieser Dialogphase innerhalb der Therapiemusik und der musiktherapeutischen Beziehung zwischen Patient und Musiktherapeut.

Gegenwärtig bauen die meisten musiktherapeutischen Ausbildungen in Europa auf diesen tiefenpsychologischen Vorstellungen auf. Es muss jedoch beachtet werden, dass besonders die Psychoanalyse, aber auch die Tiefenpsychologie als Psychotherapieform international gesehen an Bedeutung verlieren.

Nordoff-Robbins-Musiktherapie
Die Arbeit nach der Methode der Nordhoff-Robbins-Musiktherapie, in Deutschland auch „Schöpferische Musiktherapie" genannt wird, wurde 1959 in Großbritannien begonnen (Nordoff & Robbins, 1975). Ursprünglicher Arbeitsschwerpunkt waren schwerstbehinderte Kinder. Heute wird das Anwendungsgebiet auf

psychiatrisch und somatisch erkrankte Menschen erweitert. Das Menschenbild und Krankheitsverständnis sind humanistisch orientiert, Krankheit wird als „ein Zustand, in dem die Fähigkeit des ganzen Menschen (music child) schöpferisch zu improvisieren (d.h. Problemlösungen zu entwickeln) eine Einschränkung erfährt oder als Zustand, in dem der Mensch nur über ein beschränktes Repertoire an Verhaltensmöglichkeiten verfügt" (Aldrige, 1999). Musik wird als Mittel zu Kommunikation und Ausdruck, aber auch persönlichem Wachstum und Integration eingesetzt. Besonderheit der Nordhoff-Robbins-Methode ist, dass sie ohne verbale Intervention auskommt. Es wird noch stärker als in anderen Musiktherapieschulen von einer musikimmanenten Wirkung ausgegangen, die keiner Übersetzung in die Wortsprache bedarf. Grundannahme zur Wirkung von Musik in freier Improvisation ist in dieser Therapieform, dass eine Verbesserung der musikalischen Improvisationsfähigkeit (z.B. Entwicklung rhythmischer Freiheit) zur Verbesserung der Kommunikations- und Wahrnehmungsfähigkeit und somit zu einer heilsamen Entwicklung der Persönlichkeit insgesamt führt (Gustorff, 2001).

Integrative Musiktherapie
Die „Integrative Musiktherapie" (Frohne-Hagemann, 2000) hat sich aus der sogenannten „Integrativen Therapie" (Petzold, 1993) entwickelt. Die Wurzeln der Integrativen Therapie und somit auch der Integrativen Musiktherapie liegen u.a. in der Gestalttherapie Perls', in der Psychoanalyse nach Ferenczi, im Psychodrama Morenos, in körperbezogenen Methoden nach Feldenkrais und in der musiktherapeutischen Arbeit nach dem Rhythmischen Prinzip sowie der Orffschen Arbeit. Die Integrative Musiktherapie versucht, den Patienten methodenübergreifend zu erreichen, in dem verschiedenste bewährte Techniken je nach Indikation und Kontext integriert werden. Diese Techniken bzw. Interventionsmöglichkeiten sind teils spezifisch musiktherapeutisch (z.B. dyadische Improvisation, Gruppenimprovisation oder Singen), teils aber auch anderswo entwickelte Techniken, die in Musik umgesetzt werden (z.B. gestalttherapeutische, psychodramatische, klientenzentrierte oder verhaltenstherapeutische Techniken).

Verhaltenszentrierte Musiktherapie
Die verhaltenszentrierte Musiktherapie hat ihre Wurzeln in den USA und hat sich auch dort besonders weiterentwickelt. Sie baut auf behavioristischen Konzepten auf und orientiert sich in der klinischen Anwendung an der Verhaltenstherapie. Die verhaltenszentrierte Musiktherapie setzt Musik z.B. als Verstärker adäquaten Verhaltens, zur Unterstützung von Entspannungstrainings, die auf lerntheoretischen Modellen basieren, und zur Selbstregulation ein. Beispiele verhaltenszentrierter musiktherapeutischer Arbeit sind musiktherapeutische Atmungs- und Entspannungsgruppen bei asthmatischen Kindern, musiktherapeutisch unterstützte Selbstkontrolle zur Gewichtsreduktion bei Adipositas, Stressreduktionsgruppen und die musikalische Konditionierung des Saugreflexes bei Frühgeborenen.

In der Psychologie vollzog sich in den 1960er Jahren die sog. kognitive Wende (Miller et al., 1960; Wessells, 1984), was der Abkehr von rein behavioristischen Vorstellungen und der Hinwendung zur Integration des Erlebens gleichkommt. Dies vollzog sich dann auch durch Ellis (1989) und Beck (1999) in der Psychotherapie. Heute können die daraus entstandenen psychotherapeutischen Verfahren als die effektivsten und am besten erforschten gelten (Roth & Fonagy, 1996). Diese erfolgreiche Weiterentwicklung wurde nicht auf die Musiktherapie übertragen. Somit findet sich auch eine kognitive Wende analoger Bedeutung nicht in der musiktherapeutischen Literatur. Nur wenige Autoren in den USA folgen musiktherapeutisch dem kognitiven Paradigma (Hanser, 1999). Bemerkenswert ist hier die besondere Diskrepanz zur modernen empirischen Musikpsychologie, die heute eindeutig als kognitiv bezeichnet werden kann (Motte-Haber, 1996).

Rezeptive Musiktherapie
In der Klassifikation der Musiktherapie wird häufig zwischen rezeptiver, bei der das Hören im Vordergrund steht, und aktiver, bei der das patientenseitige Musizieren wichtiger ist, unterschieden. Da heute jedoch beide Verfahren häufig gemeinsam angewandt werden, wird an dieser Stelle nur die rezeptive Musiktherapie gesondert genannt, weil mit ihr bedeutende Konzepte verbunden sind.
Bei rezeptiver Musiktherapie wird
- auf die Auslösung von Entspannungsreaktionen,
- auf die Unterstützung imaginativer Prozesse beim Patienten und
- auf die Beeinflussung von Bewusstseinszuständen

abgezielt.

Als Erster bezeichnete Schwabe (1996) seinen Musiktherapieansatz als rezeptive Musiktherapie. Er versteht darunter verschieden Arten von Musikanwendungen in psychotherapeutischen Gruppen- und Einzelsitzungen. Die Sitzungen sind häufig mit einem zusätzlichen Anteil Gesprächsaktivität verbunden.

Zum rezeptiven musiktherapeutischen Entspannungstraining liegen musiktherapeutische Manuale vor (Bolay & Selle, 1982). Gembris (1985) zufolge ist offensichtlich, dass nicht jede Art der Musik bei Patienten in verschiedenen psychophysischen Zuständen zur Entspannung führen kann. Der Autor findet an einer Stichprobe von insgesamt 112 Versuchspersonen im experimentellen Setting, dass sich vorher relativ entspannte Hörer durch Musik stärker beeinflussen lassen. Speziell ausgewählte, entspannende Musik wirkte bei entspannten Probanden beruhigender und anregende Musik erregender als bei vorher angespannten Rezipienten. Die Veränderbarkeit des Aktivierungsniveaus ist geringer, wenn die Ausgangsaktivierung relativ hoch ist.

Die Unterstützung von imaginativen Prozessen, wie Vorstellungen und Wachträume, durch therapeutische Musik (Bonny, 1989; Frank-Bleckwedel, 1996) kann als eine Art der Synästhesie, also eine Art Übergang von einer Sinnesmodalität in eine andere aufgefasst werden (Bolay et al., 1998/1999). Die Stimulation visueller Erfahrungen und Vorstellungen durch Musik ist nicht bei jedem Menschen in gleicher Weise möglich, obwohl auditiv-visuelle Synästhesie am häufigsten vorkommt. In Abhängigkeit von den imaginativen Fähigkeiten des Patienten können mit Hilfe von musikalischen Stimuli bestimmte imaginative Vorstellungen unterstützt und transformiert werden. Auch können Vorstellungsbilder nach musikunterstützten Imaginationen verbal bearbeitet werden.

Differentielle Musiktherapie als evidenzbasierte Intervention

Differentielle Musiktherapie entspricht der Integration verschiedener Techniken der Musiktherapie unter der Maßgabe der Indikation und der Wissenschaftlichkeit (Bolay et al., 1998/1999). Das Anhaften an traditionellen Psychotherapieschulen wird abgelehnt. Musiktherapie wird analog zur Psychotherapie und Medizin als Sammelbecken verschiedener wissenschaftlich überprüfter Verfahren unterschiedlicher theoretischer Begründung verstanden. Hierzu zählen musiktherapeutische Interventionen, die aufbauend auf wissenschaftlichen Theorien (Biologie, Psychologie, Sozialwissenschaften) konzipiert sind und sich einer empirischen Wirksamkeitsüberprüfung unterzogen haben. Auch sollten Forschungsergebnisse vorliegen, die Annahmen über Wirkprinzipien rechtfertigen. Zusätzlich muss die Umsetzung von Interventionskonzepten im Sinne der differentiellen Musiktherapie durch adäquates Qualitätsmanagement garantiert werden. Nur so ist zu gewährleisten, dass Patienten entsprechend des „states of the art" musiktherapeutisch behandelt werden.

Tatsächlich ist die Messlatte der differentiellen Musiktherapie hoch angesetzt. Sie entspricht aber den ethischen Grundlagen eines modernen Gesundheitssystems, indem von Heilverfahren Wirksamkeit, Wirtschaftlichkeit und Menschlichkeit gefordert werden muss. Nur wenige reale Interventionskonzepte wie beispielsweise die „neurologische Musiktherapie" (Thaut et al., 2004) und das „Heidelberger Modell der Musiktherapie" (Bolay et al., 1998/1999; Hillecke & Bolay, 2000; Hillecke, 2002; Nickel et al., 2002) entsprechen derzeit diesem Standard.

3 Musiktherapie bei Kindern und Jugendlichen

Als inhärenter Vorteil der Musiktherapie wird häufig ihre primär nonverbale Zugangsweise verstanden. Sie setzt besonders dort an, wo Sprache nur begrenzt oder gar nicht möglich ist (Bolay et al., 1998/1999). In diesem Zusammenhang ist auch Sprachanbahnung bei z.B. entwicklungsverzögerten Kindern ein zentrales Anwendungsfeld der Musiktherapie (Bang, 1985).

Ad hoc wird häufig die Meinung vertreten, dass Musiktherapie bei Kindern und Jugendlichen mit psychischen oder psychosomatischen Erkrankungen sowie mit Schwer- und Mehrfachbehinderungen eine Methode der Wahl sei. Tatsächlich liegt ein Arbeitsschwerpunkt niedergelassener Musiktherapeuten in der Behandlung von Kindern und Jugendlichen (Wormit, 2002). Indikationen sind dabei Entwicklungsstörungen sowie Verhaltens- und emotionale Störungen nach unterschiedlichen Therapiekonzepten. Eine Metaanalyse der Musiktherapie bei psychischen Erkrankungen im Kindes- und Jugendalter von Gold (2004) zeigte gute Effekte über die verschiedenen Störungen hinweg. Nach den positiven empirischen Befunden entstanden weitere Anwendungsfelder, z.B. in der Behandlung kindlicher Migräne (Nickel et al., 2002), in der psychologischen Betreuung krebserkrankter Kinder und Jugendlicher (Grießmayer & Bossinger, 1994) und in der Behandlung von autistischen Kindern (Smeijsters, 2004). Zwar ist die kognitive Verarbeitung von Musik analog zur Sprache ebenfalls durch eine komplexe Semantik und neuronale Funktionsweise gekennzeichnet, die demnach erst im Laufe der Entwicklung erworben werden muss (Koelsch et al., 2004). Allerdings ist selbst dort, wo Sprache fehlt, oft ein Grundverständnis für einfache musikalische Harmonien vorhanden, das musiktherapeutisch genutzt werden kann, um Emotionen und Bewältigungsfähigkeiten zu stimulieren, basale Sprach- und Sprechfähigkeiten zu trainieren, Wohlbefinden und Kreativität zu aktivieren und Kommunikation zu ermöglichen, wenn andere Wege verbaut sind.

Behinderte Kinder. Die Arbeit mit behinderten Kindern, aber auch Erwachsenen basiert auf dem Spiel als wesentliche Ausdrucksform von Erleben und Verhalten. Im Spiel wird Musik reproduziert (Singen von Liedern), produziert (Improvisationen und Interaktionsspiele) und rezipiert (Anhören von Musik, häufig mit Entspannungsinduktion, Körper- und Phantasiereise). Spezifische Behandlungsziele der Musiktherapie bei behinderten Menschen sind: Aktivierung und Auslösung sozial-kommunikativer Prozesse, Aktivieren und Auslösen von Emotionen, Förderung des Ausdrucks von Emotionen, Entwicklung ästhetischer Erlebnisfähigkeit und kreativer Tätigkeit, Aufbau von adäquaten Verhaltensweisen, Rekonstruktion und Bearbeitung von Kognitionen (vgl. Nickel et al., 2002).

Prävention in Musikschulen. Ein eher schon klassisches Anwendungsfeld ist die Arbeit von Musiktherapeuten an Musikschulen (Reiner & Schafft, 2003). Hier steht die individuelle musikalische Unterrichtung von Kindern mit Entwicklungsschwächen, Verhaltensauffälligkeiten wie z.B. Hyperaktivität im Vordergrund. Interventionskonzepte in Musikschulen sind meist eindeutig präventiv und verhaltenszentriert ausgerichtet, d.h. über das Hören und Spielen von Musik bzw. Üben von Musikinstrumenten werden sensorische und motorische Fähigkeiten trainiert.

4 Musiktherapie in der Schmerztherapie

Musiktherapie als Intervention bei akuten und chronischen Schmerzen kann als wissenschaftlich fundiert gelten. Im Bereich akuter Schmerzen liegen Konzepte zur Anwendung und Wirkung sowie Forschungsarbeiten zur Wirksamkeit vor (Müller-Busch, 1997; Bunt, 1997; Standley, 1986). Musiktherapie bei chronischen Schmerzen erlangte in den letzten zehn Jahren viel Aufmerksamkeit im Rahmen der interdisziplinären Versorgung von Schmerzpatienten. Patienten mit muskulär bedingten Schmerzen (Müller-Busch, 1997), Fibromyalgie (Chesky et al., 1997), chronischen nichtmalignen Schmerzen (Hillecke & Bolay, 2000; Hillecke, 2002) und Kinder mit Migräne (Nickel et al., 2002) konnten erfolgreich im Einzelsetting mit den verschiedensten musiktherapeutischen Interventionsstrategien behandelt werden.

5 Forschungsansätze in der Musiktherapie

5.1 Methodenvielfalt in der Musiktherapieforschung

Es existiert eine große Zahl methodischer und methodologischer Herangehensweisen in der Musiktherapieforschung. Dabei ist Methodenvielfalt Perspektivenvielfalt. Es ergänzen sich in der Musiktherapieforschung etablierte sowie innovative Forschungsmethoden

- der Biologie und Medizin (z.B. randomisierte kontrollierte klinische Studien, endokrino-immunologische Analysen; Biometrie mit modernen bildgebenden Verfahren wie Positronenemmissionstomographie [PET], funktionelle Magnetresonanztomographie [fMRT], Magnetenzephalographie [MEG]);
- der Psychologie im Sinne der empirischen Sozialforschung (Verhaltensbeobachtung, Psychometrie mit validen Tests und Fragebögen) und der Musikpsychologie (z.B. Tappingexperimente) usw.

gegenseitig und werden durch musiktherapiespezifische Methoden vervollständigt.

Musiktherapieforschung kann fast immer auf etablierte Forschungsmethoden zurückgreifen (Hillecke et al., 2004).

Grundsätzlich können in der Musiktherapie- und Psychotherapieforschung vier Herangehensweisen unterschieden werden, die jeweils zu unterschiedlichen Arten des Erkenntnisgewinns führen: Grundlagenforschung, Einzelfallforschung, Gruppenforschung, Sekundäranalysen.

5.2 Beispiele für evidenzbasierte/wissenschaftliche Musiktherapie

Das Heidelberger Modell

Exemplarisch für evidenzbasierte Anwendungsformen der Musiktherapie sind in den 1990er Jahren die unter dem Namen „Heidelberger Modell" vom Deutschen Zentrum für Musiktherapieforschung publizierten manualisierten Musiktherapiekonzepte für erwachsene Schmerzpatienten (Hillecke & Bolay, 2000), kindliche Migräne (Nickel et al., 2002), Dialysepatienten (Wormit et al., 2004) und Tinnituspatienten (Argstatter et al., in Druck). Alle Konzepte bauen auf wissenschaftlichen Theorien auf, stellen sich der empirischen Überprüfung und entwickeln Wirkfaktorenmodelle. Die Therapiekonzepte sind aus der Zusammenarbeit eines interdisziplinären Teams aus Musiktherapeuten, Ärzten und Psychologen entstanden. Die Therapiemanuale in den Bereichen chronischer Schmerz und kindliche Migräne wurden bereits in kontrollierten und randomisierten Studien wissenschaftlich überprüft, es zeigte sich, dass sie für die jeweiligen Indikationen effektive Behandlungsmaßnahmen darstellen (Hillecke, 2002; Nickel, 2004). Das Heidelberger Modell zeigt zudem, dass die Musiktherapie den Anforderungen von modernen Gesundheitssystemen entsprechen kann. Sie hat das Potential, eine wichtige Rolle nicht nur als singuläre Therapieform für bestimmte Erkrankungen zu spielen, sondern auch im interdisziplinären Behandlungskontext einen wichtigen und empirisch nachweisbaren Beitrag zu leisten.

Neurologische Rehabilitation

Ein weiteres Beispiel für evidenzbasierte Musiktherapie ist die Neurologische Musiktherapie. Im Forschungslabor des Center for Biomedical Research in Music an der Colorado State University (USA) wurde in den letzten 15 Jahren die akustische Beeinflussung motorischer Prozesse mit dem Ziel untersucht, die normale Gangrhythmizität bei Patienten mit lokomotorischen Defiziten durch rhythmisch-akustische Zeitgeber zu unterstützen. Den Ergebnissen dieser Untersuchungen zufolge konnten v.a. bei hemiparetischen Patienten nach Schlaganfall (Thaut et al., 1993) sowie bei Schädel-Hirn-Trauma-Patienten (Hurt et al., 1998) erhebliche Verbesserungen dynamischer Gangaspekte (Gehgeschwindigkeit, Schrittfrequenz, -länge und -symmetrie) erreicht werden. Auch bei Schlaganfallpatienten konnte die Wirksamkeit eines musikgestützten funktionalen Bewegungstrainings der oberen Extremitäten belegt werden (Thaut et al., 1998).

Infolge dieser Entwicklung wurde die therapeutische Nutzung musikalischer Stimulation auch auf weitere motorische Systeme übertragen. So konnten durch musikalisches Sprechtraining bei Parkinsonpatienten mit Dysarthrien signifikante Verbesserungen der Sprachverständlichkeit nachgewiesen werden (Thaut et al., 2001). Für eine weitere musiktherapeutische Sprach- und Sprechtrainingsmethode (Melodic Intonation Therapy) liegen bei Patienten mit Broca-Aphasie ebenfalls empirische Belege vor (Sparks & Holland, 1976). Im Kontext dieser Wirksamkeitsstudien wurden neurowissenschaftliche Modelle zur Wirkweise der genannten Interventionen evaluiert (Roberts et al., 2000; Thaut et al., 2001). Thaut et al. (1998) konnten u.a. zeigen, dass es eine relativ direkte sensomotorische Synchronisation an rhythmisch-akustische Muster gibt, wobei musikalischer Rhythmus stabile interne Referenzintervalle erzeugt, die das Timing von Bewegungsreaktionen lenken.

Meta-Analysen in der Musiktherapie

Meta-Analysen repräsentieren quantitative zusammenfassende Studien in der Wirksamkeitsforschung. Als Voraussetzung zur Durchführung solcher zusammenfassender Studien müssen genügend qualitativ hochwertige Primärstudien vorliegen. Erste Meta-Analysen von Standley (1986) zu „Musik in der medizinischen Anwendung" und von Bunt (1997) zum „klinischen und therapeutischen Einsatz von Musik" in den Bereichen „Reduktion der Schmerzmittel beim Zahnarzt", „Schmerzreduktion bei der Behandlung von Brandopfern", „Reduktion postoperativer Schmerzen" und „Reduktion von Abtreibungsschmerz" lieferten gute Effektstärken für die untersuchten Anwendungsbereiche. Ähnliches zeichnet sich bei Dileo (2003) in einer noch unveröffentlichten großangelegten Meta-Analyse zur Musiktherapie mit medizinischen Krankheitsbildern ab, wobei erste Ergebnisse sehr ermutigend scheinen. Ebenfalls positive Ergebnisse zeigen sich bei Gold et al. (2004), der die Wirksamkeit von Musiktherapie bei psychisch kranken Kindern und Jugendlichen untersuchte. Smeijsters (1997) fasst die Ergebnisse von Musiktherapie bei Alzheimer Patienten zusammen und gelangt zum Resultat, dass sich die typischen Symptome sowie die Lebensqualität über die Studien hinweg deutlich verbessern.

Qualitätssicherung in der Musiktherapie

Seit Mitte der 1990er Jahre beschäftigt sich die Musiktherapie mit Konzepten der Qualitätssicherung und des Qualitätsmanagements (Czogalik, 1996; Hänsel & Zeuch, 1997; Wormit et al., 2000, 2002). Im Jahr 2003 entwickelte das Deutsche Zentrum für Musiktherapieforschung ein EDV-gestütztes Basisdokumentationssystem PsychMed (Bolay & Wormit, 2003), das den Standards der gängigen Qualitätsmanagementsystemen in der Psychotherapie entspricht (Laireiter, 2003) und die Struktur-, Prozess- und Ergebnisqualität von Musiktherapie abbildet. Mit dem Basisdokumentationssystem PsychMed können die o.g. evidenzbasierten Musiktherapiekonzepte für erwachsene Schmerzpatienten, kindliche Migräne, Dialyse- und Tinnituspatienten dokumentiert und in Form eines Qualitätsmonitoring bewertet werden. Das Qualitätsmonitoring entspricht einer empirischen Überprüfung nach dem Konzept der Klinischen Signifikanz von Jacobson & Truax (1998) und dem Outcome Assessment nach Lambert (2002).

Literatur

Aldridge, D. (1996). Music therapy resarch and practice in medicine. London: Jessica Kingsley.

Aldrige, D. (Hrsg.). (1999). Musiktherapie in der Medizin. Forschungsstrategien und praktische Erfahrungen. Bern: Hans Huber.

Argstatter, H., Nickel, A.K., Rupp, A., Hoth, S. & Bolay, H. V. (in Druck). Musiktherapie bei chronischen Tinnitus – Pilotstudie zur Entwicklung und Überprüfung einer neuartigen Behandlungsmethode. Angenommen bei: Musik-, Kunst- und Tanztherapie.

Bang, C. (1985). A world of Sound and Music. Music Therapy and Musical Speech Therapy with Hearing-Impaired and Multiple-Handicapped Children. In E. Ruud (Eds.), Music and Health (pp. 176–183). Oslo: Norsk Musikkforlag.

Beck, A.T., Rush, A.J., Shaw, B.F. & Emery, G. (1999). Kognitive Therapie der Depression. 3. Auflage. Weinheim: Beltz.

Bolay, H.V., Hillecke, T.K., Berbescu, G. &

Wormit, A.F. (1998/1999). Musiktherapie – Eine moderne künstlerische und wissenschaftliche Therapiemethode. In Brock F.-E. (Hrsg.), Handbuch der Naturheilkundlichen Medizin – Ausbildung, Klinik, Praxis. 2. Erg. Lfg. 12/99, II-1.1.3. 1–30. Landsberg: Ecomed Verlagsgesellschaft.

Bolay H. V., Hillecke T., Otto H. J. (1998). Musiktherapeutische Handlungsstrategien in der Behandlung von Schmerzpatienten. Musiktherapeutische Umschau, 19 (4), 268–277.

Bolay, H.V. & Selle, E.-W. (1982). Entspannung nach musiktherapeutischen Gesichtspunkten – Trainerhandbuch. Schweinfurt: Arbeitskreis Musiktherapie Heidelberg und Verlag neues forum GmbH.

Bolay, H.V. & Wormit, A.F. (2003). Optimierung einer Kliniksoftware und deren Überprüfung im Berufsfeld zur Erreichung der Produktreife für den Bereich Qualitätssicherung in der Musiktherapie (Data-Med) – Abschlussbericht BMBF. Heidelberg: Fachhochschule, Fachbereich Musiktherapie.

Bonny, H. (1989). Sound as symbol: guided imagery and music in clinical practice. National Association for Music Therapy California Symposium on Clinical Practices. Music Therapy Perspectives, 6, 7–10.

Bunt, L. (1997). Clinical and therapeutic uses of music. In D.J. Hargraeves & A.C. North (Eds.), The Social Psychology of Music (pp. 249–267). New York: Oxford University Press.

Chesky, K S., Russel, J., Lopez, Y. & Kondraske G V. (1997). Fibromyalgia tender point pain: a double-blind, placebo controlled pilot study of music vibration using the music vibration table. Journal of Musculoscletal Pain, 5 (3), 33–42.

Czogalik, D. (1996). Das Heidelberger IM-DoS-Projekt: Zum Verbund von Forschung, Praxis und Ausbildung im Berufsfeld Musiktherapie. In H.V. Bolay (Hrsg.), Grundlagen zur Musiktherapieforschung (S. 75–86). Stuttgart/Jena/New York: Gustav Fischer.

Dileo, Ch. (2003). Music therapy entrainment: A meta-analysis of the literature in medical music therapy and musicmedicine with an agenda of future research. Abstractband des VIII. Symposium for Music in Medicine of the International Society of Music in Medicine (ISMM) (p. 101), Hamburg, 24.–28. Juni 2003.

Ellis A. (1989). Die rational-emotive Therapie – Das innere Selbstgespräch bei seelischen Problemen und seine Veränderung. München: J. Pfeiffer.

Frank-Bleckwedel, E.M. (1996). Rezeptive Musiktherapie. In H.-H. Decker-Voigt, P.J. Knill & E. Weymann (Hrsg.), Lexikon der Musiktherapie (S. 327–331). Göttingen: Hogrefe.

Frohne-Hagemann, I. (2000). Musiktherapie vor dem Hintergrund integrativer Therapie und Therapie. In H.-H. Decker-Voigt (Hrsg.), Schulen der Musiktherapie (S. 159–182). München: Ernst Reinhard Verlag.

Gembris, H. (1985). Musikhören und Entspannung – Theoretische und experimentelle Untersuchungen über den Zusammenhang zwischen situativen Bedingungen und Effekten des Musikhörens. Hamburg: Verlag der Musikalienhandlung Karl Dieter Wagner.

Gold, C., Voracek, M. & Wigram, T. (2004). Effects of music therapy for children and adolescents with psychopathology: A meta-analysis. Journal of Child Psychology and Psychiatry and Allied Disciplines, 45, 1054–1063.

Grawe, K. (1998). Psychologische Therapie. Göttingen: Hogrefe.

Grießmeier, B. & Bossinger, W. (1994). Musiktherapie mit krebskranken Kindern. In Bolay, H.V. & Bernius, V. (Hrsg.), Praxis der Musiktherapie (Band 13). Stuttgart: Fischer.

Gustorff, D. (2001). Schöpferische Musiktherapie nach Nordhoff-Robbins. In H.H. Decker-Voigt (Hrsg.), Schulen der Musiktherapie (S. 208–241). München: Ernst Reinhardt Verlag.

Hänsel, M. & Zeuch, A. (1997). Qualitätsmanagement im Verbundsystem von Praxis Ausbildung und Forschung. In H.V.

Bolay, (Hrsg.), Heidelberger Schriften zur Musiktherapie (S. 44–71). Stuttgart: Gustav Fischer.

Hanser, S. (1999). The New Music Therapist's Handbook. 2nd Ed. Boston, MA: Berklee Press.

Hillecke, T.K. (2002). Effektivität und theoretische Aspekte von Musiktherapie bei Patienten mit chronischen, nicht malignen Schmerzen. Inauguraldissertation an der medizinischen Fakultät der Ruprecht-Karls-Universität Heidelberg.

Hillecke, T. & Bolay, H.V. (2000). Musiktherapie bei chronischen Schmerzen – theoretische Grundlagen – das Heidelberger Modell. Anästhesiologie Intensivmedizin Notfallmedizin Schmerztherapie, 35, 394–400.

Hillecke, T., Selle, E.-W., Wormit, A.F. & Bolay, H.V. (2004). Plädoyer für eine kreative Forschungsmethodenvielfalt der wissenschaftlichen Musiktherapie. Musiktherapeutische Umschau, 25 (3), 241–256.

Hurt, C.P., Rice, R.R., McIntosh, G.C. & Thaut, M.H. (1998). Rhythmic Auditory Stimulation in Gait Training for Patients with Traumatic Brain Injury. Journal of Music Therapy, 35 (4), 228–241.

Jacobson, N.S. & Truax, P. (1998). Clinical significance: A Statistical Approach to Defining meaningful Change in Psychotherapy Research. In A.E. Kazdin (Ed.), Methodological Issues & Strategies in Clinical Research (2nd ed., pp. 521–538). Washington: American Psychological Association.

Koelsch, S., Kasper, E., Sammler, D., Schulze, K., Gunter, T. & Friederice, A.D. (2004). Music, language and meaning: brain signatures of semantic processing. Nature Neuroscience, 7, 302–307.

Laireiter, A.-R. (2003). Dokumentation in der Psychotherapie. In M. Härter, H.W. Linster & R.-D. Stieglitz (Hrsg.), Qualitätsmanagement in der Psychotherapie. Grundlagen, Methoden und Anwendung (S. 71–95). Göttingen: Hogrefe.

Lambert, M.J. (1992). Psychotherapy outcome research: Implications for integrative and eclectic therapists. In J.C. Norcross & M.R. Goldfried (Eds.), Handbook of Psychotherapy Integration (pp. 94–129). BasicBooks. New York.

Lambert, M.J., Whipple, J.L., Smart, D.W., Vermeersch, D.A. Nielsen, S.E. & Hawkins, E.J. (2002). The effects of providing therapists with feedback on patient progress during psychotherapy: Are outcomes enhanced? Psychotherapy Research, 11 (1), 49–68.

Mahns, W. (1996). Denkmodelle, Menschenbilder in der Musiktherapie. In H.-H. Decker-Voigt, P.J. Knill & E. Weymann (Hrsg.), Lexikon der Musiktherapie (S. 73–78). Göttingen: Hogrefe.

Miller, G., A., Galanter, E. & Pribram K.H. (1960). Plans and the Structure of Behavior. New York: Holt, Rinehart and Winston, Inc.

Motte-Haber, H. de la (1996). Handbuch der Musikpsychologie (2. erweiterte Auflage). Laaber: Laaber-Verlag.

Müller-Busch, H.C. (1997). Schmerz und Musik – Musiktherapie bei Patienten mit chronischen Schmerzen. In H.V. Bolay (Hrsg.), Praxis der Musiktherapie (Band 15). Stuttgart: Gustav Fischer.

Nickel, A.K. (2004). Effektivität von Musiktherapie bei Kindern mit Migräne. Inauguraldissertation der Medizinischen Fakultät der Ruprecht-Karls-Universität Heidelberg.

Nickel, A.K., Hillecke, T.K., Oelkers, R., Resch, F. & Bolay, H. V. (2002). Musiktherapie mit Kindern mit Migräne. Psychotherapeut, 47, 5, 285–290.

Nitzschke, B. (1984). Frühe Formen des Dialogs. Musikalisches Erleben – Psychoanalytische Reflexion. Musiktherapeutische Umschau, 5, 167–187.

Nordoff, P. & Robbins C. (1975). Music in Special Education. New York: The John Day Company.

Petzold, H. (1993). Integrative Therapie. Modelle, Theorien und Methoden für eine schulenübergreifende Psychotherapie (3 Bände). Paderborn: Jungfermann Verlag.

Reiner, C. & Schafft, U. (2003). Ambulante Musiktherapie an Musikschulen. Musiktherapeutische Umschau, 24 (1), 19–25.

Roberts, S., Eykholt, R. & Thaut, M.H.

(2000). Analysis of correlations and search for evidence of deterministic chaos in rhythmic motor by the human brain. Physical Review, 62 (2), 2597–2607.

Roth, A. & Fonagy, P. (1996). What works for whom – A critical review of psychotherapy research. New York: The Guilford Press.

Schwabe, Ch. (1996). Methodensystem (d. MTH). In H.-H. Decker-Voigt, P.J. Knill & E. Weymann (Hrsg.), Lexikon der Musiktherapie (S. 208 – 21)7. Göttingen: Hogrefe.

Smeijsters, H. (1997). Musiktherapie bei Alzheimerpatienten. Eine Meta-Analyse von Forschungsergebnissen. Musiktherapeutische Umschau, 18 (4), 268–283.

Smeijsters, H. (2004). Kriterien für eine evidenzbasierte Indikation in der Musiktherapie. Musiktherapeutische Umschau, 25 (3), 207–240.

Sparks, R. W. & Holland, A. L. (1976). Melodic Intonation Therapy for Aphasia. Journal of Speech and Hearing Disorders, 41, 287–297.

Spitzer, M. (2002). Musik im Kopf – Hören, Musizieren, Verstehen und Erleben im neuronalen Netzwerk. Stuttgart: Schattauer.

Standley, J.M. (1986). Music Research in Medical/Dental Treatment: Metaanalysis and Clinical Applications. Journal of Music Therapy, 23 (2), 56–122.

Stiftung Rehabilitation, Heidelberg (1988). Studium der Musiktherapie in Heidelberg – Ergebnisse und Analyse eines Modellversuchs. Heidelberger Schriften zur Musiktherapie Band 4. Stuttgart: Gustav Fischer Verlag.

Thaut, M.H., McIntosh, G.C., Prassas, S.G. & Rice, R.R. (1993). Effect of Rhythmic Auditory Cuing on Temporal Stride Parameters and EMG Patterns in Hemiparetic Gait of Stroke Patients. Journal of Neurologic Rehabilitation, 7 (1), 9–16.

Thaut, M.H., McIntosh, K.W., McIntosh, G. C. & Hoemberg, V. (2001). Auditory rhythmicity enhances movement and speech motor control in patients with parkinson's disease. Functional Neurology, 16 (2), 163–172.

Thaut, M.H., Nickel, A.K. & Hömberg, V. (2004). Neurologische Musiktherapie. Uebersicht zum wissenschaftlichen Hintergrund und zur klinischen Methodik. Musiktherapeutische Umschau, 25 (1), 35–44.

Thaut, M.H., Tian, B. & Azimi-Sadjadi, M.R. (1998). Rhythmic finger tapping to cosine-wave modulated metronome sequences: Evidence of subliminal entrainment. Human Movement Science, 17, 839–863.

Wessells, M. G. (1984). Kognitive Psychologie (3. Aufl.). Stuttgart: UTB.

Wormit, A.F. (2002). Zur Situation ambulanter Musiktherapie. Eine Ergebnisdarstellung der internen Datenerhebungen des Netzwerks ambulant und freiberuflich tätiger Musiktherapeuten. Musiktherapeutische Umschau, 23 (4), 409–411.

Wormit, A.F., Hillecke T.K. & Bolay H.V. (2000). Entwurf eines Qualitätssicherungssystem in der ambulanten Musiktherapie. Musik-, Tanz- und Kunsttherapie, 11 (3), 126–133.

Wormit A.F., Hillecke T.K. & Bolay, H.V. (2002). Auf dem Weg zur Qualitätssicherung in der Musiktherapie. Eine Pilotstudie. Musiktherapeutische Umschau, 23 (4), 321–330.

Wormit, A.F., Hillecke, T., Geberth, S., Bischoff, K., Müller, A., Schneider, P. & Bolay, H.V. (2004). Musiktherapeutisches Coaching zu Beginn der Dialysebehandlung als psychosoziale Intervention zur Optimierung der Behandlungsqualität. Nieren- und Hochdruckkrankheiten, 7, 342–347.

9 Individualpsychologie

Gerd Lehmkuhl · Ulrike Lehmkuhl

1 Historische Entwicklung

Von Beginn an beschäftigte sich die Individualpsychologie mit Fragen der Kindesentwicklung, -erziehung und -therapie sowie mit ihren vielfältigen Einflussfaktoren und Möglichkeiten der Intervention (s.a. Lehmkuhl, 1987; Wexberg, 1926, 1931/1987). Bereits 1914 hatte Furtmüller in einem Artikel festgestellt: „Je mehr die Erzieher lernen werden, die unauffälligen und alltäglichen Äußerungen des Kindes in ihrer vollen psychologischen Tragweite zu verstehen, umso seltener werden die abnormalen Äußerungen werden." Der in „Heilen und Bilden" erschienene Beitrag Adlers (1914) „Zur Erziehung der Eltern" fasste aus individualpsychologischer Sicht die möglichen negativen Auswirkungen des Erziehungsverhaltens zusammen: Störend seien vor allem die „Uneinigkeit der Eltern und einseitige, oft unbewusste Ziele und Absichten des Vaters oder der Mutter", das Bemühen der Eltern, „der eigenen Unsicherheit durch übertriebene Erziehungskünste zu entkommen", eine übertriebene autoritäre Haltung sowie Bevorzugung oder Verzärtelung eines Kindes. Das Kind würde vor allem aus einem Gefühl der Zurückgewiesenheit, der persönlichen Unsicherheit, aus der Furcht vor der zukünftigen Rolle und vor dem Leben machtvolle, „übertriebene Regungen nach Geltung, Liebe und Zärtlichkeit entwickeln, deren Befriedigung fast nie gelingt, geschweige denn sofort." Adler nahm hier wichtige Kenntnisse über den Einfluss des Erziehungsverhaltens auf die Entstehung neurotischer Störungen vorweg und entwickelte bereits eine eigene Methode der Heilerziehung und Erziehungsberatung. Die damalige Technik der Kinderpsychotherapie richtete sich mehr nach den Bedürfnissen des jeweiligen Kindes als nach starren Regeln, d.h. einer fest umschriebenen Technik (Wexberg, 1931/1987). Die Eltern wurden in jedem Fall bei der Behandlung mit einbezogen, zumindest ein Teil der Therapiesitzungen fand in ihrer Gegenwart statt, da Adler ihren Einfluss auf den Therapieerfolg als entscheidend ansah. Störungen in der Interaktion der Eltern mussten sich seiner Meinung nach negativ auf die Entwicklung des Kindes auswirken: „Wenn Kinder Unstimmigkeiten zwischen ihren Eltern entdecken, sind sie sehr geschickt darin, diese gegeneinander auszuspielen. Die erste Kooperation unter anderen Menschen, welche das Kind erlebt, ist die Kooperation seiner Eltern. Wenn ihre Kooperation schlecht ist, können sie nicht hoffen, ihm beizubringen, selber kooperativ zu sein" (Adler, 1931). Da die Individualpsychologie den sozialen Kontext des Verhaltens betonte, stellte Adlers Methode der Psychotherapie für den einzelnen Patienten nur einen Teilaspekt eines umfassenderen Behandlungsprogrammes dar. Ergänzende Maßnahmen erfolgten durch die in Wien gegründeten heilpädagogischen Institutionen wie Schulhorte und spezielle Beratungsstellen. Erst allmählich entwickelten sich jedoch aus der heilpädagogischen und fürsorgerischen Arbeit mit Kindern ein psychotherapeutisches und schließlich ein analytisches Konzept des Neurosenverständnisses und der -behandlung innerhalb der Individualpsychologie. Nach ihm arbeiten heute individualpsychologische Kinder- und Jugendlichentherapeuten (Stadler1992).

2 Zentrale theoretische und praxeologische Konstrukte in der Individualpsychologie

Die Nützlichkeit theoretischer Konzepte zeigt sich vor allem darin, ob sie zum Verständnis intrapsychischer und interpersoneller Konflikte beitragen, Vorstellungen über die Entstehung von Verhaltensauffälligkeiten vermitteln und ein gezieltes praxeologisches Vorgehen ermöglichen.

Welche paradigmatischen Grundlagen besitzen in der Individualpsychologie eine besondere Bedeutung?

Machtstreben. Dem Streben nach Macht kommt in Adlers Neurosenlehre ein zentraler Stellenwert zu. In seinem 1912 erschienen Buch „Über den nervösen Charakter" führt Adler aus, dass jeder neurotische Charakterzug vom „Streben nach Macht" durchflossen ist. Für das psychodynamische Verständnis stellen dabei die „Überwindung von Mangellagen" und das „Dominanzstreben" die entscheidenden kompensatorischen Mittel dar, jede tiefgreifende Kränkung sowie das Gefühl von Entwertung und Minderwertigkeit auszuschalten. Nach Adler ist eine kompensatorische Kraft im Spiel, „die der allgemeinen menschlichen inneren Unsicherheit ein Ende machen will". Entsprechend führt ein frühes Gefühl von Unsicherheit zu einem narzisstischen Persönlichkeitsideal, das entsprechende Kompensationsmechanismen in seiner Folge in Gang setzt. Für Ellenberger (1985) stellt sich der Wille zur Macht bei Adler primär in der Form des Strebens nach Überlegenheit dar, in späteren Neuformulierungen habe Adler diesen intrapsychischen Vorgang als Ausdruck der schöpferischen Kraft des Individuums betrachtet. Der dynamische Kern in Adlers Neurosenlehre besteht nach Bruder-Bezzel (1985) im Spannungsverhältnis von Macht und Ohnmacht, das bereits im Säuglings- und frühen Kleinkindalter vielfältig erfahren wird. Dabei stellt dieses Streben nach Geltung und Macht nur eine Ausprägung unterschiedlichster Kompensationstendenzen dar. Das Machtstreben lässt sich somit als eine unbewusste Reaktion auf die Erfahrung von Minderwertigkeit und Unsicherheit verstehen. Kompensation bedeutet Überwindung von Mangellagen und entspricht einer unbewussten Tendenz, das Persönlichkeitsgefühl zu sichern.

Ein besseres Verständnis der intrapsychischen Dynamik gelingt erst durch eine dialektische Betrachtung der Beziehungen zwischen dem Individuum und seiner Umwelt, zwischen Subjekt und Objekt, intrapsychischen und interaktionellen Prozessen. Adlers psychologische Grundannahmen folgten einem dialektischen Prinzip: dem Wechsel von der Organminderwertigkeit bzw. dem subjektiven Gefühl der Minderwertigkeit in psychische Kompensations- und Überkompensationsbestrebungen mit dem Ziel, Mangellagen zu überwinden, womit er eine allgemeine Entwicklungsperspektive und Dynamik in der Lebensgestaltung verband. Hier finden sich deutliche Parallelen zu dem aktuellen Konzept einer allgemeinen Psychotherapie, das Grawe (1995) unter der Perspektive der vier Wirkfaktoren Ressourcenaktivierung, Problemaktualisierung, aktive Hilfe zur Problembewältigung und motivationale Klärung zusammenfasste.

Angst. Adler stellte die Angst in das Zentrum der kindlichen neurotischen Entwicklung. Die reale Minderwertigkeitsposition verstärkt das Angsterleben. Angst wird somit zum affektiven Ausdruck der subjektiv wahrgenommenen Minderwertigkeitssituation und entsteht immer dann, wenn dem Selbstwertgefühl des Individuums eine Erniedrigung drohe. Die frühe soziale Bezogenheit und Kommunikation zwischen dem Säugling und der Umwelt, d.h. primär der Mutter, moduliert die emotionale Befindlichkeit und wird durch Wünsche nach Kontakt und Beziehung gesteuert. Adler nannte diese Strebungen das Zärtlichkeitsbedürfnis des Kindes und betonte seine soziale Komponente. In diesem Sinne formulierte auch René Spitz: „Die aus dem Dialog stammende Befriedigung mit belebten Objekten hat meines Erachtens nicht eine einzige einfache Quelle, sondern ist das Ergebnis viel gestalteter Prozesse. Ich glaube, dass Befriedigung und Versagung, Libido und Aggression beteiligt sind, um das Belebte so viel anziehender zu machen als das Unbelebte." Spitz betont ähnlich wie Adler die soziale Interaktionskomponente, wenn er ausführt, dass die unbeschränkte Abfuhr des Aggressionstriebs zu nichts führe. Die wiederholte Zerstörung des unbelebten Objektes bliebe sich immer gleich, während beim lebendigen Partner eine bilaterale Rückkopplung geschieht, die immer andere Antworten entstehen lässt innerhalb des Dialogs auf immer höherem Niveau, mit immer stärker verfeinerten Befriedigungen. Der Dialog kann jedoch in zwei Richtungen misslingen: Ist die Ungleichheit zwischen dem Individuum und aggressiven destruktiven oder vernachlässigten Objekten der Frühkindheit überwältigend, so wird nach Balint jeder Kampf als unnütz und hoffnungslos betrachtet und der Konflikt ausschließlich durch die Identifizierung mit dem Angreifer gelöst, wobei es zu einer mehr oder weniger vollständigen Unterwerfung und der Wahrnehmung einer überlegenen Macht kommen kann.

Das individualpsychologische psychodynamische Modell

Das individualpsychologische psychodynamische Modell integriert die verschiedenen Komponenten dahingehend, dass durch die Gefährdung des Ich-Ideals dem Spannungsverhältnis von Macht und Ohnmacht sowie dem Schwanken zwischen Minderwertigkeitsgefühlen und Größen- und Allmachtsphantasien kompensatorische Kräfte in Gang gesetzt werden, um der erlebten Unsicherheit zu begegnen und das Zärtlichkeitsbedürfnis zu befriedigen. Das individualpsychologische Entwicklungsmodell geht davon aus, dass ein Kind im Laufe der ersten zwei Lebensjahre seinen Lebensstil ausbildet. „Dieser frühkindliche Lebensstil entsteht in einem Prozess der Anpassung an die soziale Struktur der näheren Umgebung und der Überwindung der eigenen Schwäche. Entsprechend seinen Erfahrungen prägt das Kind seinen Lebensstil und seine tendenziöse Apperzeption. Tendenziöse Apperzeption umfasst alle jene Aktivitäten, mit denen eine Person sich und ihre Welt in subjektiver Weise wahrnimmt, erlebt und einschätzt. Dieses Verständnis bedeutet, dass der Kategorie der Apperzeptionen nicht nur Akte des Hörens, Sehens, Tastens zuzuzählen sind, sondern auch Akte des Phantasierens, für wahr Haltens, Erlebens, Erinnerns in ihrer unbewussten Gestalt. Die Individualpsychologie sieht einerseits die Kausalfaktoren der Persönlichkeit, wie etwa biologische Ausstattung und Erziehungsstil, andererseits betont Adler aber auch deutlich das Stellung nehmende Ich, die schöpferische Kraft des Menschen" (Spiel & Bogyi, 1997, S. 66).

Mit der folgenden Fallvignette soll die klinische Anwendung und Nützlichkeit individualpsychologischer Grundannahmen für das psychodynamische Verständnis und die sich hieraus ableitende Handlungsrelevanz für den psychotherapeutischen Prozess verdeutlicht werden.

Fallvignette 1
Eine depressive jugendliche Patientin mit einer anorektischen Symptomatik konnte ihre Konflikte und emotionale Befindlichkeit eindrücklich schildern: „Ich möchte kein gieriges Raubtier sein, welches nicht genug bekommt, obwohl mein Essverhalten genau diese Tatsache offenbart und ich dies eigentlich nicht leugnen kann. In Bezug auf mich wäre dieses Verhalten auch nicht so schlimm, aber wenn ich dies auch auf meine Beziehungen zu Menschen anwenden müsste, ist es schlimm. Denn dann müsste ich feststellen, dass keiner ausreicht, um aus mir einen zufriedenen Menschen zu machen, um meinen Ansprüchen zu genügen. Diese Tatsache finde ich ganz schrecklich. Die Vorstellung, dass ich so sein soll, muss ich abwehren, denn ich möchte auf keinen Fall so sein, da ich genau diese Verhaltensweisen sehr ablehne. In der Kindergeschichte *Der kleine Hävelmann* wird meiner Meinung nach diese Unersättlichkeit besonders gut deutlich. Der kleine Hävelmann kann nie genug davon bekommen, in seinem Rollbettchen von der Mutter herumgefahren zu werden. Auf die Frage der Mutter ‚Hast du noch nicht genug?' antwortet Hävelmann ‚Nein Mutter, mehr, mehr!' Letztendlich fährt der kleine Hävelmann mit seinem Rollbettchen zum Mond und zur Sonne und fällt schließlich ins große Meer, wo er von zwei Kindern gerettet wird. In dieser Geschichte finde ich meine Unersättlichkeit wieder, kann diese eigentlich gar nicht leugnen, muss sie als real erkennen."

In der Therapie konnte die Entwicklung und Bedeutung der Symptomatik dahingehend erschlossen werden, dass die Patientin als Kind nur sehr wenige positive Rückmeldungen und Wertschätzungen ihrer Person erhalten hatte. Insbesondere die Mutter habe sie kaum akzeptieren können und es habe eine tiefe depressive Stimmung im Hause geherrscht. Den Vater erinnert sie als schwach und es sei von ihm eine tiefgehende Existenzangst ausgegangen, in der Welt zu scheitern und nicht zurechtzukommen. Um die Ängste kontrollieren zu können, habe sie sich auf den Körper reduziert, auf die Nahrungsaufnahme, die sie gut steuern konnte: „Wenn ich nichts esse, fühle ich mich sicherer. Versuche ich, mein Essverhalten zu normalisieren, werde ich grenzenlos, werde ich unendlich wütend auf mich, habe keine Geduld mehr mit mir, habe tatsächlich immer nur Angst. Ich verurteile mich dafür, dass ich so bin, und verfalle aus einem Sicherheitsbedürfnis heraus in meine alten kontrollierenden Gewohnheiten."

Ausgehend von ihrer Kindheitssituation stellten sich die Fragen: Was bin ich wert zu bekommen? Was reicht aus, um mich zufrieden zu stellen? Was muss ich tun, leisten, damit ich mit mir zufrieden sein kann? Perfektionszwang, asketische Grundhaltung und ein hohes Leistungsideal konnten als Kompensationsmechanismen und Bewältigungsverhalten verstanden werden, um dem negativen Selbstbild sowie den ungenügenden Beziehungserfahrungen etwas entgegen zu setzen.

Ihr Verhalten gegenüber der Familie war dadurch geprägt, möglichst nichts falsch und es allen recht zu machen, um so Bestätigung zu erfahren. Nur mit großer Scham und Schuldgefühlen konnte die Patientin über ihre aggressiven Impulse, insbesondere den Eltern gegenüber berichten, denen sie ja eigentlich Dankbarkeit zeigen müsste. In ihren Tagebuchaufzeichnungen hielt sie fest, dass sie sich in ihren Gedanken zu stark kritisiere und sich ständig mit ihren eigenen Mängeln beschäftige: „Jeder Mensch ist fehlerhaft, doch so möchte ich nicht sein, denn dann wäre ich nur mittelmäßig und so möchte ich auf gar keinen Fall sein. Dann würde genau das passieren, wovor ich mich so sehr fürchte. Ich wäre bedeutungslos, keiner würde mich sehen, meine Worte hören, ich würde unerkannt untergehen. Ich habe soviel Angst davor, zur Ruhe zu kommen, auch körperlich zur Ruhe zu kommen, weil ich fürchte, mich dann gar nicht mehr zu fühlen."

Sich auszuruhen, bedeutete aufgrund dieser Erfahrungen, gelähmt, hilflos und ausgeliefert zu sein. Die therapeutische Beziehung war von der Wiederholung der frühkindlichen Situation sowie dem Wunsch nach Annahme geprägt und schwankte zwischen Idealisierung und hohem Misstrauen. Die frühkindlichen Eindrücke und Beziehungsmuster prägten immer noch das Erleben und Verhalten der Patienten. In der therapeutischen Beziehung wurden diese Themen aufgegriffen, sie aktualisierten sich in der Übertragung und konnten

▶

auf diesem Weg angesprochen und von der Patientin verstanden und emotional dahingehend korrigiert werden, dass es ihr zunehmend gelang, ihr Gewicht besser zu kontrollieren und eigene Wünsche umzusetzen.

Nach Stadler und Witte (1987) kommt es darauf an, den Sinn eines Symptoms auf dem biographischen Hintergrund zu erschließen sowie die damit verbundene finale Bedeutung und Funktion zu verstehen, denn „die Symptomatik ist das Ergebnis eines notwendig scheiternden Versuchs, in einer Problemsituation eine *Lösung* zu finden" (S. 101).

3 Praxis individualpsychologisch-analytischer Kindertherapie

Das Vorgehen in der Therapie wird bestimmt vom psychodynamischen Zugang und dem Verständnis der Symptomatik aufgrund biographischer Ereignisse und Erfahrungen sowie dem früheren und aktuellen intrafamiliären Beziehungsgeflecht. Der therapeutische Rahmen stellt einen Raum bereit, in dem sich diese Konflikte und Bedürfnisse darstellen können. Stadler (1992) führt aus, dass es dem Kind im Schonraum der Therapie möglich wird, Lösungsversuche für seine innerseelischen Konflikte und nicht geglückten Kompensationsversuche zu finden. Dieser Prozess gelingt durch die psychotherapeutische Beziehungsgestaltung: „Ich als Therapeutin nehme daran teil, indem ich mich zur Verfügung stelle als Hüterin des therapeutischen Rahmens. Ich bin Mitspielerin in der dramatischen Selbstinszenierung des Patienten und Projektionsfläche für seine Übertragungen. Ich bin beteiligt, indem ich in den Dialog des Patienten mit sich selbst und mit den in ihm lebendig wirksamen Bildern von Menschen und Dingen aus seiner Welt einsteige, dabei bin und zuschaue, zuhöre, mitfühle und mitspiele. Ich deute für mich, was ich wahrnehme, was ich fühle bei dem Patienten und bei mir in meiner Gegenübertragung. Immer wieder stelle ich mir die Frage: Um was geht es dem Kind innerseelisch bei allem, was es mir zeigt? Von der Antwort, die sich mir zeigt, lasse ich mich dann in meinen Aktivitäten leiten" (Stadler, 1992, S. 101).

Ausgehend von den im Erstgespräch erhaltenen Informationen und den sich hieraus ableitenden Hypothesen, dienen die nächsten Stunden vorrangig der Beobachtung (Stadler, 1993): „Wir suchen wieder nach der Bewegungslinie im Leben des Kindes, nach seinem Lebensstil. Dieser stellt sich in der diagnostischen und der therapeutischen Situation sichtbar dar. Wir versuchen, die bewussten und unbewussten Ziele zu erkennen, die das Kind sich gesetzt hat, denen es zustrebt. Wir versuchen auch, die Mittel zu verstehen, die es benutzt, um zu diesen Zielen zu kommen" (Stadler & Witte, 1987, S. 89). Nach dem individualpsychologischen Therapieverständnis inszeniert das Kind seinen Grundkonflikt im symbolischen Spiel immer neu, so dass er dem eigenen Erleben zugänglich wird und damit benannt und bearbeitet werden kann (Stadler, 1991). In der therapeutischen Situation wird anders als im Alltag des Kindes darauf geachtet, welche Grundbedürfnisse und Themen das Kind im Spiel ausdrückt. Durch die Möglichkeit, seine seelische Not im Spiel zu offenbaren, wird dieses zum Ausgangspunkt des therapeutischen Vorgehens. Die therapeutischen Aktivitäten unterteilen sich nach Stadler und Witte (1987) in Abhängigkeit von Alter, Entwicklungsstand und Therapieverlauf in ein spiegelndes Mitspielen, ein deutendes Mitspielen sowie in eine Phase des Deutens, Verbalisierens und Verarbeitens.

Es ist beeindruckend, wie Kinder ihren Lebensstil, ihre biographischen und aktuellen Erfahrungen in Bildern und Geschichten ausdrücken können. Im therapeutischen Prozess kommt es dann darauf an, diese Informationen zu bündeln und in einer Weise dem Kind so rückzuvermitteln, dass Ängste, Rückzugsverhalten sowie Blockaden aufgelöst und wichtige Entwicklungsschritte erreicht werden können.

Fallvignette 2
Heiko wird in Begleitung seiner Mutter ambulant vorgestellt (Lehmkuhl, 1994). Der zehnjährige Junge verweigerte in der Schule die Mitarbeit, ging Kontakten zu Gleichaltrigen aus dem Weg und zeigte zu Hause ein aufbrausendes Verhalten mit häufigen Wutanfällen. Die Symptomatik verschärfte sich durch die Scheidung von Heikos Eltern. Vater und Mutter hatten über viele Jahre hinweg ihre heftigen Streitigkeiten offen ausgetragen, sich jedoch aufgrund ihrer ambivalenten Haltung zueinander weder für ein Zusammenleben noch für eine eindeutige Trennung entschließen können. Bei Heiko traten zunehmend Ängste vor dem Kindergarten und später vor der Schule auf und zu Hause eine enge Bindung an die Mutter. Bereits die ersten Gespräche ergaben, dass sich Heiko als Außenseiter fühlte. Er versuchte, zwischen den Positionen des Vaters und der Mutter zu vermitteln, schätzte jedoch die familiäre Situation als für sich gefährlich und unsicher ein. Misstrauisch gegenüber Freundschaften und Kontakten zu Gleichaltrigen lebte er in einer eigenen Phantasiewelt. Die von ihm gezeichnete Familie-in-Tieren verdeutlichte diese bedrückende Atmosphäre: der Vater wird zum Hummer, der mit seinen Scheren kleine Fische töten kann; die Mutter erscheint in der Gestalt einer verschlossenen Muschel, schwer erreichbar, und er selbst taucht als ein Hai auf, den er wie folgt beschreibt: „Es gibt gefährliche und ungefährliche Haie. Dieser hier ist ein ungefährlicher. Er tötet nur Fische. Der Hai schwimmt ganz schnell, deshalb sieht man das Wasser so am Maul vorbeispritzen". Heiko befindet sich auf der Flucht, ohne eine rechte Orientierung mit dem gefährlichen Vater-Hummer identifiziert, kann er von der Mutter nicht viel an Zuwendung erwarten. Es existiert keine sichere schützende Umgebung und er fühlt sich in seinen anstehenden Entwicklungsaufgaben überfordert und wenig unterstützt. ▶

Die familiären und sozialen Belastungen der Familie verlangten ein umfangreiches Behandlungskonzept mit Elternberatung und schulbezogenen Interventionen. Dies allein reicht jedoch nicht aus, um Heikos emotionale Labilität, seinen aus dem biographischen Kontext ableitbaren Lebensentwurf mit dem Persönlichkeitsideal des „unbesiegbaren Hais" und den neurotischen Sicherungstendenzen durch Verlusterfahrungen, Sicherheit und Versorgung betreffend, zu verändern. Heikos Therapiebeginn war von Misstrauen gegenüber Erwachsenen und vor allem auch dem Therapeuten gegenüber geprägt. Er breitete eine einsame Welt aus, in der überall Gefahren lauerten und in die er den Therapeuten kaum einbezog, ihm vielmehr bedeutete, zu dieser Welt keinen Kontakt zu erhalten. In der Gegenübertragung zeigte sich dies in Hilflosigkeit, Ohnmachtsgefühlen und Ärger, so deutlich ausgeschlossen und nicht mit einbezogen zu sein. Andererseits wurde auch rasch verständlich, wie stark sich Heiko vor neuen Erfahrungen, die er mit Enttäuschung gleichsetzte, schützen musste. In einer der ersten Therapiestunden malte er nach kurzem Überlegen ein U-Boot (Abb. 9.1).

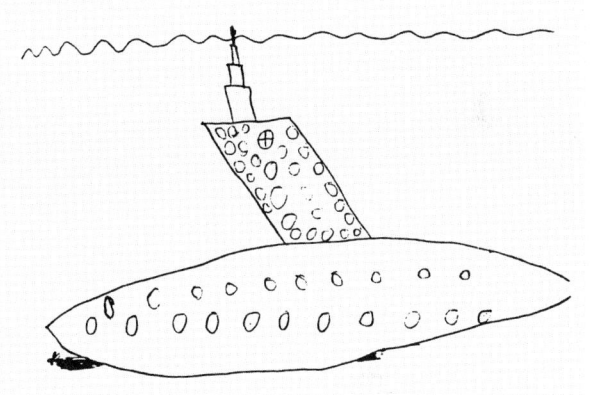

Abbildung 9.1. Heikos U-Boot

Anschließend schloss er einen kleinen Vortrag an, wie solch ein U-Boot funktioniert. Zu Beginn der nächsten Stunde malte er ein weiteres U-Boot und versah es mit „wissenschaftlichen Informationen" über die Torpedos, das Radarsystem und bestimmte Fische (Abb. 9.2).

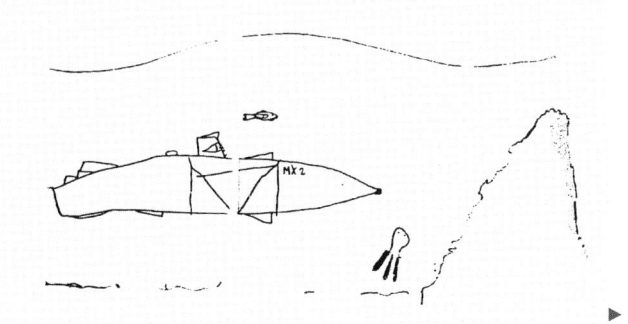

Abbildung 9.2.
Gefahren lauern überall

Er erzählte zu dem Bild folgende Geschichte: „In dem U-Boot ist ein Wissenschaftler. Das U-Boot selbst ist aus einem ganz bestimmten Material, das nicht kaputt geht. Noch nicht mal von Bomben, aber von dem kleinen Fisch, der bestimmte Laute von sich gibt, die das Boot zerstören. Aber da der Forscher diese Tiere züchtet, besteht keine echte Gefahr. Es ist sozusagen ein Team." Anhand der bereits vorhandenen Bilder entwickelte Heiko in den nächsten Stunden seine Geschichte weiter. Es gab für ihn zwei Möglichkeiten: erstens den Felsen zu torpedieren, damit der Vulkan ausbricht, und zweitens aufzutauchen, um über den gefährlichen Felsen hinweg zu schwimmen. Lange konnte er sich nicht entscheiden, bis er den zweiten Weg wählte, denn der Felsen wäre ja Natur und die wolle er nicht zerstören. Außerdem würde er dann andere Schiffe gefährden (Abb. 9.3).

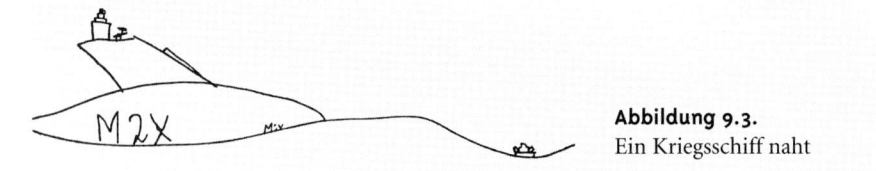

Abbildung 9.3.
Ein Kriegsschiff naht

Im Verlauf der einen längeren Therapieabschnitt begleitenden Geschichte, die hier nur kursorisch dargestellt werden kann, wurde das U-Boot auch von einem Kriegsschiff torpediert (Abb. 9.4): „Aber der Schuss geht daneben! Die Besatzung des U-Bootes rettet sich durch einen Torpedo, der bei Aufprall größer wird. Mit diesem Ding kommen sie endlich an Land, an ihr Ziel".

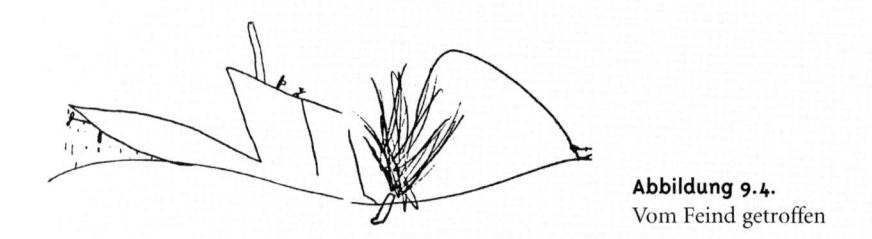

Abbildung 9.4.
Vom Feind getroffen

Heiko beendet die Geschichte damit, dass die Rakete auf einer Insel landet (Abb. 9.5). Die restliche Mannschaft baut dort ein Zelt mit Radar auf. Die feindliche Flotte kann sie dort nicht entdecken, da sie gut getarnt sind. Die Rakete qualmt noch, aber sie haben keinen Mechaniker mehr, der Funker ist krank. Dennoch geht die Geschichte gut aus, da sie noch Lebensmittel bis an ihr Lebensende haben. Bald würde auch das U-Boot wieder auftauchen, der mechanische Fehler wäre behoben, denn das U-Boot könne sich immer an seine Umwelt anpassen mit Hilfe einer Tarnfarbe.

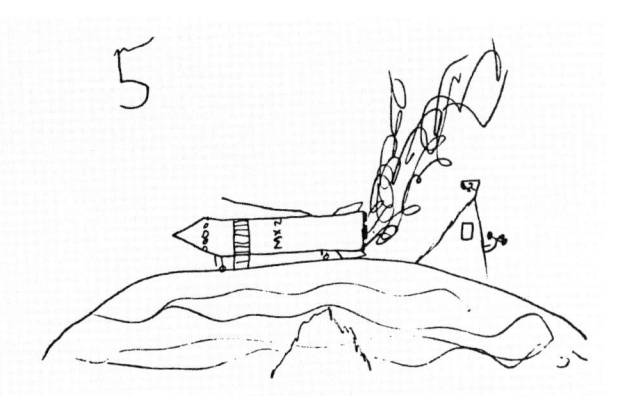

Abbildung 9.5. Rettung auf eine einsame Insel

Heikos Phantasiegeschichten erlebten im Therapieverlauf eine zunehmende Auflockerung. Die Welt wurde weniger bedrohlich, die Anzahl der Mitreisenden nahm zu. Auch der Therapeut durfte als verlässlicher Begleiter daran teilnehmen. Eine spätere Fortsetzungsgeschichte handelt von einer kleinen Eisenbahn und einem kleinen Jungen aus Deutschland, die gemeinsam durch die Welt ziehen, um Freunde zu finden. Sie treffen in London eine kleine Holzeisenbahn und einen englischen Jungen, die sich ihrer Weltreise anschließen. Sie fahren gemeinsam nach Japan. Die Geschichte geht wie folgt weiter: „Plötzlich sehen sie eine alte E-Lok in einem Graben auf Schienen stehen, die nicht mehr fahren kann, weil ihre Räder und Bremsen eingerostet sind. Sie wollen ihr helfen, aber die Eisenbahn hat aufgegeben: Fahrt ihr lieber weiter und lasst mich hier liegen, ihr könnt mir nicht helfen, ich bin zu alt, nachher seid ihr selbst ganz verrostet und könnt nicht mehr fahren!"

Die inzwischen auf fünf Freunde angewachsene Gruppe lässt sich aber nicht davon abbringen und versichert der alten Lok, dass sie ihr helfen wollen, dass sie sich aber auch helfen lassen muss. Sie heben sie gemeinsam aus den Schienen und aus dem Graben, lösen ihre Räder, damit sie mit ihnen durch das Land rollen kann.

Parallel zu diesen Geschichten gelang es Heiko, seine Erfahrung aus der Therapie auch in den schulischen Alltag, dem Freizeitbereich und familiären Kontext zu übertragen und dort konstruktiv zu nutzen. Es gelang ihm, sich am Unterricht besser zu beteiligen und sich mit seinen Klassenkameraden zu verständigen. Die Rückmeldungen von dort wurden in Einzelgesprächen aufgegriffen und in der begleitenden Elternarbeit reflektiert. So gelang es, das soziale Umfeld von Heiko in hohem Maße mit einzubeziehen und die positiven Veränderungen in konkrete Situationen zu übertragen.

Insofern ergänzen sich nach dem individualpsychologischen Verständnis entwicklungsfördernde und psychodynamische Ansätze, die darüber hinaus eine Stärkung der Ich-Funktion und Interaktionskompetenzen bewirken, damit das

Bewältigungsverhalten verbessern und damit auch einen störungsspezifischen Effekt besitzen. Störungsspezifisch bedeutet hier jedoch nicht ein rein symptomorientiertes Vorgehen, da sich langfristige Veränderungen erst dann einstellen können, wenn die grundlegenden entwicklungshemmenden und Konflikt erhaltenden Mechanismen erkannt und bearbeitet worden sind. Insofern ist die Symptomverbesserung nicht zu vernachlässigen, andererseits müssen die dahinter stehenden inneren Beweggründe und Persönlichkeitsziele verstanden werden: „Das Symptom hat in diesem Gefüge einen Sinn. Ihn gilt es in der Therapie zu verstehen. Die Symptomatik ist das Ergebnis eine notwendig scheiternden Versuches, in einer Problemsituation eine ‚Lösung' zu finden. Die Therapie soll nicht das Symptom beseitigen, sondern überflüssig machen und im Kind Möglichkeiten wecken, auf geeigneteren Wegen voranzuschreiten" (Stadler & Witte, 1987, S. 96).

4 Die analytische Kinder- und Jugendlichenpsychotherapie in der heutigen Individualpsychologie

Stadler (1992) geht ausführlich auf den Rahmen in der heutigen analytischen individualpsychologischen Kinder- und Jugendlichenpsychotherapie ein. Sie betont, dass die therapeutische Beziehung getragen wird „von der gemeinsamen Aufgabe, sowohl die innerseelischen, unbewusst wirksamen Persönlichkeitsziele dem Erleben zugänglich zu machen, als auch die Wege, auf denen die Patienten glaubten, dorthin gelangen zu können" (Stadler, 1992, S. 101). Symptome haben hierbei Signalfunktion. Sie machen auf spezifische Weise auf eine psychische Belastung und Not aufmerksam und dienen dazu, das seelische Gleichgewicht wieder herzustellen. Durch diesen, dem Kind unbewussten Prozess stellt sich eine instabile Balance her, die mit Entwicklungshemmung, Rückzug, Einengung usw. erkauft wird und oft solange notwendig ist, bis gemeinsam mit dem Kind adäquatere Lösungen gefunden worden sind: „Symptome werden also von mir als Therapeutin gewertet als ein schöpferischer Akt des Kindes, als ein Selbstheilungsversuch, der gescheitert ist, und als etwas Störendes, das beseitigt werden muss. Das ist wesentlich für das Verständnis der Psychodynamik der neurotischen Entwicklung und der Therapie, die das Kind in seiner Eigenaktivität sieht in all seinen Lebensäußerungen" (Stadler, 1992, S. 99). Spiel, Träume und frühkindliche Erinnerungen stellen dabei Möglichkeiten des Zugangs und Schlüssel auf der Suche nach Lösungen dar (Ammon, 1992; Bade, 1992; v. Treuberg, 1992; Müller-Römer, 1992). Die individualpsychologischen Vorstellungen und Theorien über die Entstehung seelischer Störungen führten zu einer intensiven Diskussion über die Wirkfaktoren in der Kinderpsychotherapie an (Bade, 1997; Behrmann-Zwehl, 1997). Einerseits kommt dem symbolischen Spiel hierbei als spezifischem Medium eine besondere Bedeutung zu und andererseits kann es durch die Analyse der therapeutischen Beziehung gelingen, lebensstiltypische

Fiktionen und Fixierungen zu verändern (Bade, 1997). Ein weiterer Schwerpunkt der aktuellen Diskussion stellen die unterschiedlichen Formen von Elternarbeit dar. Hierbei wird im Spannungsfeld zwischen theoriegeleiteter Reflektion von kasuistischem Material einerseits und der Entwicklung sowie Fundierung allgemein gehaltener Konzepte andererseits nach spezifischeren Vorgehensweisen gesucht (Datler & Bogyi, 1998; Lehmkuhl & Lehmkuhl, 1991; Madzar, 1998; Bernhofer, 1998; Westram, 1997).

Effektivitätsstudien notwendig. Alan E. Kazdin weist in seinem 2002 erschienenen Übersichtsartikel „The State of Child and Adolescent Psychotherapy Research" daraufhin, dass in den letzten Jahren eine ganze Reihe von kontrollierten Studien mit anspruchsvoller Methodik erschienen sind, so dass zunehmend evidenzbasierte und gesicherte Ansätze vorliegen. Er betont aber auch, dass wesentliche Forschungsfragen bisher vernachlässigt wurden, vor allem diejenigen, die den Therapieprozess betreffen sowie den Einfluss intervenierender Variablen auf das Behandlungsergebnis. Während für kognitiv-behaviorale Verfahren eine Vielzahl, auch methodisch zufriedenstellender Untersuchungen vorliegt, trifft dies für alle anderen Therapierichtungen, insbesondere auch für die psychoanalytisch-psychodynamischen, nicht zu (Shapiro, 1989; Shapiro & Esman, 1992). Eine entscheidende Forschungspriorität sollte daher nach Kazdin (1994) darin bestehen, das Spektrum der untersuchten Behandlungsansätze zu erweitern (s.a. Feindler, 1995; Fonagy & Moran, 1990; Fonagy & Target, 1994). Die psychoanalytischen und psychodynamischen Verfahren müssen ihre Berechtigung und Effektivität gegenüber den pluralistischen differenzierten und individuellen Behandlungsplänen nachweisen. Bei diesen variieren die eingesetzten Techniken zwischen alternativen Konzepten und innerhalb derselben je nachdem „wer in die Therapie kommt (Kind, Eltern, Familie), dem therapeutischen Fokus (Affekte, kognitives Verhalten) und dem Rahmen (Praxis, Klinik, Schule, Zuhause), in dem die Psychotherapie stattfindet" (Kazdin, 1994). Andererseits sagen die empirischen Ergebnisse sehr wenig darüber aus, wie Therapieeffekte im psychotherapeutischen Prozess hergestellt werden, wobei es speziell bei Kindern und Jugendlichen wichtig ist, mehr über die therapeutisch bedeutsamen Mechanismen, Hintergründe und Prozesse zu erfahren, die zu einer besseren Indikations- und Behandlungsentscheidung beitragen könnten (Target & Fonagy, 1994a, b; Fonagy & Target, 1995). In diesem Sinne argumentierten auch Shapiro und Esman (1992), wenn sie darauf hinweisen, dass dynamische Konzepte sowohl unser Verständnis intrapsychischer und interaktioneller Prozesse bereichert haben, als auch die Beurteilung von psychischen Strukturen und die Behandlungstechnik verbessern. Andererseits stellt die aktuelle Diskussion über die Effektivität verschiedener Behandlungsansätze eine Herausforderung für die klinische, praxeologische und empirische psychoanalytische und psychodynamische Forschung dar, die auch bereits zu entsprechenden kontrollierten Therapiestudien führten (Windaus, 2005; Kronmüller et al., 2005; Horn et al., 2005; Winkelmann et al., 2005; Weber, 2005). Die psychoanalytische Forschung hat somit die Herausforderung angenommen, um zu einer evidenzbasierten Grundlage psychodynamischer Verfahren beizutragen und damit unser Wissen aus der klinischen Praxis methodisch anspruchsvoll zu untermauern (Lehmkuhl, 2005).

Literatur

Adler, A. (1912). Über den nervösen Charakter. Kommentierte und textkritische Ausgabe, hrsg. von K.-H. Witte, A. Bruder-Bezzel & R. Kühn (1997). Göttingen: Vandenhoeck & Ruprecht.

Adler, A. (1914). Zur Erziehung der Eltern. Monatshefte Pädagogische Schulpolitik, 8, 225–235, 1912 (Repr. in Heilen und Bilden. 1914. Frankfurt/M. 1973).

Adler, A. (1931). Wozu leben wir? (What life should mean to you). Neu hrsg. v. W. Metzger (1979). Frankfurt/M.: Fischer Taschenbuch.

Ammon, C. (1992). Ein Traum aus der Adlerperspektive. Überlegungen zur Initialphase der Therapie mit einer Jugendlichen. In K.-H. Witte (Hrsg.), Praxis und Theorie der Individualpsychologie, Beiträge zur Individualpsychologie, Bd. 16 (S. 103–111). München: Reinhardt.

Bade, H. (1992). Der Traum von der Brücke. Zur Arbeit mit Träumen in der Kindertherapie. In K.-H. Witte (Hrsg.), Praxis und Theorie der Individualpsychologie heute. Beiträge zur Individualpsychologie, Bd. 16 (S. 112–122). München: Reinhardt.

Bade, H. (1997). Wodurch wirkt die Kinderpsychotherapie? Zeitschrift für, Individualpsychologie, 22, 252–265.

Behrmann-Zwehl, E. (1997). Jungen können alles besser. Zeitschrift für Individualpsychologie, 22, 288–299.

Bernhofer, R. (1998). Spielräume der Wahrnehmung. Die Eltern-Kind-Interaktion als Schlüssel zum Verständnis und zur Behandlung von Wahrnehmungsstörungen. Zeitschrift für Individualpsychologie, 23, 13–22.

Bruder-Bezzel, A. (1985). Das Spannungsverhältnis von Macht und Ohnmacht als Grundproblem der Persönlichkeitstheorie Alfred Adlers. Zeitschrift für Individualpsychologie, 10, 11–17.

Datler, W. & Bogyi, G. (1998). Editorial. Zeitschrift für Individualpsychologie, 23, 1–2.

Ellenberger, H.F. (1985). Die Entdeckung des Unbewussten (rev. Ausgabe). Zürich: Diogenes.

Feindler, E.I. (1995). Ideal treatment package for children and adolescents with anger disorders. Issues in Comprehensive Pediatric Nursing, 18, 233–260.

Fonagy, P.& Moran, G.S. (1990). Studies on the efficacy of child psychoanalysis. Journal of Consulting and Clinical Psychology, 58, 684–695.

Fonagy, P. & Target, M. (1994). The efficacy of psychoanalysis for children with disruptive disorders. Journal American Academy of Child and Adolescent Psychiatry, 33, 45–55.

Fonagy, P. & Target, M. (1995). Kinderpsychotherapie und Kinderanalyse in der Entwicklungsperspektive: Implikationen für die therapeutische Arbeit. Kinderanalyse, 3, 150–186.

Furtmüller, C. (1914). Alltägliches aus dem Kinderleben. Internationale Zeitschrift für Individualpsychologie, 1, 53–58.

Grawe, K. (1995). Grundriss einer Allgemeinen Psychotherapie. Psychotherapeut, 40, 130–145.

Horn, H., Geiser-Elze, A., Reck, C., Hartmann, M., Stefini, A., Victor, D., Winkelmann, K. & Kronmüller, K.-Th. (2005). Zur Wirksamkeit psychodynamischer Kurzzeitpsychotherapie bei Kindern und Jugendlichen mit Depressionen. Praxis der Kinderpsychologie und Kinderpsychiatrie, 54, 578–597.

Kazdin, A.E. (1994). Psychotherapie mit Kindern und Jugendlichen. Psychotherapeut, 39, 345–352.

Kazdin, A.E. (2002). The State of Child and Adolescent Psychotherapy Research. Child and Adolescent Mental Health, 7 (2), 53–59.

Kronmüller, K.-Th., Postelnicu, I., Hartmann, M., Stefini, A., Geiser-Elze, A., Gerhold, M., Horn, H. & Winkelmann, K. (2005). Zur Wirksamkeit psychodynamischer Kurzzeitpsychotherapie bei Kindern und Jugendlichen mit Angststörungen. Praxis der Kinderpsychologie und Kinderpsychiatrie, 54, 559–577.

Lehmkuhl, G. (1987). Die Bedeutung psychodynamischer Konzepte für die Behandlung von kinder- und jugendpsychiatrischen Erkrankungen. Zeitschrift für Individualpsychologie, 12, 75–90.

Lehmkuhl, G. (1994). Individualpsychologische Ansätze in der Kinder- und Jugendlichen-Psychotherapie. In R. Naske (Hrsg.), Tiefenpsychologische Konzepte der Kinderpsychotherapie (S. 80–105). Wien: Verlag Brüder Hollinek.

Lehmkuhl, G. (2005). Psychotherapieforschung. Zeitschrift für Individualpsychologie, 30, 3–5.

Lehmkuhl, G. & Lehmkuhl, U. (1991). Die Bedeutung neuerer entwicklungspsychologischer Ergebnisse für die Individualpsychologie. In Th. Ahrens & U. Lehmkuhl (Hrsg.), Entwicklung und Individuation. Beiträge zur Individualpsychologie, Bd. 14 (S. 103–114). München: Reinhardt.

Madzar, U. (1998). Mutter und Kind in getrennten Settings bei einer Psychotherapeutin. Zeitschrift für Individualpsychologie, 23, 3–12.

Müller-Römer, K. (1992). „Das Böse ist böse, weil ich es bin". Organminderwertigkeit eines achtjährigen Jungen und ihre Kompensation. Geschichten und Skizzen aus einer Kindertherapie. In K.-H. Witte (Hrsg.), Praxis und Theorie der Individualpsychologie heute. Beiträge zur Individualpsychologie, Bd. 16 (S. 134–144). München: Reinhardt.

Shapiro, T.H. (1989). The psychodynamic formulation in child and adolescent psychiatry. Journal of American Academy of Child and Adolescent Psychiatry, 28, 675–680.

Shapiro. T.H. & Esman, A. (1992). Psychoanalysis and child and adolescent psychiatry. Journal of American Academy of Child and Adolescent Psychiatry, 31, 6–13.

Spiel, G. & Bogyi, G. (1997). Tiefenpsychologische Konzepte. In T. Reinelt, G. Bogyi & B. Schuch (Hrsg.), Lehrbuch der Kinderpsychotherapie (S. 60–68). München: Reinhardt.

Spitz, R.A. (1982). Vom Dialog. Stuttgart: Klett-Cotta.

Stadler, A. (1991). Beziehung oder Übertragung in der Psychotherapie mit Kindern und Jugendlichen. In Th. Ahrens & U. Lehmkuhl (Hrsg.), Entwicklung und Individuation. Beiträge zur Individualpsychologie, Bd. 14 (S. 52–67). München: Reinhardt.

Stadler, A. (1992). Die analytische Kinder- und Jugendpsychotherapie. In K.H. Witte (Hrsg.), Praxis und Theorie der Individualpsychologie heute, Bd. 16 (S. 94–102). München: Reinhardt.

Stadler, A. (1993). Die Initialphase in der analytischen Psychotherapie. In F. Poustka & U. Lehmkuhl (Hrsg.), Gefährdung der kindlichen Entwicklung (S. 230–236). München: Quintessenz.

Stadler, A. & Witte, K.-H. (1987). Analytische Kinder- und Jugendlichen-Psychotherapie in der Individualpsychotherapie Alfred Adlers. In H. Petzold & G. Ramin (Hrsg.), Schulen der Kinderpsychotherapie (S. 83–117). Paderborn: Junfermann.

Target, M. & Fonagy, P. (1994a). Efficacy of psychoanalysis for children with emotional disorders. Journal of American Academy of Child and Adolescent Psychiatry, 33, 361–371.

Target, M. & Fonagy, P. (1994b). The efficacy of psychoanalysis for children: Prediction of outcome in a developmental context. Journal of American Academy of Child and Adolescent Psychiatry, 33, 1134–1144.

Treuberg, Ch. v. (1992). Comicfiguren. Identifikationen zum Ausprobieren und Wegwerfen. In K.-H. Witte (Hrsg.), Praxis und Theorie der Individualpsychologie heute.

Beiträge zur Individualpsychologie Bd. 16 (S. 123–133). München: Reinhardt.

Weber, M. (2005). Analytische Psychotherapie mit Kindern und Jugendlichen – Eine Studie zur Behandlungswirksamkeit. Zeitschrift für Individualpsychologie, 30, 6–27.

Westram, J. (1997). „Nudelessen": Drei Lebensstilvariationen über ein Thema. Zeitschrift für Individualpsychologie, 22, 266–276.

Wexberg, E. (1926). Seelische Entwicklungshemmungen. Wien: Perles.

Wexberg, E. (1931). Sorgenkinder. Leipzig: Hirzel (Nachdr. Stuttgart: Hirzel 1987).

Windaus, E. (2005). Wirksamkeitsstudien zur tiefenpsychologisch fundierten und analytischen Kinder- und Jugendlichenpsychotherapie. Praxis der Kinderpsychologie und Kinderpsychiatrie, 54, 530–558.

Winkelmann, K., Stefini, A., Hartmann, M., Geiser-Elze, A., Kronmüller, A., Schenkenbach, C., Horn, H. & Kronmüller, K.-Th. (2005). Zur Wirksamkeit psychodynamischer Kurzzeittherapie bei Kindern und Jugendlichen mit Verhaltensstörungen. Praxis der Kinderpsychologie und Kinderpsychiatie, 54, 598–614.

10 Integrative Kinder- und Jugendlichenpsychotherapie

Bruno Metzmacher · Helmut Zaepfel

1 Einführung

Die ersten Überlegungen zu einer Integrativen Kinder- und Jugendlichenpsychotherapie wurden von Petzold bereits Ende der 1960er Jahre entwickelt (vgl. Petzold & Ramin, 1987), durch kinder- und jugendpsychiatrische Erfahrungspraxis weiterentwickelt (vgl. Landsberg & Mahlzahn, 1996) und ab Anfang der 1980er Jahre als 5-jährige Weiterbildung (EAG-FPI) gelehrt. Seither wurden mehr als 600 Kinder- und Jugendlichenpsychotherapeuten in diesem Verfahren aus- bzw. weitergebildet. Petzold ging von der Grundannahme aus, dass Kinder, Jugendliche und Erwachsene ihr Selbst- und Weltvertrauen primär im Medium von verlässlich anerkennenden und leiblich fundierten Beziehungen, von experimentell-kreativem Handeln und mehrperspektivischem Denken entwickeln und stabilisieren.

Drei Prämissen. Intersubjektivität, Leiblichkeit und Kreativität sind somit die Prämissen, die diesem Behandlungsmodell zugrunde liegen. Wir gehen davon aus, dass vielfach gehandicapte Kinder und Jugendliche Defizite, Störungen und Traumen in den Bereichen Körperschema- und Affektentwicklung, Bindungsfähigkeit und Interaktionsregulierung sowie Neugierverhalten und kreative Handlungssteuerung aufweisen.

Von daher wurde die Integrative Therapie von Kindern und Jugendlichen als leibnahes, affektiv-kognitives Beziehungslernen im Wege multimodaler, kreativer Leib- und Medienarbeit entwickelt (Metzmacher, 1987; Petzold & Ramin, 1987; Metzmacher, Petzold & Zaepfel, 1996a, b; Rahm, 2004).

2 Therapiegeschichtliche Bezüge

Die Integrative KJP versteht sich als eine Art angewandter Entwicklungs- und Sozialpsychologie (Zaepfel & Metzmacher, 1996). Seine therapiegeschichtlichen Wurzeln hat das Verfahren in den Ansätzen der humanistischen Psychologie, der Gestalttherapie von Perls (1969, 1974), dem Psychodrama von Moreno (1946) den Körper-, Bewegungs- und Kreativitätstherapien (s. Petzold & Orth, 1990).

Diesen Verfahren sind u.a. die folgenden handlungsleitenden Prinzipien gemeinsam (Rahm, 2004, 98):

> **Handlungsleitende Prinzipien**
> ▸ „Experimentiere aktiv mit dir und dem Gegenüber bzw. der Situation." **(Experimentelles Prinzip)**
> ▸ „Identifiziere dich mit dem was tu tust, wahrnimmst, erlebst oder vermeidest, indem du ‚ja' sagst zur Situation und dich dem Handlungs- und Erfahrungsprozess überlässt." **(Identifikationsprinzip)**
> ▸ „Achte mit allen Sinnen auf das, was der Kontakt mit dem Gegenüber und der Situation in dir an Gedanken, Gefühlen und Handlungsimpulsen möglich macht." **(Awareness-Prinzip)**
> ▸ „Unterbreche, verlangsame, steige aus dem Handlungs- und Erfahrungsprozess aus bzw. sage ‚Nein' zur Situation." **(Distanzierungsprinzip)**

In seiner tiefenpsychologischen Orientierung bezieht es sich auf die Zweige der „aktiven" psychoanalytischen Tradition, wie sie vor allem durch Ferenczi (1931) und Winnicott (1973, 1976) vertreten wurden. In ihr sind die Prinzipien der Leiblichkeit und Interaktion als aktive Handlungsorientierung nicht nur in der Theorie, sondern auch therapiepraktisch umzusetzen versucht worden.

3   Philosophiegeschichtliche Hinweise

Petzold hat die tiefenpsychologische Therapeutik in der Handlungsphilosophie des amerikanischen Pragmatismus (vgl. Joas & Knöble, 2004, S. 687ff), den Beziehungslehren von Buber (1965), Gadamer (1990) und der phänomenologischen Leibphilosophie (Merleau-Ponty, 1966) verortet (vgl. Petzold, 2000).

Die drei o.g. Prämissen Intersubjektivität, Leiblichkeit und Kreativität lassen sich darüber inhaltlich bestimmen. Das Ziel dieser Konzeptbildung war und ist es, tiefenpsychologisches, funktional-behaviourales und systemisches Handeln in der Therapie miteinander zu verbinden. Das Verbindungsglied könnte ein Modell kreativen Handelns sein, wie es z.B. im neopragmatischen Ansatz von Joas (1996) zu finden ist. Danach zeichnet sich kreatives Handeln u.a. durch die folgenden Prinzipien aus (vgl. Rahm, 2004, 98):

> **Prinzipien kreativen Handelns**
> ▸ **Kreatives Handeln als dialogischer Prozess.** Kreatives Handeln ist ein Prozess, in dem Zielbestimmung und Mittelbeschaffung, Bedürfnisklärung und Bedürfnisbefriedigung miteinander dialogisch verknüpft sind und sich erst im Verlauf der Problemlösung präzisieren. Das heißt, es geht darum, zu lernen, sich dem Prozessgeschehen von Handlungen zu überlassen und sie nicht ausschließlich sensomotorisch wie kognitiv kontrollieren zu wollen.

▸

- **Regression im Dienst des Veränderungsprozesses.** Dieses Handlungsmodell fokussiert besonders das Feld des nicht-intentionalen, zweckfreien Handelns, der Hingabe, des Spiels, der ästhetischen Sensibilität, dem Tagträumen und allen Formen einer kontemplativen, aktiven Passivität.
- **Leiblichkeit.** Kreatives Handeln ist leibliches Handeln und wird im Rahmen der Primärbeziehungen, d.h. im Medium „zwischenleiblichen Handelns" (Petzold, 2000) erworben.
- **Erfahrungs- und Ressourcenaktivierung.** Der Ort unserer handlungsleitenden Affekte, Bedürfnisse, Motive und Intentionen ist unsere Leiblichkeit bzw. unser leiblich-körperliches Erfahrungswissen, das uns prä-reflexiv gegeben ist (prozedurales Gedächtnis) und erst im Handlungsvollzug per Selbstreflexion verfügbar wird. Das heißt, es bedarf aus der Sicht des Heranwachsenden in der Therapie, einen zweifachen Selbst- und Körperbezug – unter Anleitung – herzustellen:
  (a) Phänomenologisch verstehender Bezug. Ich fühle mich in meine Körper- und Erfahrungswelt ein, in dem ich mich ihr aussetze, Körpersignale wahrnehme, die damit verbundene Erregung aushalte und mit den archivierten Bedeutungen meiner Bindungs- und Welterfahrungen verknüpfe. Hier transformiere ich Körpererfahrungen in szenische Phantasien und Bilder, die mich über meine latenten, nicht bewussten Bedürfnisse und Affekte informieren. Darüber wird der Körper zum beseelten, gespürten Leib.
  (b) Funktionalistisch übender Bezug. Ich versuche gezielt, kontrollierend, mich meiner körperlichen Ressourcen zu bedienen bzw. sie zu trainieren.

4 Beziehungsgestaltung

Dem oben skizziertem Handlungsmodell zufolge ist der methodenintegrativ handelnde Therapeut ein Wanderer zwischen zwei Welten: Er bedient sich zum einen des psychodynamischen „Phantasieschlüssels" (Pohlen & Bautz-Holzher, 1995, 2001). Danach fühlt er sich in sich selbst und die Innenwelt des Klienten ein, indem er das Eigen- wie Fremdseelische, gemeinsam mit dem Klienten, in Bilder fasst und diese Bilder mittels kreativer Medien und Bewegung anschaulich und verstehbar werden lässt (phänomenologisch-hermeneutischer Modus). Zum andern vermag er funktionale und systemische Zusammenhänge herzustellen (analysierender Modus). Er pendelt, je nach Bedarf, zwischen einem zielgerichteten und einem zweckfrei-verspielten Handlungsmodus hin und her. Im zwischenmenschlichen Geschehen orientiert er sich mittels vertiefter Selbst- und strukturierter Fremdwahrnehmung und er entwirft ein unmittelbar erfahrungsnahes Lernen.

Lernen als Beziehungslernen. Der Therapeut in der Integrativen KJP versteht sich von daher als aktive, sich in der Beziehung zum Klienten riskierende Person, der seine Wahrnehmungen, Gedanken, Phantasien und Handlungsimpulse selektiv dosiert, dem Klienten zur Verfügung stellt. Diese partielle Authentizität bzw. selektive Offenheit orientiert sich an dem diagnostischen Wissen über den Patienten und an der „Nutzung" der interaktionellen Resonanz (Metzmacher & Zaepfel, 1996a; Finke, 1999; Zaepfel & Metzmacher, 2004), die dieser im Therapeuten auslöst.

5 Zielsetzungen: Selbst- und Interaktionsregulierung

Multiple symptomatische Belastungen von Kindern und Jugendlichen lassen sich als Störungen der Selbst- und Interaktionsregulierung beschreiben, die die Bewältigung von Entwicklungsaufgaben beeinträchtigen bzw. verhindern (Resch et al., 1996).

Vitale Regulationsfunktionen. Wir unterscheiden die folgenden vitalen Regulationsfunktionen:

- **Emotionale Impuls- und Erregungsregulation**
  „Wie kann ich meine Erregung und meine Gefühle so aushalten lernen, dass ich sie lesen und zu beeinflussen vermag, so dass ich ein Gefühl erlebe und nicht von ihm beherrscht werde?"
- **Motivregulation und Willensbildung**
  „Wie kann ich meine Motive und Intentionen unter Berücksichtigung meiner Ängste und Unsicherheiten so wahrnehmen und hierarchisieren, dass ich nicht zum Spielball meiner verschiedenen Impulse werde?"
- **Expressivität und Kreativität**
  „Wie kann ich Mut zum Ausdruck entwickeln und so fehlerfreundlich werden, dass ich Freude am Experimentieren mit mir und der Welt entwickle?"
- **Solidarität und interaktionelle Netzwerkregulation**
  „Wie kann ich für das soziale Miteinander eine Selbst- und Fremdwahrnehmung entwickeln, die mich sicherer im Kontakt und der Herstellung von Beziehungen sowie der Übernahme sozialer Verantwortung macht?"
- **Identitätsarbeit**
  „Wie kann ich ein Gefühl von: ‚Das bin Ich und Ich das sind Viele und alles zusammen ist ganz o.k.', entwickeln?" (Metzmacher & Zaepfel, 1996a, 2002).

6 Methodik

Zur Entwicklung der o.g. Regulationsfunktionen zielen die therapeutischen Beziehungsangebote darauf ab, zwischen Therapeut und Klient ein entwicklungsförderndes Erfahrungsfeld aufzuspannen, das Winnicott (1973) erstmals als

Übergangsraum und Katz-Bernstein (1996) als „safe place" beschrieb. In diesem Raum ist sowohl freies Spiel wie funktionales Üben möglich. Dabei sind vier Beziehungsweisen und beziehungsspezifische Lernangebote unterscheidbar (Katz-Bernstein 2006).

6.1 Die leiblich-sensomotorische Beziehungsgestaltung

Hier fungiert der Therapeut als Antwort gebende Instanz, der das innerseelische wie interaktionelle Geschehen handelnd kommentiert. Das heißt, er kann in alle erdenklichen Rollen schlüpfen, die das Kind/der Jugendliche zuweist oder er selbst, eigeninitiativ, ausprobiert (vgl. Rahm 2004). So kann er im freien Spiel z.B. das Kind aktiv dabei unterstützen, für sich einen äußeren, sicheren Ort (z.B. eine Höhle aus Matratzen) mit „inneren Beiständen" (z.B. eine Puppe, ein Stofftier) zu entwickeln, auf den es lernt, in der Krise zurückzugreifen. Im freien Spiel aktiviert die Nutzung verschiedenster Medien (Malen-Ton-Bewegung) – Petzold und Orth (1990) nennen das intermediale Quergänge – die Fähigkeit zu kreativ-magischem Denken und Erleben. Letzteres erlaubt dem Kind und z.T. auch Jugendlichen auf „ungefährliche" Weise u.a., unbewusste Erfahrungsinhalte mitzuteilen, die die inneren Verbote und Gebote leichter zu unterlaufen erlauben. Indem Inhalte unbewusster Introjekte z.B. mit Hilfe kreativer Medien maskiert artikuliert werden können, erlebt der Klient Momente innerer Abgrenzungsfähigkeit und Autonomie gegenüber ansonsten überwältigenden Zensur- und Bewertungsinstanzen. In diesem Beziehungsmodus ist es aber auch möglich, funktional übende Verfahren einzusetzen, wie sie die Verhaltenstherapie (Borg-Laufs, 2001) in Fülle entwickelt hat.

6.2 Die mentalisierende, symbolisch-repräsentative Beziehungsgestaltung

Hier verkörpert der Therapeut die verstehende, sinngebende, symbolisierende Instanz. Er lässt den Klienten an seiner Phantasiearbeit teilnehmen, sei es in Gestalt eines laut werdenden inneren Monologs oder Dialogs mit Spielobjekten, sei es in Form einer psychoedukativen Erläuterung der Problemlagen des Kindes/Jugendlichen. Auch erzählte Berichte über Problemlagen anderer Kinder/Jugendlicher, ihr Scheitern und deren Folgen, wie auch deren Bewältigungsleistungen, die natürlich ausgewählt und passgenau verwendet werden müssen, haben mitunter eine deutliche aufmerksamkeitsfördernde Wirkung. Das zeigt sich z.B. daran, dass nach deren weiterer Entwicklung gefragt wird.

Gemeinsame Aktionen wie gemeinsam erzählte Geschichten vermitteln Hypothesen darüber, was das Kind/der Jugendliche in der konkreten Situation fühlt, auf welchen Körperinseln sich das Gefühl artikuliert, was die Gefühle mitteilen, wenn sie sprechen könnten, wie man sich selbst und den anderen wahrnimmt, welche Gedanken und Handlungsimpulse auf welche Bedürfnisse und Motive hinweisen. Aktionales wie symbolisierendes Kommentieren ermöglichen dem Heranwachsenden, zunehmend eine Art „Satellitenposition" zu übernehmen, von der aus ein Überblick auf das Handlungsgeschehen und die innerseelische Prozesse möglich ist. Des Weiteren wird das beziehungspraktische Wissen vermittelt, dass Selbst- und Fremdeinfühlung einander wechselseitig bedingen und. (Zaepfel & Metzmacher, 2004). Dieses de-zentrierende Beziehungsangebot wird durch einen weiteren Beziehungsmodus verstärkt.

6.3 Die sozialisierende, wertorientierende Beziehungsgestaltung

Hier konfrontiert der Therapeut den Klienten mit seinen Bewertungen, seiner Moral- und Wertewelt sowie seinen Problemlösungsideen. Dieses dialogische Beziehungsangebot macht den Klienten mit der Tatsache vertraut, dass Beziehungen zwischen Menschen Zwei-Personen-Veranstaltungen sind, und nicht nur dem Drehbuch einer der Akteure dauerhaft folgen kann. Alltagsbeziehungen ertragen solche Inszenierungen nur bedingt und werden über kurz oder lang abgebrochen, weil sie ohne Gegenseitigkeit nicht auskommen. Deshalb bedeutet die Hervorhebung subjektiver Sichtweisen des Therapeuten, d.h. Mitteilungen über seine Wünsche, Assoziationen, Handlungsimpulsen etc., eine Konfrontation mit Mehrperspektivität und Ambivalenz (Metzmacher, 2004). Konfrontation im engeren Sinn ist der Verweis auf die Konsequenzen des Verhaltens, sei es in Bezug auf die im Arbeitsbündnis und den Setting-Bedingungen vereinbarten Absprachen und Regeln, sei es in seinen schädigenden Auswirkungen auf die Beziehung des Klienten zu sich selbst wie zu anderen, z.B. auf die therapeutische Beziehung oder auch konkret auf die räumlich-gegenständlichen Dinge bezogen (vgl. Hockel, 2004).

6.4 Die entwicklungsorientierte, ressourcengerichtete und nachhaltige Beziehungsgestaltung

Ressourcenaktivierung vermittelt die Fähigkeit, zwischen einer Problem- und einer Lösungstrance flexibel hin- und herzu pendeln. Kreatives Problemlösen ist u.a. aufgrund einer starken Problemfixierung, einer Verernstung der Sozialbeziehungen, spezifischen Repertoirelücken und fehlenden handlungsbezogenen Wirksamkeitserfahrungen beeinträchtigt bzw. findet nicht statt. Ressourcenaktivierung entwerfen wir in Analogie zur traumaspezifischen Therapie (vgl. Reddemann, 2001, 2004) vorrangig als Stabilisierungsarbeit. Die ersten drei Beziehungsangebote sollen diese Funktion erfüllen.

Soziales Sinnverstehen. Eine weitere Methode, mit dem Klienten gemeinsam einen Möglichkeitshorizont aufzuschließen, ist das „soziale Sinnverstehen" (Metzmacher & Zaepfel, 1996a; Zaepfel & Metzmacher, 1999). Hier versuchen wir gemeinsam mit dem Heranwachsenden seine Lebens- und Dingwelt so zu erkunden, damit wir eine Vorstellung von den darin enthaltenen Möglichkeiten, Begabungen und Fertigkeiten, dem Eigensinn des Kindes und des Jugendlichen entdecken und ggf. zu entwickeln versuchen. Andererseits gilt es selbstverständlich, die Risiken zu benennen und problematisieren, die z.B. mit suchtförmigen oder anderweitig risikoreichen Verhaltensweisen verbunden sind. Dabei untersuchen wir

▸ die subkulturellen Codes und Embleme der Heranwachsenden, in denen sie sich innerhalb ihrer Peer-Milieus mitteilen bzw. ausdrücken;
▸ die Art und Weise der Mediennutzung und die Konsumstile, um mit ihnen herauszufinden:
  – Welche Selbst- und Idealbilder möchten sie von sich entwerfen?
  – Wie nehmen sie die gesellschaftlichen Realitäten in ihrer Nah- wie Fernwelt wahr und wie verarbeiten sie z.B. schulische und Ausbildungsrealitäten, Zukunftsvorstellungen und -aussichten.

Das soziale Sinnverstehen versucht zu klären, wie sich das Außen des sozialen Wandels dem Innen aufprägt (vgl. auch Du Bois & Resch, 2005). Indem Kinder und Jugendliche das Private und das Öffentliche miteinander verbinden lernen, d.h., indem sie durch gemeinsames, alters- und entwicklungsabgestimmtes Untersuchen von unterschiedlichen Wirkungszusammenhängen sozialen Sinn erzeugen, nehmen sie den gesellschaftlichen Prozessen ein klein wenig an Willkür und Unberechenbarkeit. Dies kann zur Stärkung von psychosozialer Widerstandsfähigkeit (Resilienz) gegenüber strukturell überwältigenden Alltagserfahrungen in der Schule, bei Konsumwünschen und -gewohnheiten, Gruppenzwängen u.a. beitragen. Tiefenpsychologisches Sinnverstehen ermöglicht, dass die Kinder und Jugendlichen sich selbst in ihrer inneren Natur, ihrer Eigenrealität, vertrauter werden, soziales Sinnverstehen verbindet die Eigen- mit der gesellschaftlichen Hauptrealität. Beides zusammen schult, wie Lempp (1992) das beschreibt, die „Überstiegsfähigkeit" der Heranwachsenden und damit ihre systemische Anschlussfähigkeit. Letzteres, nämlich die gesellschaftliche Ausschließung ist heute das Merkmal von sog. „Modernisierungsverlierern".

7 Abschließende Bemerkungen

Integrative Kinder- und Jugendlichenpsychotherapie als narrative und aktionale Praxis. Der Therapeut bewegt sich zwischen den o.g. Beziehungsebenen hin- und her und vollzieht dabei methodisch einen Dreischritt: er spiegelt, versteht und konfrontiert und dies entweder in einem handlungssprachlichen Modus oder im kommentierenden, Stellung nehmenden Gesprächsdialog (vgl. Zaepfel & Metzmacher, 2004). Welche Beziehungsantwort und -ebene dabei der Therapeut wählt, ist letztlich vom interaktionellen Resonanzerleben des Therapeuten und seiner Struktur- und Bindungsdiagnostik abhängig.

Das Interaktionsverstehen bildet den inneren Kreiselkompass, der am raschesten Auskunft über die Position und die Richtung des Behandlungsprozesses gibt. Wir sprechen in diesem Zusammenhang vom „inneren Supervisor" (Metzmacher & Zaepfel, 1996a), einer Instanz, die mit den theoretisch-methodischen „Landkarten" ausgerüstet ist, die zur Orientierung im „Gelände" hilfreich sind. Der „innere Supervisor" ist „innerer Beistand" und Coach zugleich. Die Fähigkeit zu dieser inneren Dialogtätigkeit entwickelt sich im Rahmen von Lehr- und Kontrollanalyse sowie Supervisionen und fortlaufender Reflexion im interkollegialen Austausch.

Literatur

Borg-Laufs, M. (2001). Lehrbuch der Verhaltenstherapie mit Kindern und Jugendlichen. Band II: Interventionsmethoden. Tübingen: dgvt.

Buber, M. (1965). Ich und Du. Heidelberg: Lambert-Schneider.

Du Bois, R. & Resch, F. (2005). Klinische Psychotherapie des Jugendalters. Stuttgart: Kohlhammer.

Ferenczi, S. (1931). Kinderanalysen mit Erwachsenen. In S. Ferenczi (Hrsg.), Bausteine zur Psychoanalyse Band III (S. 490–510). Frankfurt/Berlin: Ullstein.

Finke, J. (1999). Beziehung und Intervention. Tübingen: Thieme.

Gadamer, H.G. (1990). Wahrheit und Methode. Tübingen: J.C.B. Mohr.

Hockel, C.M. (2004). Spiel-Raum-Zeit. Kindgemäße Spielumwelten. In B. Metzmacher & F. Wetzorke (Hrsg.), Entwicklungsprozesse und die Beteiligten (S. 134–163). Göttingen: Vandenhoeck & Rupprecht.

Joas, H. (1996). Die Kreativität des Handelns. Frankfurt/M.: Suhrkamp.

Joas, H. & Knöbl, W. (2004). Sozialtheorie. Frankfurt/M.: Suhrkamp.

Katz-Bernstein, N. (1996). Das Konzept des „Safe-Play" – Ein Beitrag zur Praxeologie Integrativer Kinderpsychotherapie. In B. Metzmacher, H. Petzold, & H. Zaepfel (Hrsg.), Praxis der Integrierten Kindertherapie, Band II (S. 111–142). Paderborn: Junfermann.

Katz-Bernstein, N. (2006 in Druck). Beziehungsgestaltung in der Kinder- und Jugendlichenpsychotherapie zwischen Dyade und Triangulierung. In M. Hermer & B. Röhrle (Hrsg.), Handbuch der therapeutischen Beziehung. Tübingen: DGVT.

Landsberg, W. & Mahlzahn, K (1996). Integrative Therapie in der Klinik für Kinder- und Jugendpsychiatrie In B. Metzmacher, H. Petzold & H. Zaepfel (Hrsg.), Therapeutische Zugänge zu den Erfahrungswelten des Kindes von heute. Integrative Kindertherapie in Theorie und Praxis, Band I (S. 375–410). Paderborn: Junfermann.

Lempp, R. (1992). Vom Verlust der Fähigkeit, sich selbst zu betrachten. Bern: Huber.

Merleau-Ponty, M. (1966). Phänomenologie der Wahrnehmung. Berlin: de Gruyter.

Metzmacher, B. (1987). Integrative Bewegungstherapie mit Kindern. In H. Petzold & G. Ramin (Hrsg.), Schulen der Kinderpsychotherapie (S. 222–256). Paderborn: Junfermann.

Metzmacher, B. (2004). Der Dritte im Bunde als Metapher. In B. Metzmacher & F. Wetzorke (Hrsg.), Entwicklungsprozesse und die Beteiligten (S. 11–24). Göttingen: Vandenhoeck & Ruprecht.

Metzmacher, B., Petzold, H. & Zaepfel, H. (Hrsg.) (1996a). Therapeutische Zugänge zu den Erfahrungswelten des Kindes von heute. Integrative Kindertherapie in Theorie und Praxis, Band I. Paderborn: Junfermann.

Metzmacher, B., Petzold, H. & Zaepfel, H. (Hrsg.) (1996b). Praxis der Integrativen Kindertherapie, Band II. Paderborn: Junfermann.

Metzmacher, B. & Zaepfel, H. (1996a). Methodische Zugänge zu den Erfahrungswelten des Kindes. Zur Verbindung von tiefenpsychologischem und sozialem Sinnverstehen. In B. Metzmacher, H. Petzold & H. Zaepfel (Hrsg.), Integrative Kindertherapie (S. 75–130). Paderborn: Junfermann.

Metzmacher, B. & Zaepfel, H. (1996b). Kindheit und Identitätsentwicklung im Zeichen (post-) modernen Wandels. In B. Metzmacher, H. Petzold & H. Zaepfel (Hrsg.), Integrative Kindertherapie (S. 19–74). Paderborn: Junfermann.

Metzmacher, B. & Zaepfel, H. (2002). Zum Doppelgesicht der Ressourcenorientierung. In bkj (Hrsg.), Viele Seelen wohnen doch in meiner Brust (S. 237–262). Münster: Verlag für Psychotherapie.

Moreno, J.L. (1946). Psychodrama. Band 1. Beacon: Beacon House.

Perls, F. (1969). Ego, hunger and aggression. London: Random House.

Perls, F. (1974). Gestalttherapie in Aktion. Stuttgart: Klett.

Petzold, H. (2000). Integrative Therapie Band I – III. Paderborn. Junfermann.

Petzold, H. & Orth, I. (Hrsg.) (1990). Die neuen Kreativitätstherapien, Band I und II. Paderborn: Junfermann.

Petzold, H. & Ramin, G. (1987). Integrative Therapie mit Kindern. In H. Petzold & G. Ramin (Hrsg.), Schulen der Kinderpsychotherapie (S. 359–426). Paderborn: Junfermann.

Pohlen, M. & Bautz-Holzherr, M. (1995). Psychoanalyse – Das Ende einer Deutungsmacht. Reinbeck: Rowohlt.

Pohlen, M. & Bautz-Holzherr, M. (2001). Eine andere Psychodynamik. Bern: Huber.

Rahm, D. (2004). Integrative Gruppentherapie mit Kindern. Paderborn: Junfermann.

Reddemann, L. (2001). Imagination als heilsame Kraft. Stuttgart: Klett.

Reddemann, L. (2004). Psychodynamisch Imaginative Traumatherapie. Stuttgart: Klett.

Resch, F., Parzer, P., Brunner, M., Haffner, J., Koch, E., Oelkers, R., Schuch, B. & Strehlow, U. (1996). Entwicklungspsychopathologie des Kindes- und Jugendalters. Ein Lehrbuch. Weinheim: Beltz PVU.

Winnicott, D.W. (1973). Vom Spiel zur Kreativität. Stuttgart: Klett-Cotta.

Winnicott, D.W. (1976). Von der Kinderheilkunde zur Psychoanalyse. München: Kindler.

Zaepfel, H. & Metzmacher, B. (1996). Die Konstruktion innerseelischer und sozialer „Wirklichkeit" im therapeutischen Prozess. In B. Metzmacher, H. Petzold & H. Zaepfel (Hrsg.), Praxis der Integrativen Kindertherapie, Band II (S. 57–108). Paderborn: Junfermann.

Zaepfel, H. & Metzmacher, B. (1999). Soziales Sinnverstehen in der Beratung und Therapie von Kindern und Jugendlichen. In G. Romeike & H. Immelmann (Hrsg.), Hilfen für Kinder (S. 61–82). Weinheim: Juventa.

Zaepfel, H. & Metzmacher, B. (2004). Der Verlust der Triangulierungsfähigkeit und der sozialen Fantasie. In B. Metzmacher & F. Wetzorke (Hrsg.), Entwicklungsprozesse und die Beteiligten. Perspektiven einer schulenübergreifenden Kinder- und Jugendlichenpsychotherapie (S. 182–202). Göttingen: Vandenhoeck und Rupprecht.

11 Kunsttherapie

Flora von Spreti

1 Einführung

Die Kunsttherapie konnte sich seit über drei Jahrzehnten als handlungs- und ressourcenorientierte Therapie zunächst in England und Holland und später auch in Deutschland, Österreich und der Schweiz etablieren (vgl. Dunkel & Rech, 1990).

In psychiatrischen und psychosomatischen Kliniken (Navratil, 1965; Benedetti, 1975; Tretter & Bender, 1995; v. Spreti, 2005), in der Kinder- und Jugendpsychiatrie und -Psychotherapie (Frank, 2005; Resch, 2001, Klosinski, 2000), in Onkologie (Gruber, 2002) und Geriatrie (Ganß & Linde, 2004; v. Spreti, 2004), in Prävention und Rehabilitation, zählt die Therapie mit bildnerischen Mitteln inzwischen zum festen Bestandteil eines integrativen Behandlungsangebotes. Kunsttherapie wird ebenfalls zunehmend in der Behandlung von durch Krieg, Gewalt und Folter traumatisierten Immigranten und bei Patienten mit posttraumatischen Belastungsstörungen, als nonverbale Verstehens- und Kommunikationsmöglichkeit, eingesetzt (Wendlandt-Baumeister, 2005). Auch in der Neurologie, z.B. bei der Behandlung von Schlaganfallpatienten, in der Palliativmedizin (Keresztessy & Haaf, 2003) und in der therapeutischen Arbeit mit geistig behinderten Menschen (Menzen, 1994) haben sich kunsttherapeutische Verfahren seit längerem – oft als eine der wenigen verbleibenden Zugangsmöglichkeiten – bewährt.

Nach einer langjährigen Entwicklungs- und Etablierungsgeschichte in ganz unterschiedlichen Praxisfeldern stellt sich Kunsttherapie heute als eine in ihren unterschiedlichen Bezügen zwischen künstlerischem und psychoanalytischem Schwerpunkt breit gefächerte, kreative Therapieform mit vielfältigen Ansätzen dar. Vielfalt beinhaltet einerseits vielfältige Chancen eines individuellen therapeutischen und künstlerischen Freiraums, der aber andererseits in der Freiheit zahlreicher, kaum überschaubarer Ansätze eine systematische Erfassung und Forschung erschwert (vgl. Mechler-Schönach & v. Spreti, 2005). Aus den vielen Facetten kunsttherapeutischer Methoden resultieren daher Besonderheiten, die sich bis heute einem einheitlichen theoretischen Gesamtkonzept entziehen. Die unterschiedlichen Vorgehensweisen in verschiedenen Arbeitsfeldern spiegeln sich ebenso in der praktischen Anwendung wie auch in der Theoriebildung wieder. Das ressourcenfördernde Potential aber, das die Basis fast aller kunsttherapeutischer Ansätze ist, macht Kunsttherapie zu einer wertvollen Bereicherung des therapeutischen Angebotes in Medizin, Psychotherapie und Pädagogik.

Die Fülle der unterschiedlichen kunsttherapeutischen Vorgehensweisen ist inzwischen in Grundlagen, Einführungs- und Sammelbänden gut dokumentiert (Dreyfuß-Kattan, 1986; Landgarten, 1990; Domma, 1993; Schottenloher, 1994; Baukus & Thies, 1997; Menzen, 2001; Dannecker, 2005; v. Spreti et al., 2005; Titze, 2005).

2 Grundlagen der Kunsttherapie

Die Grundlagen der Kunsttherapie liegen in den unterschiedlichen Fachdisziplinen der Kunst, der Kunstgeschichte und der Psychologie. In den vier, der Kunsttherapie benachbarten Feldern – in Psychiatrie, Psychologie, Pädagogik und Kunst – spielt die Psychoanalyse mit ihren tiefenpsychologischen Theorien eine entscheidende Rolle. Analogien zwischen künstlerischen und psychischen Prozessen lassen die im bildnerischen Gestalten liegenden therapeutischen Potentiale erkennen (Dannecker, 2005). Die theoretischen Erklärungsmodelle haben sich vor allem aus Praxiserfahrungen in verschiedenen Arbeitsfeldern entwickelt. Auf dieser Basis nahmen auch Ende der 1960er Jahre, die von privaten Instituten berufsbegleitend angelegten Ausbildungen in Deutschland ihren Anfang. Erst ca. zehn Jahre später etablierten sich die Aufbaustudien an Kunsthochschulen und die Grundstudien an Fachhochschulen (Mayer, 2005). Eine Ausnahme bildet hier die anthroposophisch orientierte Kunsttherapie, die schon Ende der 1960er Jahre an einer Fachhochschule gelehrt wurde und die 1984 ihre staatliche Anerkennung erhielt (de Smit & Lampe, 2005).

2.1 Kunsttherapie, Kunst und Kunstgeschichte

Es gibt vielfältige Berührungspunkte zwischen Kunst und Krankheit in den verschiedenen wissenschaftlichen Disziplinen; sie alle stellen ein wichtiges Fundament der Kunsttherapie dar. Solche Berührungspunkte sind z.B. in der neueren Kunstgeschichte zu finden (Gorsen, 1980). Die fast parallel zu Prinzhorns Wirken entstehende Psychoanalyse mit ihren fundamental neuen Erkenntnismöglichkeiten hatte einen großen Einfluss auf viele Künstlerinnen und Künstler der Zeit. Die Entdeckung des Unbewussten, der Blick auf das gesellschaftlich verdrängte, tabuisierte und krankmachende Material beeinflussen die Kunst des Expressionismus, Dadaismus und Surrealismus. Das Unbewusste, Zufällige, Assoziative, Alltägliche prägt nun vielfach den künstlerischen Prozess und die daraus entstehende Kunst. Dubuffet sammelte seit 1945 Werke u.a. von Wölfli, Soutter und Aloyse, die heute in Lausanne im Museum für „l'art brut" zu sehen sind. 1972 stellt Szeemann auf der documenta 5 erstmals Material der Bildwerke von psychisch Kranken mit Werken zeitgenössischer Kunst gemeinsam aus. Parallel zur Antipsychiatrie-Bewegung erfolgt auch in der Kunst eine Relativierung der

Grenzziehung zwischen dem Gesunden und dem Kranken, dem Normalen und dem Abnormen, zwischen Kunst und Leben. Viele Künstler, wie z.B. Rainer, Pongratz, Baselitz, lassen sich inspirieren und sind zugleich Sammler dieser Kunst. So ist auch die zeitgenössische bildende Kunst voller Berührungspunkte mit der Kunst von psychisch Kranken. Das bezieht sich besonders auf den künstlerischen Prozess, in dem (Re-)Konstruktion von Wirklichkeit eine besondere Rolle spielt. Dazu gehört die Suche nach Erinnerung – (vgl. Schaffner & Winzen, 1997), die Feldforschung (Fischer, 1996) und performativen Verfahren (Seitz, 1999). Immer wieder wird daher in der kunsttherapeutischen Literatur der Bezug zur Kunst als Spezifikum von Kunsttherapie nachdrücklich eingefordert (vgl. Hartwig & Menzen, 1994; Jadi, 2002; Rech, 1994; Dannecker, 2005).

Ein wichtiger und häufig beschriebener Bezugspunkt der Kunsttherapie ist Joseph Beuys mit seinem Konzept der sozialen Plastik. Insbesondere die „künstlerisch orientierte Kunsttherapie" setzt an diesem erweiterten Kunstbegriff an. Der Ansatz der „rezeptiven Kunsttherapie", d.h. der Begegnung mit dem und der Betrachtung des Kunstwerkes, gründet sich auf die Wirkung dieser Werke auf den Betrachtenden. Auch sollte stets die Auseinandersetzung mit Kunst und Kunstgeschichte ein integrativer Teil kunsttherapeutischen Handelns sein (vgl. Alter-Muri, 2003).

2.2 Kunsttherapie und Psychoanalyse

Eine zentrale Verstehensbasis in der therapeutischen Arbeit mit Bildern bildet Freuds Entdeckung des Unbewussten und dessen Bedeutung für die psychische Gesundheit eines Menschen. In seiner psychoanalytischen Theoriebildung (Freud, 1931) schrieb er der Kunst die Aufgabe der Sublimierung unerfüllbarer Triebwünsche zu und in seinen Analysen betrachtete er bildnerisches Gestalten eher als eine Form des „Agierens". Doch seine Entdeckung der Bild-Sprache des Traums und seine Schriften zur Kunst und zur Wirkung von Kunst sind Ausgangspunkt für unzählige psychoanalytische Werke, die den Zusammenhang zwischen Kunst-Werk und Lebensgeschichte des Künstler und die Bedeutung seines schöpferischen Werkes in Bezug auf das psychische Gleichgewicht beleuchteten. Der vertiefte Blick der Psychoanalyse auf unbewusste Prozesse in der kindlichen Entwicklung und parallel dazu auf die Entwicklung der Bildsprache, wie auch Untersuchungen zu innerpsychischen Abläufen während des kreativen Prozesses oder der Rezeption von Kunstwerken wurden daher zu wichtigen Bausteinen in der Entwicklung der kunsttherapeutischer Konzepte.

Die auf der Basis von Symbolen, Religion und überlieferten Mythen aufgebaute Archetypenlehre C.G. Jungs, der wie ein „Urvater" der Kunsttherapie, seine Patienten anregte, Erlebnisse, Bilder und Träume in Gestaltung umzusetzen, hatte wesentlichen Anteil an der kunsttherapeutischen Theoriebildung (Jung, 1976). Ebenso fand seine Methode der aktiven Imagination auch in der kunsttherapeutischen Praxis ihren festen Platz. Die jedem Menschen innewohnende Fähigkeit der Symbolbildung war die Basis einer systematischen methodischen Deutung der Bilder aus dem Unbewussten. Ihr Ausdrucks- und Symbolgehalt und der daraus resultierende Einblick in die psychische Verfassung des Gestaltenden, sind zusätzlich wichtige Elemente in der Arbeit mit bildnerischen Medien (vgl. Riedel, 1985, 1992).

3 Praxis der Kunsttherapie

3.1 Kunsttherapie: Material und Gestaltung

In der Kunsttherapie kann sich die bildnerische Gestaltung mit ganz unterschiedlichen Materialen ausdrücken: Papier, Leinwand, Ton, Holz, Stein, Metall, Fundstücke und selbst Abfallprodukte – wie etwa in der „art brut" – finden, den individuellen Bedürfnissen des Gestaltenden entsprechend, im künstlerischen Werk Verwendung . Die Wahl des Materials prägt die Art der Gestaltung und die ganz eigene Ausdruckssprache des kreativ Tätigen.

Das Material und die aus ihm resultierende Gestaltung hat in der therapeutischen Beziehung die Funktion des Dritten. Es erweitert im Sinne einer Triangulierung die therapeutische Dyade. In dieser „Dreierbeziehung" kann der gestalterisch Handelnde sein Werk als ein Objekt erleben, das jederzeit verlässlich zur Verfügung steht und das vor allem das Potential zur Veränderung in sich trägt. Auch wenn sich der Gestaltende noch nicht reif zur verändernden Handlung fühlt, kann er doch mit dem Gestaltungsmaterial im Sinne eines „Probehandelns" experimentieren und – vorerst auf der „Probebühne" des Papiers – Veränderung aktiv gestalten.

3.2 Die Bildaussage

Die neue Erfahrung eines nonverbalen bildnerischen Ausdrucks während des Gestaltungsprozesses führt zu Erkenntnisprozessen, auch wenn die bildnerische Aussage dem Gestaltenden häufig erst einmal nicht zugänglich ist. Denn was als Wort noch nicht gesprochen, als Konflikt noch nicht benannt, als Ressource und Lösungsmöglichkeit noch nicht ins Blickfeld gerückt ist, zeigt sich vorbewusst oft überraschend früh im bildnerischen Werk. Dies ist wie eine Mitteilung und gleichzeitig wie ein Beziehungsangebot an den Therapeuten und an die Umwelt und sollte im Sinne eines „containings" erst einmal ohne verbale Benennung oder Deutung bewahrt werden. Diese nonverbalen Mitteilungen im Bild sind die Basis für den therapeutischen Prozess und setzen, unterstützt von einer verstehenden Begleitung und der gleichzeitigen Wertschätzung und Akzeptanz der Gestaltung, progressive Entwicklungen in Gang (v. Spreti & Buchheim, 1998).

Erweiterung der therapeutischen Beziehung. Auch kann das Bild, als Ich-fernerer Repräsentant des eigenen geschädigten Selbst, die therapeutische Beziehung erweitern und somit distanzschaffend regulieren. Die Gestaltung ist „dazwischen" und der Blick des Patienten und der des Therapeuten treffen sich erst einmal nicht direkt. Gemeinsamer Bezugspunkt – sozusagen ihr „Blickfeld" – ist das gestaltete Objekt. Manch verschütteter oder abgespaltener Anteil der Persönlichkeit, der sich im dyadischen therapeutischen Gespräch weiter verborgen halten muss, findet in der Gestaltung seinen kreativen, unmittelbaren Ausdruck; dieser kann entlastend, manchmal befreiend und oft auch befriedigend sein (Müller-Thalheim, 1991). Der Bildausdruck ist die Brücke zum Betrachter, die letztendlich immer auch den Weg zur Sprache weist. In diesem Sinne ist eine bildnerische Botschaft stets auch als Kontaktangebot an ein imaginäres DU zu verstehen. „Und schließlich ist neben Authentizität nach Innen und Ausdruck nach Außen als dritter Punkt noch die Einbeziehung des anderen von besonderer Bedeutung. Denn der potentielle Zuseher … ist ein Teil der kreativen Äußerung. Das Werk steht nicht nur für sich, sondern bezieht sich von Anfang an auf einen Betrachter" (Resch, 2002).

3.3 Umgang mit der Bildaussage

Vor allem wenn es z.B. in Krisensituationen um die Rückmeldung von Ressourcen und progressiven Entwicklungsmöglichkeiten geht, die der Patient – eingeengt vielleicht von seiner negativen Sichtweise – in seiner Gestaltung nur schwer wahrnehmen kann, sollte die einfühlende verbale Zurückhaltung zu Gunsten einer klaren Benennung oder haltgebenden, strukturierenden Deutung, um Sprache erweitert werden. Das Vertrauen, das der Patient dem Therapeuten durch die Einsicht in die oft seinem Bewusstsein vorauseilende Bildbotschaft entgegen bringt, darf in keinem Fall durch vorschnelle Deutung zerstört werden. „Wenn wir nur abwarten können, kommt der Patient von ganz alleine kreativ und mit größter Freude zu einem Verständnis, und ich kann diese Freude heute mehr genießen als früher das Gefühl, klug zu sein. Ich glaube, meine Interpretationen haben heute vor allem die Aufgabe, dem Patienten die Grenzen meines Verstehens erkennbar werden zu lassen. Dabei gehe ich von dem Prinzip aus, dass der Patient und nur er die Antwort weiß. Wir können erreichen und unterlassen, ihn in die Lage zu versetzen, dem auszuweichen, was er weiß, oder sich dessen bewusst zu werden und es anzunehmen" (Winnicott, 1973). Das „heilsame" Potential der gestalterischen Handlung also wird durch einfühlsame Zurückhaltung in der verbalen Benennung und Deutung in keiner Weise geschmälert (Wendlandt-Baumeister, 2005). Im Gegenteil, oft entfaltet sich die kunsttherapeutische Wirkung vorerst ein im schöpferischen Tun selbst. Denn: „In der Kunsttherapie … sind die Ereignisse der kreativen Beziehungserfahrung … oft wichtiger als die sie begleitenden expliziten Erklärungen" (Resch, 2002).

3.4 Kommunikation „jenseits der Sprache"

Das Eröffnen von neuen Erfahrungsspielräumen und deren gemeinsame Erkundung (Patient – Therapeut) im bildnerischen Tun ist wohl das spezifische Merkmal der Kunsttherapie. Denn die Auseinandersetzung mit dem Gestalten ist immer auch eine Auseinandersetzung mit sich selbst – eine Auseinandersetzung mit gelebten Erfahrungen und existentiellen Lebens- und Leidensthemen (vgl. Benedetti, 1975). Diese Erfahrungen beeinflussen beim Betrachten eines Bildwerkes unmerklich auch unsere eigene Betrachtungsweise (wie z.B auch in der rezeptiven Kunsttherapie) und unsere emotionale Reaktion auf die Gestaltung. Vergangenheit, Gegenwart und Zukunft fließen in den gestalterischen Prozess mit ein und sind so die Basis für eine erweiterte Selbstwahrnehmung und auch einer neuen Wahrnehmung der Umwelt. Im Dialog mit dem Kunstwerk oder mit dem selbst gestalteten Bild befinden wir uns in einem Zustand „jenseits der Sprache". Das heißt aber nicht, dass wir auf einer tieferen Ebene nicht mit uns selbst intensiv kommunizierten und in Kontakt sind; wir sind nur im eigentlichen Sinne des Wortes sprach–los, d.h. in einem anderen Seins- und in einem anderen, – vielleicht tieferen – Bewusstseinszustand. Dadurch erfahren wir eine unerwartete Dimension unserer „… Alltags-Identität: das Kunstwerk wird mit tiefer Betroffenheit erlebt und mit Empfindungen, die dem Selbst-Kern am nächsten stehen, assoziiert" (Jadi, 2002).

4 Kunsttherapie bei Kindern und Jugendlichen

Auch in der Psychotherapie mit Kindern und Jugendlichen spielt die Kunsttherapie mit ihrer „Bildsprache jenseits der Wortsprache" als bevorzugte Kommunikationsform eine herausragende Rolle. Trotz aufschlussreicher Grundlagenliteratur (Baumgart, 1988; Fleck-Bangert, 1994; Kramer, 1975; Hampe et al., 1999; Di Leo, 1992) lassen sich kunsttherapeutische Vorgehensweisen in diesem komplexen Bereich nicht leicht in ein theoretisches Gesamtkonzept fassen. Jedoch gelten auch in der kunsttherapeutischen Praxis mit Kindern und Jugendlichen die Grundprinzipien der Kunsttherapie, so wie sie bereits Kramer in ihrem Buch „Kunsttherapie mit Kindern" sehr klar benannte (Kramer, 1975). Ihrer Aussage nach ist das Wissen um das Unbewusste auch in der Arbeit mit Kindern und Jugendlichen unverzichtbar. Doch sollte die Kunsttherapie ihre Aufgabe vor allem in der

- Stützung des Ichs,
- der Förderung der Gefühle,
- der persönlichen Identität und
- der Reifungsprozesse

sehen. Weiter weist Kramer auf die Chance hin, durch das Gestalten unbewusstes Material in den Bereich des Vorbewussten zu heben (Schuster, 1992). Der symbolische Ausdruck eines realen Konfliktes verhindert die Schwächung der Abwehrmechanismen, die häufig mit einer Schwächung der strukturellen Ich-Stärke des Patienten einhergehen. Weiter werden als wichtigste Funktion der Kunsttherapie die Förderung der speziellen Potentiale der Kunst beschrieben, die zur Entwicklung einer psychischen Organisation beitragen.

Kunsttherapie in der Kinder und Jugendpsychiatrie

In der Kinder- und Jugendpsychiatrie ist Kunsttherapie eine wichtige therapeutische Zugangsmöglichkeit zu den jungen Patienten. Sie hat daher als begleitende ressourcenfördernde Therapie in der Behandlung von Kindern und Jugendlichen in vielen Einrichtungen Eingang gefunden (Klosinsiki, 1998).

Wie für Freud der Traum, ist in der Kinder- und Jugendpsychiatrie das Spiel und das bildnerische Gestalten die „via regia" zum Unbewussten (Winnicott, 1979). Durch das gestalterische Medium lassen sich die jungen Patienten sehr viel besser erreichen als über eine Gesprächstherapie. Als Gruppentherapie oder im Einzelsetting erschließt die kreative Tätigkeit dem Kind und dem Jugendlichen einen ganz eigenen autonomen Handlungs- und Aussagebereich. Seelische Nöte, Konflikte und Ambivalenzen können in der verschlüsselten symbolhaften Bildsprache ebenso mitgeteilt werden wie Hoffnungen, Erwartungen und Freude (Klosinski, 2000). Die nicht für alle leicht zu entziffernde Bildaussage erspart dem Kind in vielen Fällen eine verbale Benennung von Ängsten, Bedrohungen und Sehnsüchten und trägt so dazu bei, die Scham des Kindes über die Offenlegung mancher, bis dahin tief im Inneren gehüteten Geheimnisse zu mindern. Die Gefahr des „Nicht-Genügens", des „Falschen" oder des „Gesichtsverlustes" ist durch die Symbolisierung in der bildnerischen Metapher gebannt. Gestalterisches Handeln bedeutet zusätzlich das Bewahren von Individualität und Autonomie in einer gerade vom jungen Menschen in Pubertät und Adoleszenz oft als „zu nah" erlebten therapeutischen Dyade.

Weiter muss darauf hingewiesen werden, dass besonders in der Kinder- und Jugendpsychiatrie psychopathologische Auffälligkeit immer im Lichte der Entwicklung und Reife gesehen werden muss (Frank, 2005; Resch, 2002; Resch et al., 1999). Die gestalterische Durchdringung einer solchen Auffälligkeit mit dem Medium der Kunst lässt vor allem den entwicklungsfördernden Aspekt wirksam werden und aktiviert im bildnerischen Prozess die bis dahin ungenutzten kreativen Ressourcen der Kinder.

Wird Kunsttherapie so eingesetzt, kann sie sich zu einer wirksamen, therapeutischen Methode im Zusammenspiel der Behandlungsmöglichkeiten bei Kindern und Jugendlichen entwickeln.

Literatur

Alter-Muri, S. (2003) Kunsttherapie und ihre Beziehung zur Kunstgeschichte. In K. Dannecker (Hrsg.), Internationale Perspektiven der Kunsttherapie (S 164–188). Graz, Wien: Nausner & Nausner.

Baukus, P. & Thies, J. (1997). Kunsttherapie. Stuttgart: Gustav Fischer.

Baumgart, U. (1988). Kinderzeichnungen – Spiegel der Seele. Zürich: Kreuz.

Benedetti, G. (Hrsg.) (1975). Psychiatrische Aspekte des Schöpferischen, schöpferische Aspekte der Psychiatrie. Göttingen: Vandenhoeck & Ruprecht.

Dannecker, K. (2005). Psyche und Ästhetik. Die Transformationen der Kunsttherapie. Berlin: Medizinisch wissenschaftliche Verlagsgesellschaft.

Di Leo, J. (1992), Die Deutungen von Kinderzeichnungen. Karlsruhe: Gerardi.

Domma, W. (1993). Einige Überlegungen zur Planung kunsttherapeutischer Interventionen. In B. Wichelhaus (Hrsg.), KUNSTtheorie KUNSTpsychologie KUNSTtherapie (S 239–247). Berlin: Cornelsen.

Dreifuß-Kattan, E. (1986). Praxis der Klinischen Kunsttherapie. Bern: Huber.

Dunkel, J. & Rech, P. (1990). Zur Entwicklung und inhaltlichen Bestimmung des Begriffes „Kunsttherapie" und verwandter Begrifflichkeiten. In H. Petzold & I. Orth (Hrsg.), Die neuen Kreativitätstherapien. Handbuch der Kunsttherapie Band 1 und 2 (S 73–92). Paderborn: Junfermann.

Fischer, L. (1996). Primäre Ideen. Hand- und Fußarbeiten aus der Kunstakademie Münster. Künstlerische Feldforschung.

Fleck-Bangert, R. (1994). Kinder setzen Zeichen. München: Kösel.

Frank, R. (2005). Psychische Störungen bei Kindern und Jugendlichen. In F. v. Spreti, P. Martius & H. Förstl (Hrsg.), Kunsttherapie bei psychischen Störungen (S. 43–49). München: Urban und Fischer Elsvier.

Freud, S. (1931). Neue Folge der Vorlesungen zur Einführung in die Psychoanalyse. Gesammelte Werke XV. London: Imago Publishers Co. Ltd., 1940.

Ganß, M. & Linde, M. (2004). Kunsttherapie mit demenzkranken Menschen. Frankfurt a.M.: Mabuse.

Gorsen, P. (1980). Kunst und Krankheit. Metamorphosen der künstlerischen Einbildungskraft. Frankfurt: Europäische Verlagsanstalt.

Gruber, H. (2002). Ausgewählte Ergebnisse aus der Kunsttherapie. In R. Hampe, Ph. Martius, D. Ritschl, & F. v. Spreti (Hrsg.), Generationenwechsel (S. 167–176). Bremen: Universität Bremen.

Hampe, R., Ritschl, D. & Waser, G. (Hrsg) (1999). Kunst, Gestaltung und Therapie mit Kindern und Jugendlichen. Bremen: Universität Bremen.

Hartwig, H. & Menzen, K.H. (Hrsg.) (1994). Kunst-Therapie. Berlin: Ästhetik und Kommunikation.

Jadi, F. (2002). Gibt es eine Grundlagenwissenschaft der Kunsttherapien? In P. Petersen (Hrsg.), Forschungsmethoden Künstlerischer Therapien (S. 148–177). Berlin: Mayer.

Jung, C.G. (1984). Über Mandalasymbolik. Die Auseinandersetzungen mit dem Unbewussten. In: Erinnerungen, Träume, Gedanken von C.G. Jung. Aniela Jaffe (Hrsg.) (S. 174–204). Walter, Olten.

Keresztessy, M. & Haaf, E. (2003). Kunsttherapie, kreatives Arbeiten als Selbsterfahrung. In G. Everding & A. Westrich (Hrsg.), Würdig leben bis zum letzten Augenblick. Idee und Praxis der Hospiz-Bewegung (S. 56–67). München: Beck.

Klosinski, G. (1998). Möglichkeiten und Grenzen der Kunsttherapie Pubertierender und Adoleszenten aus der Sicht des Jugendpsychiaters. Zeitschrift für Musik und Kunsttherapie, 9, 18.

Klosinski, G. (2000). Zur Bedeutung der Kunst und Gestaltungstherapie für die Psychiatrie und Psychotherapie am Beginn eines neuen Jahrtausend. Zeitschrift für Musik und Kunsttherapie, 11(4), 179–186.

Kramer, E. (1975). Kunst als Therapie mit Kindern. München: Reinhardt.

Landgarten, H.B. (1990). Klinische Kunsttherapie. Karlsruhe: Gerardi.

Mayer, H. (2005). Wege zur Kunsttherapie. In F. v. Spreti, P. Martius & H. Förstl (Hrsg.), Kunsttherapie bei psychischen Störungen (S. 355–361). München: Urban und Fischer, Elsevier.

Mechler-Schönach, Ch. & v. Spreti, F. (2005). Freiraum Kunsttherapie. Psychotherapeut, 3, 163–178.

Menzen, K.H. (1994). Heilpädagogische Kunsttherapie. Methode und Praxis. Freiburg: Lambertus.

Menzen, K.H. (2001). Grundlagen der Kunsttherapie. München: Reinhardt.

Müller-Thalheim, W. (1991). Kunsttherapie bei neurotisch Depressiven. München: Arcis.

Navratil, L. (1965). Schizophrenie und Kunst. München: dtv.

Rech, P. (1994). Kunst, Kunsttheorie und Kunsttherapie. Kunst & Therapie, 22, 94–103.

Resch, F. (2001). Selbstentfremdung: Entwicklungsstörung oder Selbstfürsorge. Beiträge zur Individualpsychologie, 26, 99–116.

Resch, F. (2002). Kunst spielt eine Rolle. In T. Fuchs, I. Jadi, B. Brand-Claussen & C. Mundt (Hrsg.), WahnWeltBild. Die Sammlung Prinzhorn. Beiträge zur Museumseröffnung. Heidelberg: Springer.

Resch, F., Parzer, P., Brunner, M., Haffner, J., Koch, E., Oelkers, R., Schuch, B. & Strehlow, U. (1999). Entwicklungspsychopathologie des Kindes- und Jugendalters. Ein Lehrbuch. (2. Aufl.). Weinheim: Beltz PVU.

Riedel, I. (1985). Formen – Kreis, Kreuz, Dreieck, Quadrat, Spirale. Stuttgart: Kreuz.

Riedel, I. (1992). Maltherapie. Eine Einführung auf der Basis der Analytischen Psychologie von C.G. Jung. Stuttgart: Kreuz.

Schaffner, I. & Winzen, M. (1997). Deep Storage. Arsenale der Erinnerung. Sammeln, Speichern, Archivieren in der Kunst. München, New York: Prestel.

Schottenloher, G. (Hrsg.) (1994). Wenn Worte fehlen, sprechen Bilder. Bildnerisches Gestalten und Therapie. 3 Bände. München: Kösel.

Schuster M (1992) Wodurch Bilder wirken. Psychologie der Kunst. DuMont, Köln

Seitz, H. (Hrsg.) (1999). Schreiben auf Wasser. Performative Verfahren in Kunst, Wissenschaft und Bildung. Bonn, Essen: Kulturpolitische Gesellschaft e.V.

Smit, P de. & Lampe, A. (2005). Die Fachhochschule Ottersberg . In F. v. Spreti, P. Martius & H. Förstl (Hrsg.), Kunsttherapie bei psychischen Störungen (S. 372–377). München: Urban und Fischer Elsevier.

Spreti, F. v. (2004). Kunsttherapie bei Borderline-Störungen als integratives psychotherapeutisches Behandlungsangebot im klinisch-psychiatrischen Setting. In T. Timmermann (Hrsg.), Empfinden-Hören-Sehen (S. 63–90). Wiesbaden: Reichert.

Spreti, F. v. (2005). Kunsttherapie auf der Akutstation. In F. v. Spreti, P. Martius & H. Förstl (Hrsg.), Kunsttherapie bei psychischen Störungen (S. 293–302). München: Urban und Fischer Elsevier.

Spreti, F. v. & Buchheim, P. (1998). Im Spiegel des Auges. In E. Frick & R. Huber (Hrsg.), Die Weise von Liebe und Tod. Psychoanalytische Betrachtungen zu Kreativität, Bindung und Abschied (S. 129–141). Göttingen: Vandenhoeck & Ruprecht.

Spreti, F. v., Martius, P. & Förstl, H. (Hrsg.) (2005). Kunsttherapie bei psychischen Störungen. München: Urban und Fischer Elsevier.

Titze, D. (2005), Die Kunst der Kunsttherapie, 2 Bände. Dresden: Sandstei.

Tretter, F. & Bender, W. (1995). Kunsttherapie in der Psychiatrie. Köln: Claus Richter.

Wendlandt-Baumeister, M. (2005). Kunsttherapie mit Folterüberlebenden. In F. v. Spreti, P. Martius & H. Förstl (Hrsg.), Kunsttherapie bei psychischen Störungen (S. 152–159). München: Urban und Fischer Elsevier.

Winnicott, D.W. (1973). Die therapeutische Arbeit mit Kindern. München: Kindler.

Winnicott, D.W. (1979). Vom Spiel zur Kreativität. Stuttgart: Klett-Cotta.

12 Entspannungsverfahren

Nicole Behnk-Müller

1 Einleitung

Momentaufnahme 1957

Ein 9-jähriger Junge spielt draußen mit seinen Freunden. Nachdem er den Vormittag in der Schule verbracht, mittags zu Hause mit seiner Familie gegessen und die Hausaufgaben erledigt hat, trifft er sich und heckt mit anderen Kindern in seinem Alter Spiele aus.

Er lebt in einer Welt, in der ungefähr jeder 47. über einen Telefonanschluss verfügt, seine Eltern lesen eine Tageszeitung, welche neben dem Radio die wichtigsten Weltgeschehnisse und kulturellen Ereignisse in ihren kleinen familiären Micro-Kosmos trägt. Gemeinsam werden diese zu festen Zeiten verfolgt. Seine Familie besitzt kein Auto. Zu diesem Zeitpunkt nutzt erst jeder 40. einen PKW und legt im Durchschnitt jährlich ca. 2000–2500 km zurück. Die Erfindung und alltägliche Nutzung von Mobiltelefonen und Medien, wie PC und Videospiele, ist noch nicht abzusehen. Stattdessen bestimmen Fußball und Indianer spielen in der Straße und das Umherziehen um die Häuser den Nachmittag des Jungen. Und wenn es dunkel wird, liest er oder schaut manchmal mit seinem Vater zu den Sternen. Er wünscht sich schon seit langem ein Teleskop.

Momentaufnahme 2007

Ein 9-jähriger Junge kommt heute später nach Hause – es ist früher Nachmittag. Gestern war er schon am Vormittag zu Hause, da Stunden ausgefallen waren, doch auch jetzt ist er noch allein. Seine Eltern sind beide beruflich engagiert. Seine Mutter wird bald zurück sein. Sie hat nach ihrem Halbtagsjob seine Schwester zur Musikschule gefahren. Auf ihn wartet das vorbereitete Essen in der Mikrowelle. Er geht daran vorbei und schaltet im Vorbeigehen den Fernseher ein. Eine Weile schaut er einen Comicfilm an und setzt sich dann vor den PC. Seine Mutter schickt ihm auf sein Handy eine SMS und teilt ihm mit, dass sie und seine Schwester sich noch etwas verspäten werden, da sie im Stau stecken. Zu diesem Zeitpunkt nutzt jeder zweite Einwohner ein Auto.

Er geht in die Küche, um sich ein Multivitaminfruchtsaftgetränk zu holen und hört während dessen nicht, wie seine Großeltern auf den Anrufbeantworter sprechen. Jetzt, wo sie in Rente sind, sind sie mehrmals im Jahr verreist. Der Durchschnittsdeutsche legt ca. 12000 km jährlich zurück (Luftverkehr dabei unberücksichtigt). Seinen Vater sieht er häufig nur am Wochenende, da dieser oftmals so lange arbeitet, dass sie sich abends kaum sehen, aber dann telefonieren sie noch. Jeder Zweite verfügt jetzt über einen Telefonschluss. Es gibt mehr Handyanschlüsse als Einwohner und andere Datenübertragungswege wie das Internet sind noch nicht mit einbezogen. Der PC läuft und er holt seine Schulsachen heraus, um mit den Hausaufgaben zu beginnen. Seine Mutter und Schwester kommen, die Zeit ist knapp, denn er steht nun unter Zeitdruck: Sein bester Freund und dessen Mutter klingeln, um ihn zum Sport abzuholen. Sein Ziel, die Hausaufgaben konzentriert zu erledigen, wird er aufgeben müssen.

Diese Momentaufnahmen sind nicht repräsentativ, dennoch verdeutlichen sie eindrücklich eine Welt, in der sich der Alltag des Menschen unglaublich verändert hat. Die Lebenssituationen von Kindern und Jugendlichen sind heute massiv geprägt von Mobilität, Reizüberflutungen, Unruhe, Hektik und dem Verlust von Beziehungen und deren Verbindlichkeiten. Auditiv, aber vor allem visuell, werden Menschen ständig mit einer wachsenden Zahl von Eindrücken konfrontiert, wenn nicht überschüttet. Im günstigsten Fall erhält ein Kind eine angemessene Intelligenz und ausreichende Unterstützung im familiären Kontext, um all die Informationen zu verwalten und zu verarbeiten und in einer rastlosen Zeit dennoch Ruhepunkte finden zu können. In einer unvorteilhaften Variante können unter anderem Entwicklungsverläufe unterbrochen oder verzögert werden oder sich gar Verhaltensstörungen entwickeln.

Anzeichen dafür, dass Kinder in dieser Welt deutliche Belastungen erleben, die nicht mehr kompensierbar sind, können
- **Gefühle** wie Reizbarkeit, Ungeduld, Überlastung und Kraftlosigkeit;
- **Körperempfindungen** wie Verspannungen, Kopfschmerzen, Störungen im Magen-Darm-Bereich und Schlafschwierigkeiten;
- **Gedanken** von Verlorensein, Versagen, Opferphantasien und Schwarzmalerei;
- **Verhaltensweisen** und **Handlungen,** die planlos, selbstmitleidig, unentschieden und vorwürflich sind, sein (Tausch, 1996).

Die bekannten Synonyme: Vermehrtes aggressives Verhalten, Hyperaktivität, mangelnde Introspektionsfähigkeit, eingeschränkte soziale Kompetenzen oder auch gehäufte psychogene Schmerzen seien nur beispielhaft genannt.

Dieses Kapitel soll Möglichkeiten bieten, die diesen Entwicklungen entgegenwirken oder helfen, sich veränderten Lebensbedingungen anzupassen und die damit verbundenen Belastungen zu vermindern.

Im Sinne Perls et al. (1979) zeichnen sich gesunde Menschen durch die Fähigkeit zum Kontakt und damit zur „schöpferischen Anpassung" aus. Sie stellten den Organismus als mit Kontaktfunktionen ausgestattet dar und meinten damit die Sinnesorgane und die Fähigkeit des Ichs zur Identifikation und Abgrenzung. Sie führten weiter auf, dass dies voraussetzt, möglicherweise auch Erreichtes und Bestehendes aufgeben zu können. Dazu ist grundsätzliches Vertrauen und die Erfahrung, gehalten zu sein, notwendig – in mir und in der Welt. Die Zuversicht, dass ich, wenn ich mich Neuem zuwende und Altes verlasse, auch erneut einen Fixpunkt finde. Dafür benötige man innere Ruhe und Zuversicht.

Deshalb sei Gesundheit mehr als nur Abwesenheit von Krankheit. Gesund sei, wenn sich der Mensch entfalten könne, Lebensfreude empfände, im richtigen Maß allein und mit anderen im Kontakt sein könne.

Und dies kann man finden, wenn man in Entspannung zu sich selbst findet.

2 Überblick der gängigsten Techniken

Verschiedene, ausgewählte Entspannungstechniken sollen im Folgenden überblicksartig skizziert werden. Sie stellen sowohl im Alltag als auch bei der Behandlung zahlreicher psychischer Syndrome und psychosomatischer Störungen bewährte Therapiebausteine dar.

Im Bereich der Kinder- und Jugendtherapie werden insbesondere das autogene Training, die progressive Muskelrelaxation und Phantasiereisen angewendet. Aber auch Biofeedback-Verfahren, Hypnose und Meditation sollen als mögliche Verfahren angerissen werden.

2.1 Was geschieht bei Entspannungsverfahren?

Durch die Anwendung von Entspannungstechniken kommt es meist zur Verringerung der muskulären Aktivität und damit zur Entspannung der Muskulatur. Ebenso erweitern sich die peripheren Blutgefäße, so dass es z. B. zu einer spontanen Wärmeempfindung kommen kann. Eine Veränderung und Verlangsamung der Atmung und Abnahme der Herzrate im Sinne einer Beruhigung ist ebenso möglich.

Sensorische Begleiterscheinung in Form von somatosensorischen Empfindungen, wie Prickeln und Kribbeln, vestibulärer Benommenheit, wie Gefühle von Drehen, Schweben, Fallen, Fliegen, Schwindel, und akustische Besonderheiten, wie Töne und Geräusche hören, können in einzelnen Verfahren auch auftreten. Ebenfalls sind rasch wechselnde Gefühlsreaktionen, im Sinne von affektbetonten oder mentalen Begleiterscheinungen, wie nicht zu kontrollierende Gedanken und Konzentrationsschwierigkeiten, beschrieben worden.

Das Zucken einzelner Muskeln, isoliert auftretende Bewegungen oder Zittern in den Extremitäten etc. können motorische Begleiterscheinungen von Entspannung sein.

Von Kindern und Jugendlichen wird die Entspannung jedoch meist im Gesamteindruck als Ausgeglichenheit, körperliche und geistige Frische erlebt und fast immer als angenehm empfunden. Sie gewinnen außerdem als positive Begleiterscheinung die Erfahrung, dass sie durch Selbstinstruktionen fähig sind, ihr Verhalten zu steuern.

2.2 Autogenes Training

Das autogene Training gilt als „Tochter der Hypnose" und autohypnoides Verfahren. Der deutsche Nervenarzt J.H. Schultz machte Anfang des 20. Jahrhunderts folgende Beobachtungen bei der Hypnose: Seine Patienten versetzten sich nach einiger Zeit selbst in einen hypnotischen Zustand. Diese erlebten dadurch Ruhe und Entspannung. Dies griff Schultz auf, um den Patienten zu vermitteln, sich schrittweise selbst zu instruieren. Durch die Anwendung von Selbstinstruktionen und Selbstsuggestionen wurde ebenso eine körperliche wie geistige Entspannung initiiert.

Häufig wird das autogene Training bei Kindern und Jugendlichen auf die Ruhe-, Schwere- und Wärmeübung beschränkt. Es handelt sich dabei um einen kognitiven Zugang zur konzentrierten Selbstentspannung. Einmal erlernt, ist die Anwendung schließlich auch ohne Therapeut möglich und selbst erzeugbar.

Selbstanweisungen, wie „Mein rechter Arm wird schwer!", werden formelhaft immer wieder im Geiste rezitiert. Entscheidend ist es dabei, eine Zielorientierung zu vermeiden, nicht aufeinander folgend die Formeln zu sprechen und sich der passiven Konzentration hinzugeben. Auch besteht die Möglichkeit, dass anfangs Gedanken stören oder dass der Patient bei den Schwere- und Wärmeübungen einschläft. Daher ist es wichtig, sich im Vorwege bewusst zu machen, dass dies sein kann und darf, um sich nicht unter Druck zu setzen.

Eine Entspannungsphase dauert zwischen zehn und 30 Minuten. Wie zuvor erwähnt, ist dies immer abhängig von der Fähigkeit des Patienten die passive Konzentration aufrecht zu erhalten. So ist es nur wenig verwunderlich, dass dieses Verfahren zu kopflastig für jüngere Kinder und eher geeignet für Jugendliche ist. Für jüngere Kinder könnte man jedoch Grundelemente verwenden und zusätzlich Bilder imaginieren, welche das jeweilige Kind entspannen.

Das klassische autogene Training besteht aus sechs Stufen (dargestellt bei Vaitl, 2004a):

(1) **Schwere-Übung** mit den Armen und Beinen („Mein Arm wird schwer.")
(2) **Wärme-Übung** mit den Armen und Beinen („Mein Bein wird warm.")
(3) **Herz-Übung** („Mein Herz schlägt ruhig und gleichmäßig.")
(4) **Atemübung** („Mein Atem ist ruhig und gleichmäßig.")
(5) **Sonnengeflechtübung** („Mein Oberbauch wird warm und wohlig.")
(6) **Stirnkühleübung** („Mein Kopf ist leicht und klar.").

Das autogene Training versteht sich als ein übendes Verfahren mit drei Übungskomplexen: den Standardübung (sog. sechs Unterstufen-Übungen), den meditativen Übungen (sog. Oberstufen-Übungen) und speziellen Übungen.

Rahmenbedingungen. Um eine Annäherung an diese Form von Entspannung zu erleichtern, kann es hilfreich sein gewisse Rahmenbedingungen im Vorwege herzustellen:

▶ In der **Vorbereitungsphase** sollten Ängste vor Kontrollverlust ebenso besprochen werden wie mögliche körperliche Veränderungen geschildert und der Übungsaspekt betont werden.
▶ Darauf folgend sollte gemeinsam mit dem Patienten eine **Übungsposition** gefunden werden. Viele wählen diese gern liegend, eine entspannte aufrechte Haltung im Sitzen, so wie jede andere Körperhaltung, in welcher sich der Behandelte wohl fühlt, ist gleichfalls akzeptabel.
▶ Dann werden die konkreten **Übungen** trainiert. Der Patient spricht sich die zuvor besprochenen Formeln im Geiste vor, eher passiv, ohne Negationen und Erwartungsdruck.
▶ Die **Dauer** wird im Laufe des Trainings differieren: Anfangs wird die passive Konzentration nur kurz möglich sein, jedoch im Laufe des Trainings weiter ausgebaut werden.
▶ Zum **Abschluss** einer jeden Übungsphase ist das Ausleiten von besonderer Bedeutung. Neuromuskuläre Deaktivierungen können möglich sein. Bevor das Setting beendet wird, sollte es wieder zur Aktivierung kommen, z. B. durch Beugen und Anspannen der Arme etc.

2.3 Progressive Muskelentspannung

Die Progressive Muskelrelaxation ist ein aktives, körperbezogenes und fremdinstruktives Verfahren. 1929 führte Jacobsen diese neue Technik in den USA ein. Später wurden die Übungsformen von Wolpe, Öst und Bernstein aufgegriffen und modifiziert (hierzu Weiterführendes bei Hamm, 2004).

Bei der progressiven Muskelrelaxation handelt es sich um ein Verfahren, durch das bewusste, willkürliche An- und Entspannen eine Entspannung der Muskeln hervorgerufen wird. Zudem ist es auf eine verbesserte Körperwahrnehmung gerichtet.

Das Kind und der Jugendliche lernen hierbei, die konkrete An- und Entspannung in einzelnen Muskelpartien (Arme und Beine) wahrzunehmen und zu regulieren. Zu Beginn des Trainings werden bei den Händen, den Füßen und Beinen erst die rechte und dann die linke Körperhälfte trainiert, welche später dann wieder zusammengefasst werden.

Jacobsen (1990) sah ursprünglich die Bearbeitung von 30 Muskelgruppen vor. Die Entspannung von drei Muskelgruppen pro Sitzung (50 Minuten) sollte geübt werden. Einer 1-2-minütigen Anspannung, sollte immer eine 3-4-minütige Entspannung in 56 Trainingssitzungen über einen Zeitraum von drei bis sechs

Monaten folgen. Zwischenzeitlich ist dieses Verfahren jedoch vielfach modifiziert worden.

Rahmenbedingungen. Diese Technik zeichnet aus, dass die Rahmenbedingungen in den Hintergrund treten und man in geübter Form jederzeit und überall darauf zurückgreifen kann:
- Dennoch empfiehlt sich für das Erlernen als **Vorbereitung** eine Ruheposition, in der man sich wohl fühlt, einzunehmen – z. B. aufrecht im Sitzen.
- Die konkrete **Übung** besteht aus der Schulung von Anspannung bzw. Entspannung gezielter Muskelpartien und die Fokussierung der Aufmerksamkeit auf den **Kontrasteffekt.** Ein Experte leitet zunächst das Kind oder den Jugendlichen dazu an, die Muskeln anzuspannen, so dass man in schmerzfreiem Zustand bei ruhiger Atmung die Spannung für einen kurzen Zeitraum halten kann. Dabei wird der Patient angehalten, sich selbst zu beobachten. Im Folgenden soll der Übende dann plötzlich die bislang angespannten Muskelpartien loslassen, sich dabei abermals beobachten und entspannen. Nacheinander wird dieser Prozess mit Händen, Armen, dem Halsbereich, Schultern, Bauch, Oberschenkeln, Unterschenkeln und Füßen durchgeführt.
- Zum Abschluss der Übung empfiehlt es sich, die unterschiedliche Körperwahrnehmung nochmals zu vergegenwärtigen.

2.4 Imagination

Imaginationen werden in einem breiten Spektrum bereits seit ca. 100 Jahren in der Psychotherapie eingesetzt.
- Die **katathyme Imagination** mit tiefenpsychologischer Aufarbeitung in einer aufdeckenden Psychotherapie findet hier ebenso ihren Platz
- wie beispielsweise die **systematische Desensibilisierung** (Wolpe, 1958) aus dem verhaltenstherapeutischen Bereich (ausführlichere VT-Konzepte sind bei Petermann und Kusch [2004] dargestellt), um Verhaltensveränderungen herbei zu führen. Bei der letzteren werden sensorische, motorische und affektive Aspekte in der Vorstellung derart modifiziert, so dass momentane Einschränkungen der Person überwunden werden können.
- Als entspannendes Verfahren für Kinder und Jugendliche bieten sich Imaginationen in Form von sog. **Phantasiereisen** an. Fremdinstruktiv und mit passiver Konzentration werden gelenkte, positive Tagträume produziert, um Stress zu verringern und neue Lösungswege zu visualisieren. Dies ist z. B. möglich in Form von Stoppschild-Imaginationen, Imagination eines Lieblingsortes oder durch Zukunftsprojektionen (im Sinne eines magischen Spiegels).

Kapitän-Nemo-Geschichten. Exemplarisch seien hier die Kapitän-Nemo-Geschichten nach Petermann (2005, 2006a, b) genannt. Dies ist eine mögliche, kind-angemessene Form, in welcher Phantasiebilder verwendet werden, um Gefühle von Wohlbefinden und Entspannung zu erzeugen. Hier wurde das Motiv von Jules Vernes „20000 Meilen unter dem Meer" genutzt. In 14 Unterwassergeschichten werden die Kinder mit den immer gleichen Einstiegs- und Ausstiegsbildern durch unterschiedliche Unterwasserausflüge geführt. Der Rahmen jeder Geschichte ist identisch. Im Zentrum steht hier das Anlegen des Taucheranzuges. Schrittweise werden die Kinder angeleitet, ruhig zu werden und dennoch wechselnden Erlebnisbildern zu folgen. Das Motiv des Körpers unter Wasser wurde hier bspw. gewählt, um dem häufig empfundenen Gefühl der Schwerelosigkeit und der gedämpften Geräusche entgegen zu kommen.

Die praktischen Erfahrungen zeigen, ähnlich dem Zugang zur Hypnose, dass nicht alle Kinder gleich gut hierfür geeignet sind. So kann es vorteilhaft sein, gerade, wenn die Bedürfnisse und Affinitäten eines Patienten im therapeutischen Prozess besser bekannt sind, individualisierte Bilder zu nutzen und selbst eine Geschichte zu entwerfen.

2.5 Biofeedbackverfahren

Beim Biofeedbackverfahren handelt es sich um eine fremdinstruktive und körperbezogene Methode, welche auf der kognitiven und auf der Verhaltensebene arbeitet. Ziel ist es, dem Individuum durch die Rückmeldung von Biosignalen willentlich Einfluss auf diese Prozesse und damit die Selbstkontrolle von körperlichen Vorgängen zu ermöglichen.

In diesem Verfahren sollen Biosignale in Signale verwandelt werden, die von den Sinnesorganen wahrgenommen werden können. Dem Patienten werden psychophysiologische Messwerte, wie elektrischer Hautwiderstand, Muskelanspannung, Atmungs- und Pulsfrequenz zurückgemeldet. Möglich ist dies durch unterschiedliche Feedbackverfahren, welche meist auditive (Höhe eines Tones) oder audiovisuelle Erkennungszeichen geben (näher beschrieben bei Vaitl [2004b] und weiterführend bei Rief und Birbaumer [2000]), hier beispielhaft:
- in Form eines **EEG-Feedbacks** (Rückmeldung der Hirnstromaktivität);
- Durch ein **EMG-Feedback** (direkte Rückmeldung über Entspannungsgrad bestimmter Muskelpartien – z. B. Kiefer- und Gesichtsmuskulatur beim Spannungskopfschmerz);
- Durch ein **vasomotorische Feedback** (ein Temperaturfühler am Finger genügt meist, um die infolge peripherer Vasodilatation erhöhte Temperatur in stärker durchbluteten Hautarealen anzeigen zu können erfolgreich bei Migräne angewendet)
- Durch ein **kardiovaskuläres Feedback** (willentlicher Einfluss auf Herzkreislaufreaktionen indem Blutdruckwerte als Feedbacksignale genutzt werden).

Biofeedbackverfahren werden eher selten im Kinderbereich angewendet. Sie können jedoch in vereinfachter Form häufig sehr unterstützend bei verhaltenstherapeutischen Maßnahmen sein (z. B. Puls am eigenen Arm bei Angst fühlen, um damit in Bezug zur eigenen Befindlichkeit zu gelangen).

2.6 Hypnose

Hypnose ist ein sehr altes Verfahren, welches bereits vor 4000 Jahren in China und auch im antiken Griechenland schon als Heilschlaf bekannt war. Viele Naturvölker verwendeten diese Methode. Auch Mesmer (Mesmerismus, 18. Jhd.) benutzte diese Methode, führte aber die Wirkung auf Magneten und später auf das Fluidum zurück. Der schottische Arzt Braid führte 1843 den Begriff der Hypnose ein (griech. Hypnos: Gott des Schlafes; Kossak, 2004). Massenhafte Popularität erlangte dieses Vorgehen durch Breuer und Freud bei der Behandlung der Anna O. im Jahre 1893. Seither in der Psychotherapie angewandt und in den 1960er-Jahren sehr intensiv als anerkannter akademischer Lehrgegenstand in den USA beforscht, unterscheidet man unterschiedliche Stadien:
▶ Das Einleitungsverfahren, die sog. **Hypnose-Induktion** (Einleitungsritual um Umweltreize auszublenden),
▶ anschließend die Entspannungsphase. Dies entspricht der **Hypnose-Entspannung,**
▶ und die **Hypnose-Behandlung** als eigenständige Therapie.

Allen Hypnoseformen ist eigen, dass sich das Hypnose-EEG deutlich von einem Schlaf-EEG unterscheidet. Grundsätzlich gilt: Niemand kann gegen seinen Willen hypnotisiert werden.

Zwei große Theorieschulen der Hypnose – bei Kossak (2004) beschrieben – beeinflussen die Sichtweise bezüglich der Anwendbarkeit:
(1) Die **State-Theorien** gehen bei der Hypnose von einem veränderten Bewusstseinszustand aus, einer Art Trance, die sich deutlich vom Alltagserleben unterscheidet. Sie sehen dieses Verfahren als etwas Unveränderliches an, so dass ein Patient hypnotisierbar ist oder nicht.
(2) **Non-state-Theorien** hingegen sehen Hypnose als keinen besonderen Zustand an. Sie glauben vielmehr an eine abhängige Variable, die von Erwartungen, Bewertungen der Gesamtsituation und anderen Vorinformationen gesteuert wird. Demnach ist Hypnose erlernbar und ein aktiver Prozess, in dem sich Menschen nicht willenlos verhalten. Die Patienten erleben sich jedoch so, als wenn alles von selbst geschehen würde.

Lange Zeit ging man davon aus, dass Kinder nicht hypnotisierbar seien. Der heutige Zweig der Hypnotherapie zeigt jedoch, dass Kinder und Jugendliche im Gegenteil besonders suggestibel sind. Im Vergleich zu Erwachsenen bestehen zwar Einschränkungen in den kognitiven Voraussetzungen, in der geringeren Konzentrationsfähigkeit und im Sprachverständnis, doch es liegt in der Hand des Therapeuten, sein Werkzeug an den Entwicklungsstand des Kindes zu adaptieren (gute Textvorlagen für ältere Kinder finden sich zum Beispiel bei Kaiser Rekkas, 2001). Abhängig von altersbedingten Denk- und Sprachstilen, sowie sozio-kulturellen Einflüssen lässt sich dieses Verfahren modifiziert sehr gut bei Kindern anwenden. Beispielsweise geschieht dies bei Kleinkindern tendenziell präverbal und durch motorische Induktionen, wie schaukeln und summen.

2.7 Meditation

Als Letztes sei ein Sonderfall innerhalb der Entspannungsverfahren vorgestellt. Deshalb besonders, da Meditationen eigentlich religiösen Ursprungs sind. Sie sollen Versenkung, spirituelle Entwicklung und tief greifende Selbsterkenntnis fördern. Entspannung und der Abbau von Stress sind nebensächlich. Meditationsübungen können dennoch, auch unter Loslösung aus religiösen Kontexten, erfolgreich durchgeführt werden und sie verstehen sich als aktive und übende Verfahren. So kann es anfangs etwas schwer fallen und die Konzentration ist eventuell nur für Sekunden möglich. Im Verlauf ist dies jedoch trainierbar. Entscheidend für das Gelingen ist außerdem die Einstellung: Hilfreich kann das Richten der Aufmerksamkeit sein, sowie eine Haltung ohne Erwartungen, Kontrolle und Ehrgeiz, mit Geduld und Gelassenheit.

Man kann im Wesentlichen zwei Richtungen unterscheiden (s. weitere bei Ott, 2004):
(1) Meditation mit Bewegung, wie Yoga, Tai Chi, Qigong
(2) und konzentrative Meditation

Yoga. Für Meditation mit Bewegung sei Yoga exemplarisch kurz genannt. Beim Yoga geht es um eine Harmonisierung von Seele, Geist und Körper. Nach dem Verständnis der Yogatheorien wird man krank, wenn der Mensch aus dem Gleichgewicht gerät, wenn Rhythmen der Natur, wie Jahreszeiten, Tag und Nacht, zunehmend außer Kraft gesetzt werden und man ungesunden Aktivitäten vermehrt nachgeht. Dann nehmen bspw. hektische Spannungszustände zu. Durch eine bewusste Entspannung (dem Erlernen von bestimmten Körperhaltungen, Atemtechniken, Verinnerlichung etc.) wie beim Yoga kann jedoch der Parasympathikus gestärkt und damit ein Ausgleich geschaffen werden.

Konzentrative Meditation. Bei der konzentrativen Meditation geht es um innere Sammlung, Präsenz, Ruhe und Entspannung. Ein Mediationsobjekt kann hierbei der Fokussierung dienen:

▶ Typische **interozeptive Objekte** sind der eigene Atem, ein inneres Bild oder Symbol.
▶ Kennzeichnende **exterozeptive Objekte** können z. B. eine Kerze, Blume, Bilder, Symbole oder Geräusche, wie fließendes Wasser, sein.

Für Kinder eignet sich Yoga gut, da spielerisch unter Einsatz des Körpers Fokussierung und Beruhigung erlernt werden können.

Literatur

Hamm, A. (2004). Progressive Muskelentspannung. In D. Vaitl & F. Petermann (Hrsg.), Entspannungsverfahren. Das Praxishandbuch (3. akt. Aufl., S. 189-212). Weinheim: Beltz PVU.

Jacobsen, E. (1990). Entspannung als Therapie. Progressive Muskelrelaxtion in Theorie und Praxis. München: Pfeiffer.

Kaiser Rekkas, A. (2001). Die Fee, das Tier und der Freund. Hypnotherapie in der Psychosomatik. Heidelberg: Carl-Auer-Systeme Verlag.

Kossak, H.-C. (2004). Hypnose. In D. Vaitl & F. Petermann (Hrsg.), Entspannungsverfahren. Das Praxishandbuch (3. akt. Aufl., S. 125-142). Weinheim: Beltz PVU.

Ott, U. (2004). Meditation. In D. Vaitl & F. Petermann (Hrsg.), Entspannungsverfahren. Das Praxishandbuch (3. akt. Aufl., S. 177-188). Weinheim: Beltz PVU.

Perls, F.S., Hefferline, R. & Goodman, P. (1979). Gestalttherapie. Lebensfreude und Persönlichkeitsentfaltung. Stuttgart: Klett-Cotta.

Petermann, F. & Kusch, M. (2004). Imagination. In D. Vaitl & F. Petermann (Hrsg.), Entspannungsverfahren. Das Praxishandbuch (3. akt. Aufl., S. 159-175). Weinheim: Beltz PVU.

Petermann, U. (2005). Die Kapitän-Nemo-Geschichten. Geschichten gegen Angst und Stress (6., korr. Aufl.). Freiburg: Herder.

Petermann, U. (2006a). Entspannungstechniken für Kinder und Jugendliche (4., korr. Aufl.). Weinheim: Beltz.

Petermann, U.(2006b). Unspezifische Entspannungsverfahren. In R. Rosner (Hrsg.), Psychotherapieführer Kinder und Jugendliche (S. 97-105). München: C.H. Beck.

Rief, W. & Birbaumer, N. (2000). Biofeedback-Therapie (2. Aufl.). Stuttgart: Schattauer.

Tausch, R. (1996). Hilfen bei Stress und Belastung. Reinbeck: Rowohlt.

Vaitl, D (2004a). Autogenes Training. In D. Vaitl & F. Petermann (Hrsg.), Entspannungsverfahren. Das Praxishandbuch (3. akt. Aufl., S. 87-106). Weinheim: Beltz PVU.

Vaitl, D (2004b). Biofeedbackverfahren. In D. Vaitl & F. Petermann (Hrsg.), Entspannungsverfahren. Das Praxishandbuch (3. akt. Aufl., S. 107-124). Weinheim: Beltz PVU.

Wolpe, J. (1958). Psychotherapy by reciprocal inhibition. Stanford: Stanford University Press.

Weiterführende Literatur

Hampel, P. & Petermann, F. (2003). Anti-Stress-Training für Kinder (2., vollst. überarb. Aufl.). Weinheim: Beltz PVU.

Kraft, H. (1996). Autogenes Training – Methodik, Didaktik und Psychodynamik (3. Aufl.). Stuttgart: Hippokrates.

Ohm, D. (2000). Progressive Relaxation für Kids. Stuttgart: Thieme.

Olness, K. & Kohen, D.P. (2001). Lehrbuch der Kinderhypnose und –hypnotherapie. Heidelberg: Auer.

Revenstorf, D. & Peter, B. (2000). *Hypnose* in der Psychotherapie, Psychosomatik und Medizin. Manual für die Praxis. Berlin: Springer.

13 Psychodrama

Arndt Paasch

1 Einleitung

Kinder gestalten Rollenspiele auch ohne Anleitung. Sie schaffen sich eine Kunstwelt, die es ihnen ermöglicht, imitierend und/oder ausprobierend zu handeln. Sie können dadurch verschiedenste Fragestellungen, Bedürfnisse und Probleme darstellen und selbsttätig ergründen. Diese Form des Spiels vermag so wichtige Impulse für die kindliche Entwicklung zu geben.

Wie aber können Rollenspiele so inszeniert und begleitet werden, dass psychotherapeutische Wirkungen erzielt werden können? Mit dem von J.L. Moreno entwickelten Psychodrama liegt ein erprobtes Paradigma vor, das diese Fragestellung, zumindest bezogen auf Erwachsene, weit reichend klärt. Um jedoch mit Kindern psychodramatisch arbeiten zu können, müssen wesentliche Modifikationen vorgenommen werden, die im Folgenden erläutert werden.

2 Kinder- versus Erwachsenenpsychodrama

Spieler. Kernstück des Erwachsenenpsychodramas ist das Protagonistenspiel, in dem ein Gruppenmitglied sein Thema bearbeitet. Die anderen Mitspieler werden zu Hilfs-Ichs (vgl. Zeintlinger, 1981, S. 293) des Protagonisten. Wer nicht am Bühnengeschehen beteiligt ist, nimmt als Zuschauer teil. Eine protagonistenzentrierte Vorgehensweise würde die Kinder in ihrem Handlungsdrang, ihrem Konzentrationsvermögen und in ihrer Fähigkeit, die eigenen Bedürfnisse zugunsten eines anderen zurückzustellen, überfordern. Daher werden im Kinderpsychodrama alle Teilnehmer zu Spielern, die ihre Themen einbringen können. Sie verständigen sich auf eine Handlungsidee, die in einem Gruppenspiel umgesetzt wird. Alle Mitspieler sind Protagonisten, können zugleich aber auch Hilfs-Ich-Funktionen für andere Kinder übernehmen.

Erwachsene und Kinder gehen zudem ganz unterschiedlich an das Psychodrama heran. Erstere rekonstruieren im Psychodrama häufig konflikthafte Situationen und kommen dabei mit dem erfahrenen Leid wiederholt in Kontakt, um so zu einer neuen Lösung zu gelangen. Kinder dagegen vermeiden es, schmerzvolle Erlebnisse so zu reinszenieren, dass sie die unangenehmen Gefühle noch einmal spüren. Vielmehr nutzen sie das Rollenspiel als eine lustvolle Möglichkeit, ihre persönlichen Probleme darzustellen und zugleich Entwicklungsprozesse zu gestalten. So wählen sie für sich selbst Rollen, die ein genussvolles Spiel sicherstellen (vgl. Fryszer, 1995, S. 170f).

Raum. Im Erwachsenenpsychodrama ist die Bühne, je nach Stil der Leitung und der Befindlichkeit des Protagonisten, ein mehr oder weniger stark abgegrenzter Bereich innerhalb des Gruppenraums. Bei Kindern hingegen wird der gesamte Gruppenraum zur Bühne. Daher ist die Einrichtung der Szenerie zu Beginn des Spiels als Übergang in die Welt des „Als ob" besonders wichtig.

Ausstattung. Das Erwachsenenpsychodrama kommt zumeist mit recht wenigen Requisiten aus. Oft genügen schon ein Tisch und einige Stühle. Im Gegensatz dazu brauchen Kinder Polster und Tücher, um das Bühnenbild spielerisch und konkret zu gestalten (vgl. Aichinger & Holl, 1997, S. 21f).

Zeit. Während ein Protagonistenspiel durchaus mehr als drei Stunden umfassen kann, vor allem dann, wenn es genetisch angelegt ist, beträgt die Sitzungsdauer einer Kindertherapiegruppe in der Regel etwa 60 Minuten (vgl. Aichinger & Holl, 1997, S. 22f). Der Unterschied zum Zeitumfang im Erwachsenenpsychodrama hängt vor allem mit der geringeren Aufmerksamkeitsspanne zusammen.

Anfang. Erwachsene benötigen zumeist eine Erwärmungsphase, in der es darum geht, die Spontaneität zu fördern und die Bereitschaft zu schaffen, im Spiel aktiv zu werden, d. h., Wünsche nach der Bearbeitung eigener Themen zu entwickeln und sich zu öffnen. Hierfür werden zumeist spezielle Techniken eingesetzt. Häufig umfasst diese Phase mehr als eine halbe Stunde. Die Kinder sind vom Symbolspiel zumeist so fasziniert, dass sie bereits mit Spielideen in die Gruppe kommen. Nur sehr selten muss auf Erwärmungskonserven zurückgegriffen werden. So kann gleich mit der Entwicklung der Spielhandlung und der Rollenbesetzung begonnen werden. Dies gilt allerdings nicht für die erste Stunde einer Kinderpsychodramagruppe. Hier ist eine klare Strukturvorgabe erforderlich.

Derolling. Am Ende eines Spiels entrollt der Protagonist die Mitspieler. Je nachdem, wie intensiv die Teilnehmer mit ihrer Rolle identifiziert sind, kann dies ausschließlich verbal erfolgen oder zusätzlich durch die Geste des Abstreifens unterstützt werden. Kindern fällt das Derolling oftmals schwer. Das Ablegen der Verkleidungen und das Abbauen der Kulissen werden daher bewusst als Entrollungsphase betrachtet. Zusätzlich kann der Einsatz von Techniken sinnvoll sein, bei denen der Übergang von der Spiel- in die Realitätsebene spielerisch gestaltet wird. Beispielsweise kriechen die Kinder als Rollenfigur in einen Tunnel und kommen als sie selbst wieder heraus.

Abschluss. In der Abschlussphase reflektieren die erwachsenen Teilnehmer das Spielgeschehen in Form des Rollenfeedbacks und des Sharings. Diese Vertiefung eröffnet dem Protagonisten ein erweitertes Erlebnisspektrum und hilft ihm, sich in die Gruppe zu reintegrieren. Im Vergleich zur Erwachsenengruppe ist die Schlussrunde bei Kindern viel kürzer. Sie teilen oft nur mit, wie ihnen das Spiel gefallen hat. Bewährt hat sich auch die Frage nach der Szene, die am angenehmsten empfunden wurde.

Leiter. Im Erwachsenenpsychodrama ist der Leiter für die Inszenierung des

Spiels zuständig und interveniert aus der Leitungsrolle. Im Gegensatz dazu übernimmt er in einer Kindergruppe eine ihm von den Teilnehmern zugewiesene Rolle und interveniert aus dem Spiel heraus.

In beiden Anwendungsbereichen des Psychodramas setzt sich die Leitung in der Regel aus einem Leiter und einem Co-Leiter zusammen. In der Erwachsenengruppe hat der zweite vornehmlich unterstützende, zuarbeitende Funktion und übernimmt ggf. die Anleitung einzelner Gruppenphasen. Da im Kinderpsychodrama beide mitspielen und aus ihren Rollen heraus intervenieren, ist die Aufgabenteilung weniger ausgeprägt.

3 Vorbereitungsphase

Bei der Planung einer Kinderpsychodramagruppe muss genau überlegt werden, welches Setting gewählt und wie die Gruppe zusammengesetzt werden soll. Außerdem ist die erste Sitzung zu planen. Diese Punkte werden im Folgenden näher ausgeführt.

Festlegung des Settings. Die Leitung sollte mit einer Frau und einem Mann besetzt werden, weil beide Übertragungsangebote wichtige Triebfedern des therapeutischen bzw. pädagogischen Prozesses darstellen (vgl. Aichinger & Holl, 1997; Rubner & Rubner, 1982).

Die Größe des Raumes sollte erfahrungsgemäß zwischen 30 und 60 m^2 betragen, was auch in Abhängigkeit von der Teilnehmerzahl zu sehen ist. Ist der Raum zu klein, behindert das den Bewegungsdrang und die Spontaneität. In einem zu großen Raum hingegen können sich die Kinder verloren vorkommen. Sie werden zu Verhaltensweisen verleitet, bei denen die Motorik im Vordergrund steht und der expressive Gehalt des Spiels verloren gehen kann.

Benötigt werden Materialien zum Bauen (Polster, Decken, evtl. Schnüre), Verkleiden (unterschiedliche Tücher, evtl. Masken) und fakultativ Requisiten (z. B. eine Sammlung mit verschiedenen Gegenständen oder Baufixelemente). Man sollte aber darauf achten, die angebotenen Materialien sowohl von der Menge als auch von der Art her zu begrenzen, um die Kinder nicht vom Spiel abzulenken (vgl. Anzieu, 1984).

Die Sitzungsdauer beträgt zwischen 60 und 90 Minuten (vgl. Aichinger & Holl, 1997). Im Regelfall finden die Sitzungen in einem wöchentlichen Rhythmus statt. Zur Gesamtdauer schreiben Aichinger und Holl (1997, S. 88): „Die optimale Wirkung einer Gruppentherapie lässt sich etwa mit 30–50 Sitzungen erreichen, das entspricht einem Zeitraum von 1–1 <1/2> Jahren. Das schließt nicht aus, dass man bei einer fokussierten Arbeit mit einer geringeren Stundenzahl auskommt."

Zusammenstellung der Gruppe. Ausgangspunkt bei der Auswahl der Gruppenteilnehmer wird in jedem Fall die Fragestellung sein, ob bestimmte Kinder im Persönlichkeitsbereich und im Sozialverhalten Schwierigkeiten haben und vermutet werden kann, dass Psychodrama in diesen Fällen hilfreich sein könnte. Für einen therapeutischen Kontext formuliert, ließe sich von der informellen Indikation sprechen.

Aichinger und Holl haben eine Liste mit Symptomen erstellt, bei deren Auftreten eine Teilnahme in Betracht gezogen werden könnte:
„Beziehungsprobleme in der Familie und deren Umfeld
- das Kind findet keine Freunde;
- es will als Einzelkind immer im Mittelpunkt stehen;
- man weiß nicht, was in ihm vorgeht;
- es kann nicht spielen;
- es hat Einschlafprobleme;
- es steht in ständiger Rivalität zu Geschwistern;
- es gerät schnell außer sich;
- es ist in seine eigene Welt versponnen;
- es ist ängstlich und leicht kränkbar.

Beziehungsprobleme in der Schule
- es will immer im Mittelpunkt stehen;
- es wird schnell aggressiv;
- es kann sich nicht abgrenzen, gibt immer nach;
- es findet keinen Kontakt zu anderen Kindern;
- es ist verschlossen und zurückgezogen;
- es ist gehemmt und ängstlich" (1997. S. 14).

Wesentlich ist bei der Entscheidungsfindung ferner die Prognose, also die Abschätzung des zu erwartenden Effekts. Dies ist jedoch nicht einfach, da m. W. kaum Untersuchungen über die Ergebnisse psychodramatischer Kindergruppen vorliegen (vgl. Anzieu, 1984). Es ist sicher ratsam, mögliche Effekte nicht zu überschätzen und bei gravierenden psychischen Störungen eine kinderpsychiatrische Diagnostik auf den Weg zu bringen und fachkundig abklären zu lassen, ob eine zusätzliche oder alternative therapeutische Versorgung vonnöten ist.

Kontraindikation. In diesem Zusammenhang stellt sich auch die Frage, für welche Kinder sich das psychodramatische Rollenspiel nicht eignet, es also kontraindiziert ist. Hierzu merken Aichinger und Holl an, dass bei „Kindern, die in den ersten Lebensjahren zu wenig Geborgenheit und Zuwendung erfahren oder andere traumatische Verletzungen erlitten haben", in der Literatur die Meinungen darüber, ob nur Einzeltherapie oder auch Gruppentherapie möglich ist, weit auseinander gehen (1997, S. 16). Weiterhin schreiben sie: „Wenn zu erwarten ist, dass sie (die Kinder, Anm. d. Verf.) von der Emotionalität und der Dynamik der Gruppe überflutet werden und die Bedrohung (...) nur noch über Regression oder andere Mechanismen abgewehrt werden kann, sollte man von einer Gruppentherapie absehen" (1997, S. 16).

Gruppengröße. Die Festlegung der Gruppengröße hängt u. a. vom Alter der Kinder ab. Jüngere Kinder benötigen in der Regel mehr Unterstützung bei der Strukturierung der Handlung und mehr Zuwendung. So halten Aichinger und

Holl (1007) bei fünf- bis sechsjährigen Teilnehmern eine Begrenzung auf vier Kinder für sinnvoll. Besteht die Gruppe aus Mädchen und/oder Jungen ab dem achten Lebensjahr, ist nach ihrer Auffassung sechs eine gute Gruppengröße.

Die obere Grenze der Anzahl an Kindern liegt nach meiner Erfahrung bei acht. Darüber hinaus wird das Spielgeschehen zu unübersichtlich. Wenn mehr Erwachsene mitspielen, kann diese Obergrenze möglicherweise überschritten werden (vgl. Schulte-Markwort & Schulte-Markwort, 1995). Lässt es sich nicht umgehen, eine größere Gruppe zusammenzustellen, so ist zu beachten, dass umso mehr Struktur erforderlich ist, je größer die Gruppe ist. Nach meiner Erfahrung sollte spätestens ab acht Teilnehmern auf modifizierte Arbeitsformen zurückgegriffen werden. Beispielsweise können vorgefertigte Geschichtenentwürfe eingesetzt werden (vgl. Aichinger & Holl, 2002).

Planung der ersten Sitzung. Die Anfangsphase hat die Funktionen, die Gruppenkohäsion zu fördern, den Rahmen zu setzen und ein gemeinsames Gruppenthema zu entwickeln, in das jedes Kind seine Problematik einbringen kann (vgl. Anzieu, 1984). In diesem Zusammenhang ist die erste Stunde besonders bedeutsam.

Die neue Gruppensituation löst in aller Regel bei den Mädchen und Jungen Angst aus, die sich in ganz unterschiedlichen Formen zeigen kann. Manche Kinder sind eher gehemmt und vorsichtig, andere wehren ihre Unsicherheit vielleicht durch Albernheiten ab. Besonderes Augenmerk sollte daher auf die Reduzierung der Angst gelegt werden (vgl. Aichinger & Holl, 1997). Dies gelingt am ehesten durch ein empathisches und zugleich strukturierendes Verhalten. Sicherheit vermittelt den Teilnehmern auch das positive Übertragungsangebot, das u. a. in der Rollenübernahme seinen Ausdruck finden kann, z. B. Bäuerin und Bauer, die sich um ihre Tiere (Kinderrollen) kümmern.

Die erste Gruppensitzung lässt sich in acht Phasen gliedern, die in der folgenden Übersicht dargestellt werden.

Die acht Phasen der ersten Gruppensitzung

Phase	Erläuterung
(1) Begrüßung	Die Kinder sollen sich wahrgenommen fühlen.
(2) Anlass und Zweck der Gruppe	„Es wirkt auf die Kinder entlastend, wenn deutlich ausgesprochen ist, dass jedes von ihnen aus einem bestimmten Anlass hier ist und das Spiel, so lustvoll es sein kann, nicht Selbstzweck ist" (Aichinger & Holl, 1997, S. 90).
(3) Kennenlernspiel	Die Kinder sollen sich gegenseitig kennen lernen und mit den Namen der anderen Gruppenmitglieder vertraut werden.

▶

Phase	Erläuterung
(4) Erklären des Ablaufs	Dies schafft Transparenz und Sicherheit.
(5) Erklären des symbolischen Spiels	Wichtig sind folgende Punkte: ▸ Es werden Geschichten gespielt, die sich die Kinder ausdenken oder die sie kennen. ▸ Gemeinsam wird entschieden, welche Handlung umgesetzt wird. ▸ Jedes Kind darf sich eine Rolle wählen. Die Teilnehmer haben in dieser Gruppe Gelegenheit, sich in die Figur und sogar in die Sache zu verwandeln, die sie für sich ausprobieren möchten. ▸ Die Kinder dürfen mitbestimmen, welche Rollen die Leiter übernehmen sollen.
(6) Regeln und Grenzen	Folgende Regeln bzw. Grenzen sind sinnvoll: ▸ Das Spiel findet ausschließlich im Gruppenraum statt. ▸ Es darf kein Spielzeug mitgebracht werden. ▸ Es dürfen keine Gäste teilnehmen. ▸ Jedes Kind darf zu jeder Zeit sagen, was es denkt oder fühlt. ▸ Wir spielen hier, d. h., wir „tun so als ob". Wir tun uns also niemals wirklich weh. ▸ Jeder Teilnehmer kann das Spielgeschehen unterbrechen, indem er „Stopp" sagt, wenn er sich gestört fühlt oder eine Bemerkung zum weiteren Spielverlauf machen möchte.
(7) Einführung des symbolisches Spiels	Hierbei ist abzuschätzen, ob die Kinder bereits in der Lage sind, eine eigene Geschichte zu gestalten, oder ob weitere Strukturierungshilfen erforderlich sind. Aichinger und Holl (1997) berichten von positiven Erfahrungen mit vorgegeben Situationen bei jüngeren Kindern, z. B. Tiere auf dem Bauernhof. In diesen Spielen legen die Leiter dann auch selbst ihre Rollen fest, nämlich im genannten Fall die des Bauernehepaars.
(8) Abschluss	In dieser Gesprächsphase äußern die Kinder nur kurz, wie ihnen das Spiel gefallen hat und sagen eventuell, welche Szene bzw. Situation für sie die beste war.

4   Kindliche Rollenwahl

Kinder vermeiden es, schmerzvolle Erlebnisse so zu reinszenieren, dass sie die unangenehmen Gefühle noch einmal spüren. Vielmehr nutzen sie das Rollenspiel als eine lustvolle Möglichkeit, ihre persönlichen Probleme zu bearbeiten. So wählen sie für sich selbst Rollen, die ein genussvolles Spiel sicherstellen. Während Rubner und Rubner (1982) die kindlichen Rollenwahlen in erster Linie unter dem Aspekt der Abwehr verstehen, sieht Fryszer (1995) hierin eine entwicklungspsychologisch begründete Ausformung des Rollen-Symbol-Spiels im Sinne Piagets. Im Folgenden sollen häufig wiederkehrende Rollen aufgelistet und beschrieben werden. Die Beispiele stammen aus eigenen Praxiserfahrungen.

Kindliche Rollen im Psychodrama

Bezeichnung	Erläuterung	Beispiel
Rollenumkehr	Das Kind inszeniert die Szene realitätsgemäß, die Verteilung von Stärke und Schwäche wird jedoch umgekehrt, so dass es nun aus der Position des Mächtigen agieren kann. Die Therapeuten erleben in der Gegenrolle die schmerzvollen und unangenehmen Gefühle, die das Kind erlitten hatte. Indem die Erwachsenen ihrer misslichen Lage Ausdruck verleihen, wird die Technik des einfühlenden Doppelns entfaltet. Anzieu (1984, S. 102) schlägt hierfür den Ausdruck symbolisches Doppeln vor, da der Therapeut symbolisch die Rolle einnimmt, die das Kind in der Wirklichkeit innehatte.	Die Therapeuten spielen die Eltern, die ihre Kinder schlecht behandelt haben und werden dafür in die Hölle geworfen. Die Töchter bzw. Söhne bestimmen mittels eines Reglers die Temperatur und bestrafen so die „bösen" Eltern. Die Therapeuten beklagen lautstark ihren Schmerz und ihre Hilflosigkeit
Größenphantasien	Gerne übernehmen Kinder Rollen, in denen sie sich selbst als (all)mächtig und unbesiegbar erleben können. Sie baden geradezu in dem Gefühl der	Häufig werden Helden aus Filmen, Fantasy-Geschichten oder von Spielkartenserien dargestellt, die über

▶

Bezeichnung	Erläuterung	Beispiel
Größen-phantasien	eigenen Grandiosität und genießen die Bewunderung der Therapeuten. So können erlittene Niederlagen und Kränkungen kompensiert werden. Oft wird hier die zu wenig erfahrene Bewunderung und Reaktion auf die eigene Person nachgeholt. Es geht um den viel zitierten „Glanz in den Augen der Mutter" (vgl. Fryszer, 1995, S. 183).	außergewöhnliche Kräfte verfügen, etwa Ninjakämpfer. Aber auch Königin und König oder Popstars können solche Größenphantasien verkörpern.
Ich-Ideal-Rollen	Auch in diesen Rollen erlebt das Kind sich als mächtig, aber das soziale Element steht im Vordergrund. Es geht um die Anerkennung für eine als wertvoll erachtete Leistung.	Als Beispiele hierfür sind der Elter, der die Küken im Nest vor den Angriffen eines Raubvogels beschützt, und der Ritter, der im Kampf sein Leben aufs Spiel setzt, zu nennen.
Regressive Rollen	In regressiven Rollen können Bedürfnisse nach Fürsorge und Geborgenheit ausgelebt werden. Das Kind muss keine Leistung erbringen, um Zuwendung zu erhalten. Zugleich erleichtert diese Rolle, Wünsche nach Nähe zu artikulieren.	Häufig wird ein Babyspiel inszeniert. Es kann aber auch die Rolle eines Kranken bzw. Verletzten übernommen werden.
„Embryo"	Der Prozess der Wandlung, der inneren Verarbeitung, wird oft symbolisiert durch den Aufenthalt in einer schützenden Hülle und dem anschließenden aktiven Herauskommen aus dieser behütenden und zugleich begrenzenden Umgebung. Die Aufgabe des Therapeuten besteht vornehmlich darin zu begleiten, zu signalisieren, dass	Als konkretes Bild wird z. B. das Ei und das schlüpfende Küken gewählt. Aber auch der Schmetterlingskokon und die damit verbundene Metamorphose bieten sich an. Der Bau einer Höhle enthält oft entsprechende Elemente.

Bezeichnung	Erläuterung	Beispiel
„Embryo"	er da ist. Hier kann der Patient auch durch explorierendes Doppeln unterstützt werden, um sich seiner Gefühle und Gedanken bewusst zu werden. Der Erwachsene kann seine Vorfreude auf das Herauskommen ausdrücken. Dies sollte aber so vorsichtig geschehen, dass das Kind sich nicht gedrängt fühlt.	
Betrunkener/ Verrückter	In diesen Rollen können "verbotene" Wunschphantasien (vor allem libidinösen und/ oder aggressiven Charakters) gestaltet werden. Betrunkene und Verrückte müssen nicht die Verantwortung für ihr Verhalten übernehmen. Sie sind im wahrsten Sinne des Wortes entschuldigt.	So benimmt sich ein Betrunkener z. B. rüpelhaft und schimpft mit unflätigen Ausdrücken oder ein Verrückter missachtet auf einer Party alle Konventionen und greift die Gäste an, weil er glaubt, ein Stier zu sein.

5 Interventionsformen

Die folgende Auflistung gibt einen Überblick über wesentliche Interventionstechniken im Kinderpsychodrama (vgl. Aichinger, 1997; Anzieu, 1984).

Anstiftung. Der Leiter spielt selbst, um dem Kind ein Vorbild zu geben und zum Handeln zu motivieren. Seine Spiellust soll ansteckend wirken.

Rückversicherung. Die Leitung versucht eine permissive Atmosphäre zu schaffen, indem sie etwa bestätigend eingreift, wenn ein Kind ein Verbot seines realen Lebens auf der Bühne übertritt.

Einfühlendes Doppeln. Bei dieser Technik werden aus der übertragenen Rolle heraus vermutete Gedanken und Gefühle des Kindes ausgesprochen, um ihm zu helfen, wahrzunehmen und zu erleben, was in ihm vorgeht.

Stützendes Doppeln. Diese Interventionsform ist neben dem Spiegeln wohl die wichtigste Interventionsform im Kinderpsychodrama. Aus der Rolle des Doppelgängers – z. B. einer Zwillingsschwester – oder aus einer anderen Rolle – z. B.

eines Assistenten des Detektivs – heraus gibt der Therapeut gezielte Impulse, die zu einer Erweiterung des Rollenrepertoires und der Handlungsmöglichkeiten beitragen. Auf diese Weise wird ermöglicht, das kreative Potential des Kindes zur Entfaltung zu bringen. Zugleich erlaubt diese Technik, die Intentionen des Kindes zu stärken.

Explorierendes Doppeln. Dies geschieht in der Form des Selbstgesprächs eines Leiters bzw. eines Dialogs der Leiter, indem Fragen aufgeworfen werden, um die Kinder dazu anzuregen, sich mit ihnen zu befassen. Daneben können die Gruppenleiter auch explorierende Rollen übernehmen (z. B. Fernsehreporter), aus denen heraus sie Fragen an die Kinder stellen.

Ambivalenzdoppeln. Zwei Therapeuten führen ein Zwiegespräch, wobei jeder eine der sich im Widerstreit befindlichen Tendenzen im Kind vertritt.

Spiegeln. Der Leiter spiegelt das Verhalten entweder aus der ihm zugewiesenen Rolle oder aber aus einer so genannten Spiegelrolle heraus, z. B. eines Zirkusbesuchers. Dadurch erhält das Kind wichtige Rückmeldungen über seine Handlungsweisen und deren Wirkungen. Die besondere Bedeutung dieser Technik im Kinderpsychodrama aber liegt darin, dass sie ermöglicht, Bewunderung und Zuwendung nachzuholen, die in der Biographie nicht ausreichend erfahren wurde.

Intervenieren in komplementären Rollen. Häufig übernehmen die Therapeuten komplementäre Rollen, die ihnen entweder von den Kindern zugewiesen werden oder die sie selbst vorschlagen, weil sie das entsprechende Bedürfnis der Teilnehmer in der komplementären Identifikation erspüren. Solche Rollen sind beispielsweise die eines Tierpflegers im Zoo oder der Katzeneltern. Vor allem in der Anfangsphase einer Gruppe werden so positive Übertragungen inszeniert, in denen die Kinder auf die Erfüllung ihrer Wünsche und Sehnsüchte abzielen. Damit einhergehend wird Vertrauen geschaffen und der Aufbau eines Arbeitsbündnisses unterstützt. Später können die Leiter dann auch negative Übertragungsrollen übernehmen, die dem Ausspielen von Frustrationen dienen.

Intervenieren aus der Gegnerposition. Die Einnahme einer Gegnerposition, z. B. die des Drachen, der die Burgbewohner bedroht, ist dann sinnvoll, wenn der Zusammenhalt der Kinder untereinander durch interne Aggressionen gefährdet ist. Die aggressiven Impulse werden so auf die Therapeuten gelenkt. Zugleich werden konstruktive Interaktionen zwischen den Kindern gefördert und die Gruppenkohäsion wächst. Anstelle der direkten Rollenübernahme kann auch ein imaginärer Außenfeind eingeführt werden.

Deutung. Die Deutung ist wohl die umstrittenste Interventionsform des Kinderpsychodramas. Ist schon der Effekt des Psychodramas bei Erwachsenen nicht wesentlich auf das Annehmen von Deutungen, d. h. die Einsicht in Zusammenhänge von Ursachen und Wirkungen, zurückzuführen, so ist dies bei Kindern noch weniger der Fall, was zum einen auf den kognitiven und emotionalen Entwicklungsstand zurückzuführen ist, aber auch darauf, dass sie noch stärker als Erwachsene Probleme auf der Handlungs- und Symbolebene verarbeiten. Zudem können Deutungen sehr leicht Ängste und Widerstände auslösen.

Dennoch können Deutungen hilfreiche Impulse geben, um neue Einsichten zu gewinnen. Es lassen sich hauptsächlich zwei Formen im Kinderpsychodrama unterscheiden:
(1) Aktionale Deutung: Auf der Symbolebene und aus der Rolle deutet der Therapeut das Spielgeschehen. Um Ängste und Widerstände zu vermindern, werden Deutungen im Spiel auch einem Dritten zugeschrieben, etwa einem imaginierten Fachmann (vgl. Aichinger & Holl, 1997).
(2) Verbale Deutung: Aber auch auf der Leiterebene können im Einzelfall Deutungen gegeben werden. So kann es z. B. wichtig sein, den Kindern die Bedeutung(en) bestimmter Rollenwahlen und -zuschreibungen aufzuzeigen.

Begrenzung. Zum einen achtet der Leiter, wie in anderen Kindergruppen auch, auf die Einhaltung der Regeln. Daneben begrenzt er, wenn ein Kind das gemeinsame Spiel zerstört oder den Spannungsbogen einer Geschichte nicht halten kann. Es ist in den allermeisten Fällen günstiger, aus der Rolle heraus zu begrenzen, nicht immer ist dies jedoch möglich.

6 Nachbereitung

Das Kinderpsychodrama stellt eine personen- und prozessorientierte Arbeitsweise dar. Spontaneität und Kreativität sind zentrale Elemente dieses Verfahrens und die Leitung muss wesentlich situativ und intuitiv reagieren. Dadurch gewinnt die Nachbereitung an Bedeutung und wird zugleich der wichtigste Bestandteil der Vorbereitung.

Dabei stellt die Komplexität des psychodramatischen Spiels eine besondere Schwierigkeit dar. Es ist unmöglich, das Gesamtgeschehen vollständig zu erfassen. Deshalb ist es besonders bedeutsam, sich Klarheit über die wesentlichen Aspekte zu verschaffen und mithilfe dieser Gesichtspunkte die Sitzungen zu protokollieren. Eine Liste der Protokollstichpunkte sieht etwa folgendermaßen aus: Zeit, Rollen, Symbole und Themen der Kinder, Eingangsrunde, Handlung, Szenerie, Soziometrie, Abschlussrunde, subjektives Befinden der Leiter nach der Sitzung, Rollen und Interventionen der Leiter sowie Konsequenzen für die weitere Planung. Je nach theoretischem Selbstverständnis sind auch Abwehr, Übertragungen und Gegenübertragungen in den Blick zu nehmen.

Um Kinderspsychodrama lebendig und produktiv zu gestalten, kommt es in der Leitung darauf an, sich auf das Prozesshafte einzulassen und zugleich Strukturen wahrzunehmen und zu setzen. So kann unterstützt werden, was die Kinder selbst in Szene setzen: Psychotherapie als lustvolles Spiel.

Literatur

Aichinger, A. (1997) Psychodrama-Gruppentherapie mit Kindern. In H. Petzold (Hrsg.), Schulen der Kinderpsychotherapie. Band 8: Vergleichende Psychotherapie (S. 271-293). . Paderborn: Junfermann-Verlag.

Aichinger, A. & Holl, W. (1997). Psychodrama-Gruppentherapie mit Kindern. Mainz: Matthias-Grünewald-Verlag.

Aichinger, A. & Holl, W. (2002). Kinderpsychodrama in der Familien- und Einzeltherapie im Kindergarten und in der Schule. Mainz: Matthias-Grünewald-Verlag.

Anzieu, D. (1984). Analytisches Psychodrama mit Kindern und Jugendlichen. Paderborn: Junfermann-Verlag.

Fryszer, A. (1995). Das Spiel bleibt Spaß, Kinder inszenieren Psychodrama anders als Erwachsene. Psychodrama, Zeitschrift für Theorie und Praxis von Psychodrama, Soziometrie und Rollenspiel, 8 (2), 169-187.

Rubner, A. & Rubner, E. (1982). Das zurückgebliebene Kind und das analytische Psychodrama. Berlin: Carl Marhold Verlagsbuchhandlung.

Schulte-Markwort, M. & Schulte-Markwort, E. (1995). Einzel- und psychodramatische Gruppenpsychotherapie in einer kinder- und jugendpsychiatrischen Klinik. Psychodrama, Zeitschrift für Theorie und Praxis von Psychodrama, Soziometrie und Rollenspiel, 8 (2), 267-276.

Zeintlinger, K.E. (1981). Analyse, Präzisierung und Reformulierung der Aussagen zur psychodramatischen Therapie nach J.L. Moreno. Dissertation, Universität Salzburg.

14 EMDR – Eye Movement Desensitization and Reprocessing

Uta-Maria I. Sechtig

1 Einführung

Das Behandlungsverfahren EMDR – **Eye Movement Desensitization and Reprocessing** – wurde zwischen 1987 und 1989 von der amerikanischen Psychologin Francine Shapiro entwickelt. Francine Shapiro entdeckt 1987 eher zufällig bei einem Spaziergang, dass zuvor stark belastende Gedanken plötzlich leichter wurden, als sie spontan ihre Augen hin und her bewegte. Seit 1989 wird EMDR als manualisiertes Therapieverfahren zur Behandlung von Patienten mit Posttraumatischen Belastungsstörungen (PTBS) und anderen traumabezogenen Symptomen eingesetzt (Shapiro, 1998; Hofmann, 1999). Ähnlich wie die in der Verhaltenstherapie angewandte Expositionsbehandlung stellt EMDR eine Konfrontation mit dem erlebten Trauma dar. Bei EMDR erfolgt in der sicheren therapeutischen Beziehung die Exposition mit der traumatischen Erinnerung und den damit verbundenen kognitiven, emotionalen und körperlichen Reaktionen auf einer imaginativen Ebene. Kombiniert wird die imaginative Trauma-Exposition mit bilateraler Stimulation, z. B. Augenbewegungen, Tapping. Man geht davon aus, dass durch die bilaterale Stimulation der in der traumatischen Situation stecken gebliebene Verarbeitungsprozess erneut in Gang gesetzt und beschleunigt wird. Entsprechend spricht man auch von „beschleunigter Informationsverarbeitung". Analog erfolgt auch die Bearbeitung von dysfunktionalen Kognitionen, z. B. Schuldgefühlen, die auf unrealistischen Einschätzungen der traumatischen Situation beruhen (Sack & Lamprecht, 2004).

Wirksamkeit. Die Wirksamkeit von EMDR in der Behandlung der Posttraumatischen Belastungsstörung kann inzwischen als empirisch gut belegt gelten. In den aktuellen Leitlinien der Internationalen Society of Traumatic Stress Studies (ISTSS) wird die EMDR-Methode als gesichert wirksam in der Behandlung von Patienten mit PTBS bewertet (Foa et al., 2000). Auch das Gutachten des wissenschaftlichen Beirates Psychotherapie der Bundesärztekammer Berlin von 2006 stellt fest, dass „die EMDR-Methode bei Erwachsenen als Methode zur Behandlung der Posttraumatischen Belastungsstörung als wissenschaftlich anerkannt gelten kann" (Rudolf & Schulte 2006).

Behandlungsbaustein. EMDR ist eine eigenständige Behandlungsmethode, die sich grundsätzlich in alle bestehenden Psychotherapieverfahren einbinden lässt. In der Methode werden verhaltenstherapeutische Elemente der Traumabearbeitung (Exposition, kognitive Umstrukturierung) mit analytischen Behandlungselementen (freies Assoziieren) verknüpft. Generell ist jedoch die Ausbildung in einem psychotherapeutischen Verfahren, z. B. Verhaltenstherapie oder tiefenpsychologisch orientierte Psychotherapie, Voraussetzung (Hofmann, 2004).

> EMDR wird als therapeutischer Baustein im Rahmen eines Gesamtbehandlungsplans – entsprechend des zugrunde liegenden Psychotherapieverfahrens – zur Trauma-Behandlung und Trauma-Integration eingesetzt. EMDR ist **nicht,** wie in der Presse dargestellt, als ein isoliertes einzusetzendes „Allheilmittel" zu sehen.

Diagnostische Kriterien der Posttraumatische Belastungsstörung (PTBS) nach ICD-10 (WHO, 2006)

(A) **Traumatisches Ereignis.** Die Betroffenen waren einem kurz oder lang anhaltenden Ereignis oder Geschehen von außergewöhnlicher Bedrohung oder mit katastrophalem Ausmaß ausgesetzt, das nahezu bei jedem tief greifende Verzweiflung auslösen würde.

(B) **Anhaltende Erinnerungen oder Wiedererleben** der Belastung durch aufdringliche Nachhallerinnerungen (Flashbacks), lebendige Erinnerungen, sich wiederholende Träume oder durch innere Bedrängnis in Situationen, die der Belastung ähneln oder mit ihr in Zusammenhang stehen.

(C) **Vermeidung.** Umstände, die der Belastung ähneln oder mit ihr in Zusammenhang stehen, werden tatsächlich oder möglichst vermieden. Dieses Verhalten bestand nicht vor dem belastenden Erlebnis.

(D) Entweder (1) oder (2):
  (1) **Amnesie.** Teilweise oder vollständige Unfähigkeit, sich an einige wichtige Aspekte der Belastung zu erinnern.
  (2) **Hyperarousal.** Anhaltende Symptome einer erhöhten psychischen Sensitivität und Erregung (nicht vorhanden vor der Belastung) mit zwei der folgenden Merkmale:
   (a) Ein- und Durchschlafstörungen, (b) Reizbarkeit oder Wutausbrüche, (c) Konzentrationsschwierigkeiten, (d) Hypervigilanz, (e) erhöhte Schreckhaftigkeit

(E) Die **Kriterien** (B), (C) und (D) treten innerhalb von sechs Monaten nach dem Belastungsereignis oder nach Ende einer Belastungsperiode auf. (Aus bestimmten Gründen, z. B. wissenschaftliche Untersuchungen, kann ein späterer Beginn berücksichtigt werden, dies sollte aber gesondert angegeben werden).

2 Grundlagen

> **Definition**
>
> **EMDR** wird als psychotherapeutische Methode definiert, bei der durch bilaterale Stimulation die Verarbeitung und Integration traumatischer Erfahrungen erfolgt. Die bilaterale Stimulation kann durch visuelle (horizontale oder schräge Augenbewegungen), akustische (wechselseitige Beschallung beider Ohren) oder auch taktile (abwechselndes leichtes Tippen auf dem linken und rechten Handrücken) Stimulation erfolgen.

Das EMDR-Protokoll beinhaltet insgesamt acht Phasen (s. a. Abb. 4.2). Kernstück ist die Phase der Desensibilisierung, bei der durch Verknüpfung der verschiedenen Elemente der traumatischen Situation (traumatische Situation, den schlimmsten Moment der Situation, die bestehende negative Selbstüberzeugung, die empfundenen Emotionen und die mit der Belastung verbundenen Körperempfindungen) der Patient erneut mit der alten traumatischen Erfahrung konfrontiert wird.

Theorie. Die Behandlung mit dem Verfahren EMDR baut auf den ätiologischen Modellen der Posttraumatischen Belastungsstörung auf, die von einer gestörten Informationsverarbeitung infolge traumatischer Ereignisse ausgehen. Die Ätiologiemodelle gehen davon aus, dass traumatische Ereignisse mit dem Erleben extremer Hilflosigkeit und Ohmacht einhergehen. Verbunden mit einem psychischen Trauma sind drei basale Dimensionen: Übererregung, Intrusion, Konstriktion.

> **Definition**
>
> „Ein **psychisches Trauma** ist definiert als ein vitales Diskrepanzerleben zwischen bedrohlichen Situationsfaktoren und den individuellen Bewältigungsmöglichkeiten, das mit Gefühlen von Hilflosigkeit und schutzloser Preisgabe einhergeht und so eine dauerhafte Erschütterung von Selbst- und Weltverständnis bewirkt" (Fischer & Riedesser, 1999).

Die daraus resultierende Belastung führt zu einer Überforderung der psychischen Bewältigungs- und Verarbeitungsmechanismen. Die Integration der Erinnerungen ins semantische Gedächtnis scheitert. Eine Folge sind u. a. Flashbacks. Da einzelne Elemente der traumatischen Erfahrung, unabhängig von der ursprünglichen Verknüpfung, jederzeit aktiviert werden können, werden die Betroffenen plötzlich und unerwartet von Erinnerungsbildern an das traumatische Geschehen überrollt.

Zentrale Verarbeitung extremer Stresserfahrungen. Traumatische Erlebnisse können zu akuten und chronischen somatischen Stressreaktionen – z. B. Erhöhung von Puls und Blutdruck, Erhöhung des Muskeltonus, aber auch zu langfristig erniedrigten Cortisolspiegel (CORT) etc. – führen, die im Sinne einer traumareaktiven Sensibilisierung zu verstehen sind. Eine wichtige Rolle spielt hierbei die enge zentrale Verschaltung von Bereichen der Informationsverarbeitung und der Gedächtnisbildung mit den vegetativen Steuerungszentren.

Der emotionale Reiz, bestehend aus verschiedenen sensorischen Anteilen – Bild, Geräusch, Geruch, Körperwahrnehmung etc. –, wird von den sensorischen Organen (Augen, Ohren, Nase, Haut etc.) an den Thalamus weitergegeben. Ein Teil der Information wird vom Thalamus normalerweise direkt an den Kortex weitergeleitet und je nach Absorption und Aufmerksamkeit integriert. Handelt es sich bei der Information um eine extreme Stresserfahrung, ist diese Verarbeitung blockiert.

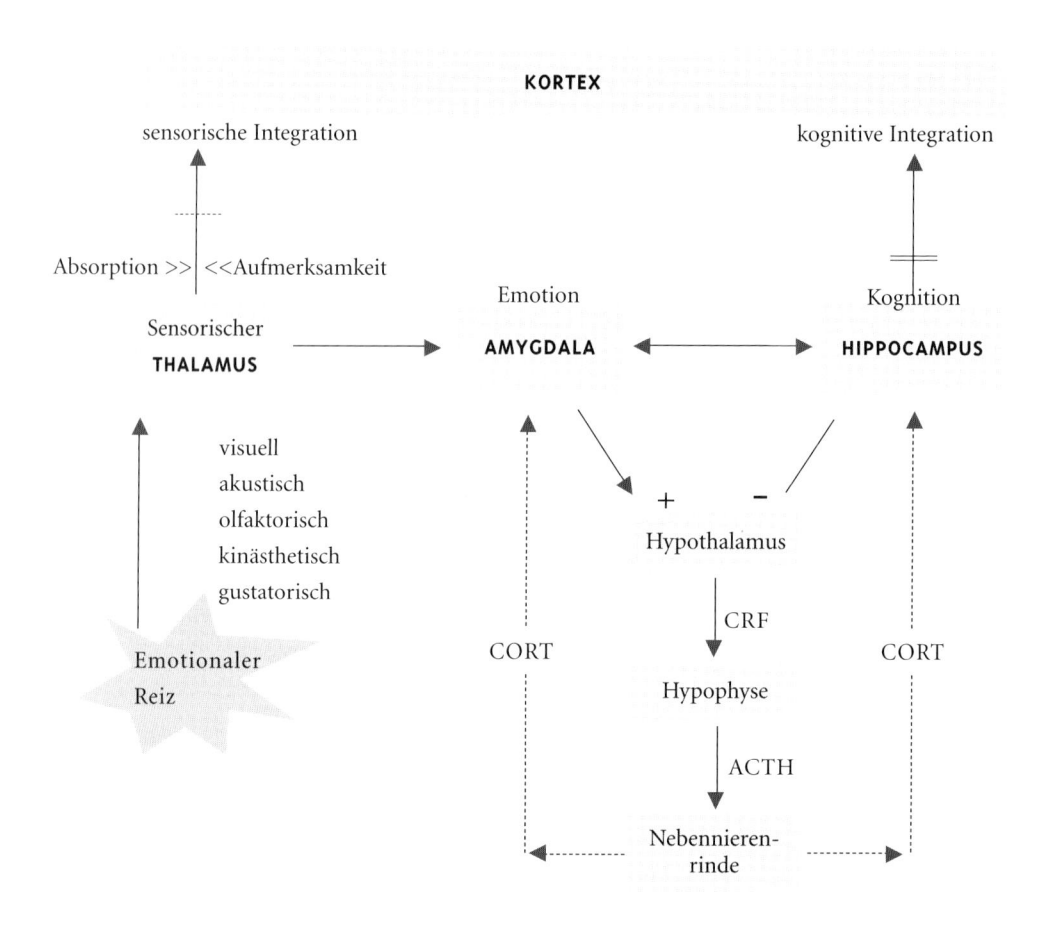

Abbildung 14.1. Zentrale Verarbeitung extremer Stresserfahrungen (modifiziert nach van der Kolk et al., 2000)

Ein weiterer Teil der Information wird zunächst im limbischen System vorverarbeitet und dann an sekundäre Kortexareale weitergeleitet. Eine besondere Bedeutung haben hierbei Kerngebiete des Thalamus. Die Amygdalae versehen die eintreffenden Informationen mit der affektiven Bedeutung. Im Hippokampus erfolgt die räumlich-zeitliche und kontextuelle Einordnung der Informationen. Im anterioren Cingulum erfolgt vermutlich darüber hinaus die Aufmerksamkeitssteuerung und sekundäre kognitive Bewertung. In extremen Stresssituationen erfolgt eine extreme Aktivierung der Amygdalae durch den Hippokampus, so dass sie die ankommenden Informationen nicht verarbeiten kann. Die traumatischen Erinnerungen werden sozusagen „heiß" in den Amygdalae gespeichert. D.h., das Erlebnis bleibt so wie es abgelaufen ist mit allen dazugehören Affekten (Angst, Panik, Ohnmacht, Entsetzen) gespeichert. Die Situation wird somit nicht als beendet erlebt, sondern als weiterhin bestehend. Die zeitliche Einordnung kann nicht erfolgen. Diese Überaktivierung der Amygdalae verhindert wiederum eine Weitergabe der Informationen an den Hippokampus. Parallel kommt es zu einer Aktivierung des Hypothalamus, der wiederum die Stressreaktionen im Körper aktiviert. Durch die Blockade zwischen Amygdalae und Hippokampus ist zusätzlich die bremsende Einflussnahme des Hippokampus auf den Hypothalamus behindert. Die Stressreaktionen wiederum führen zu einer zusätzlichen Aktivierung der Amygdalae. Diese Überlastung der Amygdalae führt zu der bereits erwähnten Fragmentierung des Ereignisses. Es kommt zur Abspeicherung des Erlebten in isolierten Netzwerken. Man geht darüber hinaus von einem blockierten Informationsaustausch zwischen den zentralen neuronalen Strukturen aus. Die unverarbeitete erstarrte Information kann somit durch Lernprozesse nicht erweitert und relativiert werden.

Neurobiologie. Auch die neuroendokrinologischen Befunde sprechen für eine Sensibilisierungsreaktion zentraler stressregulierender Hormon- und Transmittersysteme. Beispielsweise finden sich Veränderungen in der Hormonausschüttung sowie Veränderungen der vermittelnden Rezeptorsensibilität in der Hypothalamus-Hypophysen-Nebennieren-Achse. Nach Traumatisierungen kommt es zu einer persistenten Sensibilisierung des Corticotropin-Releasing-Hormon-System (CRF). Dies scheint eine erhöhte Vulnerabilität für Belastungen im späteren Leben und damit ein erhöhtes Risiko für die Entwicklung stressabhängiger Störungen zu erklären.

Wirkhypothesen. Zur Wirksamkeit von EMDR bestehen verschiedene Modelle. Dem Model der beschleunigten Informationsverarbeitung zufolge wirkt die bilaterale Stimulation in Kombination mit der imaginären Konfrontation des traumatischen Geschehens zu einer Aufhebung der Blockade zwischen dem isolierten „Traumanetzwerk" und den übrigen neuronalen Netzwerken. Es kann somit ein Lernprozess stattfinden und eine Integration der Erfahrung erfolgen. Ein weiteres Modell geht davon aus, dass es durch imaginäre Exposition mit der belastenden Erinnerung im Rahmen der EMDR-Behandlung zu einer Dekonditionierung wirksamer Auslöserreize kommt.

3 Durchführung

Im klassischen EMDR-Protokoll nach Shapiro umfasst die Behandlung acht Phasen (s. folgende Übersicht).

Acht Phasen des klassischen EMDR-Protokoll nach Shapiro
(1) Anamnese und Behandlungsplanung
(2) Vorbereitung
(3) Bewertung
(4) Desensibilisierung
(5) Verankerung
(6) Körpertest
(7) Abschluss
(8) Überprüfung

1. Phase: Erhebung. Zunächst erfolgt in der ersten Phase die Erhebung der Anamnese, der Diagnostik und die Behandlungsplanung. In diesem Zusammenhang werden auch die individuellen Ressourcen und das soziale Umfeld erfasst. In der Diagnostik sollte speziell eine Abklärung auf dissoziative Symptomatik erfolgen, da diese besondere Vorgehensweisen erforderlich machen.

2. Phase: Vorbereitung. In der zweiten Phase, der Vorbereitung, erfolgt die Aufklärung der Eltern und des Kindes über die Symptomatik und über die Behandlungsmethode. Es hat sich als positiv erwiesen, mit den Patienten eventuelle „Nebenwirkungen" zu besprechen. So kann es, wie bei anderen Psychotherapieverfahren, zeitweise zu einer Zunahme der Symptomatik kommen. Besonders Eltern sollten daraufhin gewiesen werden, da sie ansonsten ihre Kinder nicht entsprechend unterstützen können. In der Vorbereitungsphase erfolgt des Weiteren eine intensive Ressourcenarbeit, z. B. die Vermittlung von imaginativen Techniken und Entspannungstechniken. Auch lernen die Betroffenen den Ablauf der Technik anhand positiver Bilder und Ereignisse kennen.

3. Phase: Bewertung. Während der dritten Phase der Bewertung/Einschätzung werden anhand einer ausgewählten traumatischen Erfahrung die noch anhaltenden Selbstüberzeugungen und deren Ausmaß ermittelt. So formulieren die Betroffenen u. a. ihre negative Selbstbewertung aus der heutigen Sicht bezogen auf das Ereignis (negative Kognition, z. B. ich bin hilflos). Die positive Kognition beinhaltet die Sichtweise, die der Betroffene in Zukunft in Bezug auf das traumatische Ereignis über sich haben möchte (z. B. ich kann heute etwas tun). Der SUD (Subjective Units of Discomfort) gibt hierbei den subjektiven Belastungsgrad durch die Erinnerung an das belastende Ereignis an, der VoC (Validation of Cognition) die aktuelle Stimmigkeit der positiven Kognition.

4. Phase: Desensibilisierung. In der vierten Phase der Desensibilisierung und Durcharbeitung wird der betroffene Patient erneut mit der traumatischen Erfahrung und mit den dazugehörenden kognitiven, emotionalen und körperlichen

Reaktionen auf einer imaginativen Ebene konfrontiert. Gleichzeitig erfolgt die bilaterale Stimulierung, z. B. indem der Therapeut den Patienten bittet, mit seinen Augen den Fingern des Therapeuten zu folgen. Bei der taktilen bilateralen Stimulierung (Tapping) tippt der Therapeut leicht mit seinen Fingern abwechselnd auf den linken und rechten Handrücken des Patienten. Akustische Stimulation erfolgt durch abwechselnde Beschallung des linken und rechten Ohres. Eine Sequenz dauert in der Regel 20 bis 40 Augenbewegungen. Zwischen den einzelnen Sequenzen berichtet der Patient kurz über auftretende Veränderungen, die vom Therapeuten üblicherweise nicht kommentiert werden. Grundsätzlich kommt es im Laufe der Augenbewegungen entweder zu einem kontinuierlichen Distanzieren und Verändern von Gefühlen, bildhaften Erinnerungen und Einstellungen oder aber es tauchen assoziierte Erinnerungen auf, z. B. weitere Details der traumatischen Situation. Dies führt oft zu einem Anstieg der Erregung, manchmal auch zu einer heftigen Abreaktion. Dies kann sich in Weinen, Luftnot oder anderen psychischen oder somatischen Reaktionen äußern. Auch Verknüpfungen zu anderen Ereignissen oder Erinnerungen können auftauchen. Alle emotional bedeutsamen Erinnerungen, die in einem Gedächtnisnetzwerk miteinander verbunden sind, werden so lange durch bilaterale Stimulation bearbeitet, bis die Erregung abgeklungen ist. Gegen Ende schildern die Patienten neutrale oder positive Eindrücke und der Belastungsgrad (SUD) liegt möglichst bei Null. Bei jüngeren Kindern sind häufig überhaupt keine Abreaktionen zu beobachten. Auch sind die Sets insgesamt meist kürzer.

5. Phase: Verankerung. Nach Abschluss der Desensibilisierung wird anhand einer Skala von 1-7 erfragt, wie wahr der Betroffene die anfangs erarbeitete positive Kognition jetzt erlebt. Durch bilaterale Stimulation wird die positive Kognition verstärkt und verankert.

6. Phase: Körpertest. In der sechsten Phase erfolgt die Überprüfung des Körpers auf noch bestehende Anspannungen oder Missempfindungen im Körper. Während der Patient sich auf entsprechende Empfindungen konzentriert, erfolgt erneute eine bilaterale Stimulation bis sich die Missempfindungen aufgelöst oder neutralisiert haben. Auch dies wird abermals positiv verankert.

7. Phase: Abschluss. Im Abschluss der siebten Phase wird die Sitzung mit dem Betroffenen nachbesprochen. Bestehen noch belastende präsente Elemente der traumatischen Situation, werden entsprechend Distanzierungstechniken eingesetzt, z. B. Tresor. Der Patient wird gebeten möglicherweise auftretende Gedanken, Träume oder auch Erinnerungen zu notieren, um sich davon zu distanzieren. Das auftauchende Material kann in der nächsten Therapiestunde weiter bearbeitet werden. Auch werden mit dem Patienten Möglichkeiten im Notfall besprochen. Entsprechende Techniken wurden zuvor in der Phase der Vorbereitung eingeübt. Der Patient sollte beim Verlassen der Stunde wieder stabil sein und sich im seelischen Gleichgewicht befinden. Bei Kindern und Jugendlichen empfiehlt sich, die Eltern in diese Phase mit einzubinden bzw. über den Verlauf der Stunde zu informieren.

8. Phase: Überprüfung. Hier ist es besonders wichtig zu überprüfen, ob sich das Kind sicher und beschützt fühlt, bevor es nach Hause geht. Ansonsten wird das Kind wahrscheinlich keine Lust verspüren, wieder zu kommen, bzw. in der nächsten Stunde die EMDR-Arbeit verweigern. Es empfiehlt sich deshalb am Ende mit dem Kind den „Inneren sicheren Ort" oder andere Entspannungsübungen durchzuführen. Beruhigend kann bei Kindern auch Spielen, Malen oder Geschichten erzählen wirken.

4 Abschließende Bemerkungen

Die Behandlung von traumatisierten Menschen mit EMDR hat nach anfänglicher Skepsis in den letzten Jahren deutlich an Akzeptanz und Verbreitung zugenommen. Ein Grund hierfür ist sicher die verständliche Hoffnung von Betroffenen nach schneller effektiver Hilfe und der Wunsch der behandelnden Therapeuten nach einer gut strukturierten und pragmatischen Behandlungsmethode. Die bestätigenden Studienergebnisse haben diese Entwicklung zusätzlich unterstützt. Mit den gewonnenen Erfahrungen aus den EMDR-Behandlungen haben sich neue Konzepte bzw. Protokolle entwickelt. So wurde die Behandlung auf die Möglichkeiten von Kindern und ihrer entsprechenden Entwicklungsstufe angepasst (Tinker & Wilson, 2006). Es wurde ein Akutprotokoll für die Behandlung von Akuttraumata entwickelt sowie die Besonderheiten von dissoziativen Störungen in der Methodik berücksichtigt. Gerade in der Arbeit mit dissoziativen Patienten ist eine besonders ausführliche Vorbereitung erforderlich (Putnam, 2003). Der Therapeut sollte über entsprechende Qualifikationen und Erfahrungen im Umgang mit dissoziativen Symptomatiken und Patienten verfügen.

Qualitätssicherung. Mit dem Antrag der deutschen Fachgesellschaft für EMDR (EMDIRA Deutschland) auf Anerkennung von EMDR als wissenschaftlich begründetes Verfahren für die Behandlung der PTBS und der entsprechenden Anerkennung durch den wissenschaftlichen Beirat Psychotherapie der BÄK zeigten sich neue Entwicklungen. Die Deutschsprachige Gesellschaft für Psychotraumatologie (DeGPT) hat gemeinsam mit EMDRIA Deutschland ein Ausbildungscurriculum konzipiert, dass EMDR als Behandlungstechnik in die Psychotraumatologie-Ausbildung integriert. Es ist davon auszugehen, dass die so ausgebildeten Therapeuten neben der Ausbildung in EMDR auch eine fundierte Psychotraumatologie-Ausbildung erhalten.

Integration. Auch wenn sich die Effektivität von EMDR immer wieder in der Behandlung mit traumatisierten Menschen und den aktuellen Studien zeigt, wird anhand des EMDR-Protokolls deutlich, wie wichtig eine fundierte psychotherapeutische Ausbildung als Grundlage ist. Die Desensibilisierung und das Durcharbeitung der traumatischen Situation ist ein wichtiges Element in der Behandlung. Bedeutsam ist allerdings auch, die durch die Bewältigung des Traumas ermöglichten neuen Sichtweisen zu integrieren. Indem die Betroffenen die traumatische Situation abschließen können, werden ihnen auch Möglichkeiten eröffnet, das traumatische Ereignis mit Distanz anders zu betrachten. Entsprechend wird auch das Selbst- und Weltbild beeinflusst. Diese neue Sichtweise ist für die Betroffenen einerseits eine Erleichterung, aber auch eine problematische Aufgabe. Je länger der Patient unter dem Trauma und seinen Auswirkungen gelitten hat, umso größer war der Einfluss auf das gesamte Leben des Patienten. Folglich ist die Behandlung von Traumatisierten nicht mit der EMDR Behandlung zu Ende, sondern ist eine anschließende Integrationsarbeit erforderlich. Speziell für dissoziative Patienten und Kinder hierbei eine fundierte Psychotherapieausbildung Vorraussetzung.

Literatur

Fischer, G. & Riedesser, P. (1999). Lehrbuch der Psychotraumatoloie. München: Reinhardt.

Foa, E.B., Keane, T.M. & Friedman, M.J. (2000). Effective Treatments for PTSD. New York: Guilford.

Hofmann, A. (1999). EMDR in der Therapie psychotraumatischer Belastungssymptome. Stuttgart: Thieme.

Hofmann, A. (2004). Eye Movement Desensitization and Reprocessing (ELMDR). In U. Sachsse (Hrsg.), Traumazentrierte Psychotherapie (S. 288-293). Stuttgart: Schattauer.

Putnam, F.W. (2003). Diagnose und Behandlung der dissoziativen Identitätsstörung (DIS). Paderborn: Junfermann.

Rudolf, G. & Schulte, D. (2006). Gutachten zur wissenschaftlichen Anerkennung der EMDR-Methode zur Behandlung der Posttraumtischen Belastungsstörung. Berlin: Deutsches Ärzteblatt, 103 (37), http://www.wbpsychotherapie.de/Homepage/Pub/10Gutstell/10/EMDR.html.

Sack, M. & Lamprecht, F. (2004). EMDR - Ein Verfahren zur Behandlung dissoziativer Störungen in der Folge schwerer Traumatisierungen. In A. Eckhardt-Henn & S.O. Hoffmann (Hrsg.), Dissoziative Bewusstseinsstörungen (S. 436-446). Stuttgart: Schattauer.

Shapiro, F. (1998). EMDR – Grundlagen und Praxis. Handbuch zur Behandlung traumatisierter Menschen (2. Aufl.). Paderborn: Junfermann Verlag.

Tinker, R.H. & Wilson, S. (2006). EMDR mit Kindern. Paderborn: Junfermann Verlag.

Van der Kolk, B.A., McFarlane A.C. & Weisaeth L. (Hrsg.). (2000). Traumatic stress. Grundlagen und Behandlungsansätze. Paderborn: Junfermann.

WHO (2006). Internationale Klassifikation psychischer Störungen ICD-10. Kapitel V (F). Diagnostische Kriterien für Forschung und Praxis (4. Aufl.). Herausgegeben von H. Dilling, W. Mombour, M. Schmidt & E. Schulte-Markwort. Bern: Hans Huber.

Quellenhinweis

Kapitel 2 ist bereits erschienen als:
Resch, F., Schulte-Markwort, M. & Lehmkuhl, G. (2007). Leitlinien für die Grundlagen der Psychotherapie im Fachgebiet der Kinder- und Jugendpsychiatrie, Psychosomatik und Psychotherapie. In Deutsche Gesellschaft für Kinder- und Jugendpsychiatrie und Psychotherapie, Bundesarbeitsgemeinschaft leitender Klinikärzte für Kinder- & Jugendpsychiatrie & Berufsverband der Ärzte für Kinder- und Jugendpsychiatrie und Psychotherapie (Hrsg.), Leitlinien zu Diagnostik und Therapie von psychischen Störungen im Säuglings-, Kindes- und Jugendalter (3., überarb. und erw. Aufl., S. 453–466). Köln: Deutscher Ärzte-Verlag.
Der Abdruck erfolgt mit freundlicher Genehmigung des Deutschen Ärzte-Verlages.

Die Kapitel 3, 4 und 5 sind bereits erschienen in:
Resch, F. & Schulte-Markwort, M. (Hrsg.). (2005). Kursbuch für integrative Kinder- und Jugendpsychotherapie. Schwerpunkt: Dissoziation und Trauma. Weinheim: Beltz PVU.

Die Kapitel 6, 7 und 8 sind bereits erschienen in:
Resch, F. & Schulte-Markwort, M. (Hrsg.). (2005). Kursbuch für integrative Kinder- und Jugendpsychotherapie. Schwerpunkt: Sexualität. Weinheim: Beltz PVU.

Die Kapitel 9, 10 und 11 sind bereits erschienen in:
Resch, F. & Schulte-Markwort, M. (Hrsg.). (2006). Kursbuch für integrative Kinder- und Jugendpsychotherapie. Schwerpunkt: Psyche und Soma. Weinheim: Beltz PVU.

Die Kapitel 12, 13 und 14 sind bereits erschienen in:
Resch, F. & Schulte-Markwort, M. (Hrsg.). (2007). Kursbuch für integrative Kinder- und Jugendpsychotherapie. Schwerpunkt: Familie. Weinheim: Beltz PVU.

Autorenverzeichnis

Dipl.-Psych. Nicole Behnk-Müller
Kinder- und Jugendpsychosomatik
Altonaer Kinderkrankenhaus
Bleickenallee 38
D-22763 Hamburg
E-Mail: nicolebehnk@web.de

Prof. Dr. Hans Volker Bolay
Fakultät Musiktherapie
SRH Hochschule Heidelberg
Maaßstr. 26
D-69123 Heidelberg
E-Mail: bolay@fh-heidelberg.de

Prof. Dr. Manfred Döpfner
Klinik und Poliklinik für Psychiatrie und
Psychotherapie des Kindes- und Jugendalters
am Klinikum der Universität Köln
Robert-Koch-Str. 10
D-50931 Köln
E-Mail: manfred.doepfner@uk-koeln.de

Prof. Dr. Thomas K. Hillecke
Fakultät Musiktherapie
SRH Hochschule Heidelberg
Maaßstr. 26
D-69123 Heidelberg
E-Mail: thomas.hillecke@fh-heidelberg.de

Dr. Hans Hopf
Seebachweg 14
D-74395 Mundelsheim
E-Mail: dr.hans.hopf@t-online.de

Prof. Dr. Gerd Lehmkuhl
Klinik und Poliklinik für Psychiatrie und
Psychotherapie des Kindes- und Jugendalters
am Klinikum der Universität Köln
Robert-Koch-Str. 10
D-50931 Köln
E-Mail: gerd.lehmkuhl@uk-koeln.de

Prof. Dr. Ulrike Lehmkuhl
Klinik für Psychiatrie, Psychosomatik und
Psychotherapie des Kindes- und Jugendalters
Universitätsmedizin Berlin
Charité, Campus Virchow Klinikum
Augustenburger Platz 1
D-13353 Berlin
E-Mail: ulrike.lehmkuhl@charite.de

Dr. Anne Kathrin Leins
Abendrothsweg 71
D-20251 Hamburg
E-Mail: anne.leins@gmx.de

Prof. Dr. Fritz Mattejat
Philipps-Universität Marburg
Klinik für Kinder- und Jugendpsychiatrie
und -psychotherapie
Hans-Sachs-Str. 6
D-35039 Marburg
E-Mail: mattejat@post.med.uni-marburg.de

Dipl.-Päd. Bruno Metzmacher
FPI/EAG Fritz-Perls-Institut
Europäische Akademie für psychosoziale
Gesundheit
Wefelsen 5
D-42499 Hückeswagen
E-Mail: bruno.metzmacher@t-online.de

Arndt Paasch
Gaußstr. 60
D-22765 Hamburg
E-Mail: arndtpaasch@aol.com

Prof. Dr. Franz Resch
Klinikum der Universität Heidelberg
Zentrum für psychosoziale Medizin
Klinik für Kinder- und Jugendpsychiatrie
Blumenstr. 8
D-69115 Heidelberg
E-Mail: franz_resch@med.uni-heidelberg.de

Dr. Wilhelm Rotthaus
Commerstr. 1
D-50126 Bergheim bei Köln
E-Mail: trappmann-rotthaus@t-online.de

Prof. Dr. Stefan Schmidtchen
Fachbereich Psychologie
Universität Hamburg
Von-Melle-Park 5
D-20146 Hamburg
E-Mail: schmidtchen@uni-hamburg.de

Prof. Dr. Michael Schulte-Markwort
Universitätsklinikum Hamburg-Eppendorf
Zentrum Frauen-, Kinder- und Jugendmedizin
Klinik und Poliklinik für Kinder- und Jugendpsychosomatik
Martinistr. 52
D-20246 Hamburg
E-Mail: schulte.markwort@uke.uni-hamburg.de

Dr. Uta-Maria I. Sechtig
Barn- och ungdomshabiliteringen
Gästrikland
Psykiatri & Habilitering
Landstinget Gävleborg
Majvägen 16
S-80632 Gävle
E-Mail: dr.sechtig@web.de

Flora Gräfin von Spreti
Künstlerin A.d.B.K.
Kunsttherapeutin grad. DFKGT
Klinik für Psychiatrie und Psychotherapie
Klinikum rechts der Isar der TU München
Ismaninger Str. 22
D-81675 München
E-Mail: von.spreti@lrz.tu-muenchen.de

Dr. Alexander F. Wormit
Deutsches Zentrum für Musiktherapieforschung
(Viktor-Dulger-Institut) DZM e.V.
Maaßstr. 26
D-69123 Heidelberg
E-Mail: alexander.wormit@fh-heidelberg.de

Dipl.-Psych. Dipl.-Päd. Helmut Zaepfel
Praxis für Psychotherapie
Johannesstr. 51
D-70176 Stuttgart
E-Mail: helmut.zaepfel@t-online.de

Sachwortregister

Abhängigkeit 5
Abstinenz 44
Abwehr 39
Abwehrmechanismen 79
Aggression 100
Allmachtsphantasien 100
Allparteilichkeit 51
Amygdalae 157
Angst 26, 100
Anlass 57
Anliegen 57
Annäherungsverhalten 26
Apperzeption, tendenziöse 101
Aufmerksamkeitsdefizit 43
Auftrag 57
Autogenes Training 134
Autonomie 117

Behandlungsentscheidung 109
Behandlungsprogramme, störungsspezifische 70
Beratung 59
– systemische 49
Besucherbeziehung 52
Bewältigungsverhalten 108
Beziehungsangebot 118
Beziehungslernen 116
Bezugspersonen 15
Bildaussage 125
Bildnerische Gestaltung 125
Bindung 10, 43
Bindungsforschung 42
Bindungsmuster 55
Biofeedbackverfahren 137
Biographischer Hintergrund 103
Biologische Wende 58

Containment 39

Depression 24
Desensibilisierung 158
– in vivo 25
– klassische 25
Deutung 39, 150
Diagnostik 7
Diskrepanzerleben 155
Dismantling-Strategie 30

Distanzierungstechniken 159
Dokumentation 17

Einzeltherapie 52
Elternarbeit 109
Elterntraining 31, 66
EMDR – Eye Movement Desensitization and Reprocessing 29, 30, 153
Empathie 40
Entfremdungsprozess 55
Entspannungstechniken 133
Entwicklungsalter 55
Entwicklungsaufgaben 9, 116
Entwicklungshemmung 108
Entwicklungsobjekt 39
Erklärungsmodell 56
Erziehungsverhalten 31, 98
Ethische Leitlinien 7
Expositionsbehandlung 153

Familienarbeit, aufsuchende 59
Familienaufstellung 64
Familientherapie 49, 63
– humanistische 63
– kognitiv-behaviorale 70–71
– psychoanalytische 63
– systemische 63
– verhaltenstherapeutische 63
– Wirksamkeit 67
Fremdgefährdung 18
Funktionsniveau, soziales 47
Fürsorgepflicht 6

Gegenübertragung 39, 44, 103
Gesamtbehandlungsplan 13
Gesprächspsychotherapie 46
Gestaltung, bildnerische 125
Größenphantasien 147
Gruppe 143
Gruppenkohäsion 145
Gruppentherapie 128, 143
– systemische 52

Handeln, systemisches 114
Hintergrund, biographischer 103
Hippocampus 157

holding function 40
Hypnose 138

Idealisierung 40
Imagination 124
Indikation 50
Indikationsstellung 45
Integrationsarbeit 161
Integrative Kinder- und Jugendlichenpsychotherapie 113
Interaktionsregulierung 116
Interaktionsverstehen 120
Interpersonelle Psychotherapie 24
Interpretationen 126
Intersubjektivität 113
Intervention
– evidenzbasierte 22
– kognitiv-behaviorale 25
Interventionstechniken 81

Jugendliche, drogenabhängige 59

Kind
– Autonomie 51
– Subjekt-Status 51
Kinder- und Jugendlichen-Psychoanalyse 37
Kinder- und Jugendlichenverhaltenstherapie 22
Kinderanalyse 37
Kinderpsychoanalyse 46
Kinderpsychodrama 141
Kinderpsychotherapie 98
Kognitiv-behaviorale Therapie 25
Kommunikationsform 127
Komorbidität 9
Kompensationsversuche 103
Kompetenztraining 24
Konflikte 45
Körperliche Untersuchung 10
Kreativität 113, 151
Kunstbegriff 124
Kunstfehler 20
Kunstgeschichte 123
Kunsttherapie 122

Lebensstil 104
Leiblichkeit 113
Limbisches System 157
Loyalitätskonflikt 54

Macht 99
Machtstreben 99
Mediation 66
Medikation 13
Meditation 139
Mehrperspektivität 118
Menschenbild 2
Meta-Analyse 22, 29
Minderwertigkeitsgefühle 79
Modell, psychodynamisches 100
Modelllernen, teilnehmendes 26
Musiktherapie 85
– chronische Schmerzen 91
– differentielle 90
– integrative 88
– neurologische 93
– Nordoff-Robbins- 87
– rezeptive 89
– tiefenpsychologische 87
– verhaltenszentrierte 88
Musiktherapieforschung 92
Musiktherapieschulen 86
Mütterlichkeit, primäre 40

Narzisstisches Persönlichkeitsideal 99
Neurobiologie 157
Neurosenlehre 44
Neutralität 44

Objektbeziehungstheorien 42
Organminderwertigkeit 100
Orientierung, tiefenpsychologische 114

Persönlichkeitsideal, narzisstisches 99
Persönlichkeitsziele 108
Phobie 26
Posttraumatische Belastungsstörung (PTBS) 153, 154
Prä-Post-Vergleich 31
Problemlösestrategie 55
Progressive Muskelrelaxation/-entspannung 24, 135
Projektive Identifizierung 39
Prozessfantasie 56
Psychoanalyse 44, 124
Psychobiologie 42
Psychodynamik 108
Psychodynamisches Modell 100

Psychohygiene 5
Psychosomatische Grundversorgung 4
Psychotherapeutengesetz 39, 43
Psychotherapie
– konstellationsspezifische 55
– systemische 49

Regression 45
Regressionsanalyse 31
Regulationsfunktionen 116
Resilienz 119
Ressourcen 57, 126
Ressourcenaktivierung 57, 115
Richtlinienverfahren 38
Risikoverhaltensweisen 18
Rollenfeedback 142
Rollenrepertoire 150
Rollenspiel 141
Rollenumkehr 147
Rollenwahl 147

Säuglingsbeobachtung 41
Säuglingstherapie 41
Schulverweigerung 70
Schweigepflicht 12
SELBST 25, 27
Selbst, falsches 40
Selbstbewertung 158
Selbstentwicklung 9, 78
Selbstgefährdung 18
Selbstpsychologie 40
Selbstwirksamkeit 79
Setting 50
– hochfrequentes 37
Sicherheit, interpersonale 43
Soziales Sinnverstehen 119
Spiegelung 40
Spiel
– entwicklungsförderndes 75
– heilungsförderndes 75
– intrinsisch motiviertes 75
– symbolisches 146
Spieltherapie 75
– systemische 52
– Effektivität 78
– nicht-direktive 76
– orthodoxe 76
Spieltherapieforschung 82
Spielzeugauswahl 75
Störung des Sozialverhaltens 70
Störungen
– entwicklungsbedingte 38
– externale 26
– internale 24

– extraversive 70
– introversive 70
Störungsorientierung 53
Stresserfahrungen 156
Supervision 17
– systemische 49
Symbolisches Spiel 146
Systematische Desensibilisierung 136
Systemische Beratung 49
Systemische Gruppentherapie 52
Systemische Psychotherapie 49
Systemische Spieltherapie 52
Systemische Supervision 49
Systemische Therapie 49
Systemisches Handeln 114

Tendenziöse Apperzeption 101
THAZ 25
Therapie 65
– kognitiv-behaviorale 25
– systemische 49
– narrative 65
Therapieabbrüche 17
Therapieeffekte 23, 109
Therapieplanung 16
Therapieprozessforschung 22, 29
Therapieziele 17
THOP 27, 57
Tiefenpsychologische Orientierung 114
Trauma-Exposition 153
Traumaforschung 42
Traumatherapie 29

Übertragung 44
Übertragungsdeutung 45
Übertragungsfantasien 38
Übertragungsneurose 45
Umstrukturierung 46
Unbewusstes 128
Untersuchung, körperliche 10

Verfahren
– analytisches 44
– tiefenpsychologisches 44
Verhaltensauffälligkeiten 99
Verhaltenstherapie 22, 65

Widerstand 44

Zärtlichkeitsbedürfnis 100
Zieldefinition 57
Zielplanung 57
Zukunftsorientierung 57